高职高专"1+X"模式智能新能源汽车专业系列教材

新能源汽车
动力电池、电机及混合动力系统检修

主　编　徐旭升　胡敏艺
副主编　欧阳全胜　杨学易　王　嫦　左从兵
参　编　祝倩倩　王亚华　龙通宇　姜燊燊

机械工业出版社
CHINA MACHINE PRESS

本书以新能源汽车驱动电机和动力电池技术为主线，介绍了混合动力汽车动力系统检测维修、混合动力汽车驱动系统检测维修、新能源汽车驱动电机系统检测维修和新能源汽车动力电池系统检测维修技术。

本书的特点是理论联系实际，采用理实一体化教学模式，并将丰富的媒体资源以二维码形式插入教材，实现立体化教学。本书以比亚迪e5、比亚迪·秦为主要参考车型，以其他常见新能源车型典型案例为辅，运用了丰富的案例、新颖的资源形式，对新能源汽车动力系统检测维修技术进行了详细的讲解。同时本书提供了大量有针对性的课后思考题和技能训练项目，以培养学生分析和解决实际问题的能力。

全书内容通俗易懂，深入浅出，适合作为高等职业院校新能源汽车专业核心教材，也可作为汽车售后服务人员在职培训及自学指导用书。

图书在版编目（CIP）数据

新能源汽车动力电池、电机及混合动力系统检修 / 徐旭升，胡敏艺主编．— 北京：机械工业出版社，2023.2（2025.3重印）
高职高专"1+X"模式智能新能源汽车专业系列教材
ISBN 978-7-111-72612-8

Ⅰ．①新… Ⅱ．①徐…②胡… Ⅲ．①新能源–汽车–蓄电池–检修–高等职业教育–教材②新能源–汽车–电机–检修–高等职业教育–教材③新能源–汽车–动力系统–检修–高等职业教育–教材 Ⅳ．①U469.7

中国国家版本馆CIP数据核字（2023）第027516号

机械工业出版社（北京市百万庄大街22号　邮政编码100037）
策划编辑：齐福江　　　　　责任编辑：齐福江
责任校对：史静怡　王明欣　封面设计：严娅萍
责任印制：常天培
固安县铭成印刷有限公司印刷
2025年3月第1版第2次印刷
184mm×260mm·16.5印张·395千字
标准书号：ISBN 978-7-111-72612-8
定价：69.00元

电话服务　　　　　　　　网络服务
客服电话：010-88361066　机　工　官　网：www.cmpbook.com
　　　　　010-88379833　机　工　官　博：weibo.com/cmp1952
　　　　　010-68326294　金　书　网：www.golden-book.com
封底无防伪标均为盗版　机工教育服务网：www.cmpedu.com

前言 FOREWORD

党的二十大报告提出建设现代化产业体系和强化现代化建设人才支撑的理念。我们要实现的中国式现代化，是人与自然和谐共生的现代化，必须贯彻新发展理念，坚持可持续发展，坚定不移走生产发展、生活富裕、生态良好的文明发展道路，走中国式现代化新道路。近年来，能源转型已在全球形成高度共识，新能源革命也在加速进行，新能源汽车发展迅猛，国家对此的政策扶植力度也有增无减。在《新能源汽车产业发展规划（2021—2035 年）》中也指出，到 2035 年，新销售的车辆将以新能源汽车为主流，公共领域用车要实现全面电动化，在商业化应用上要实现燃料电池汽车，在规模化应用上实现高度自动驾驶汽车，从而促进节能减排，提升社会运行效率。在此背景下，"新能源汽车动力电池、电机及混合动力系统检修"也成为了智能新能源汽车技术专业的必修课。党的二十大报告提到的人才强国战略，内涵更丰富，更具有新时代的特色。报告非常明确地把大国工匠和高技能人才作为人才强国战略的重要组成部分，人才培养已经成为重大课题。本课程坚持思政育人、文化育人、专业育人、实践育人四位一体的教学理念，采用理实一体的教学模式，以实际维修案例导入典型工作任务，将素质教育融入课堂教学，注重对学习者专业知识、动手能力和职业素养的综合培养。

本书内容共有 4 个项目 18 个任务，介绍了混合动力汽车动力系统检测维修、混合动力汽车驱动系统检测维修、新能源汽车驱动电机系统检测维修和新能源汽车动力电池系统检测维修，使学生系统性地了解新能源汽车的动力系统、驱动系统、电机系统及动力电池系统的构造、检测与维修方面的知识。

本书以"1+X"证书制度的主要理念作为课程设置与内容选择的参照点，更加注重培养复合型技术技能人才，提高学生的实际动手能力，将理论知识应用到实际操作中，拓宽学生就业创业本领。本书的主要特点是任务引领、理实一体、内容丰富、实车为例、图文并茂、通俗易懂、实用性强。本教材还配套了一系列的数字资源，丰富了教学内容，也使学生的学习趣味性更浓。本书可作为高职高专院校新能源汽车专业、汽车运用技术专业的教学用书，也可作为成人高等教育或汽车技术人员培训教材，汽车维修人员和汽车技术爱好者亦可用于自学。

本书由徐旭升（贵州轻工职业技术学院）、胡敏艺（贵州轻工职业技术学院）任主编，由欧阳全胜（贵州轻工职业技术学院）、杨学易（贵州轻工职业技术学院)、王嵘(贵州轻工职业技术学院)、左从兵(贵州长江汽车有限公司)任副主编,参编人员有祝倩倩(贵州轻工职业技术学院)、王亚华(贵州轻工职业技术学院)、龙通宇(贵州交通职业技术学院)、姜燊燊(贵州交通职业技术学院)。本书在编写本书的过程中,得到了上海景格科技股份有限公司的大力支持,在此表示感谢。

由于编者的水平有限,书中难免存在一些疏漏和不足,恳请各位读者指出并提出宝贵意见,以便在修订时改正和完善。

特别说明:书中配有二维码,读者扫描使用前,请先扫描书籍码,每一个用户手机只需要扫码一次,就可以永久地通过扫描二维码查阅书中的视频资源。

书籍码　7GWN4RDYH

扫码免费看资源

编　者

目 录 CONTENTS

前 言

项目一　混合动力汽车动力系统检测维修 ········· 1
- 任务一　发动机基本组成与原理 ········· 2
- 任务二　混合动力汽车起动系统检测维修 ········· 10
- 任务三　混合动力汽车充电系统检测维修 ········· 20
- 任务四　混合动力汽车进气系统检测维修 ········· 28
- 任务五　混合动力汽车点火系统检测维修 ········· 40
- 任务六　混合动力汽车燃油供给系统检测维修 ········· 66

项目二　混合动力汽车驱动系统检测维修 ········· 79
- 任务一　混合动力汽车自动变速器车上检测维修 ········· 80
- 任务二　混合动力汽车自动变速器车下检测维修 ········· 98
- 任务三　液力变矩器维修 ········· 113

项目三　新能源汽车驱动电机系统检测维修 ········· 131
- 任务一　驱动电机部件检测维修 ········· 132
- 任务二　电机控制器检测维修 ········· 149
- 任务三　驱动电机减速机构检测维修 ········· 161
- 任务四　驱动电机冷却系统检测维修 ········· 173

项目四　新能源汽车动力电池系统检测维修 ········· 193
- 任务一　动力电池检测维修 ········· 194
- 任务二　电池管理系统检测维修 ········· 208
- 任务三　车载充电系统检测维修 ········· 220
- 任务四　逆变转换系统检测维修 ········· 237
- 任务五　动力电池性能检测维修 ········· 248

项目一 混合动力汽车动力系统检测维修

　　混合动力汽车中的动力系统是混合动力汽车的动力源，是混合动力汽车的核心系统。动力系统是指发动机或者电机等能提供动力的系统，也就是说，混合动力汽车存在两种动力源，分别是发动机和电机。在混合动力汽车的驾驶过程中，发动机和电机可以根据车辆的不同工况选择两者配合工作或独立工作。其中，发动机是混合动力系统中最重要的动力源，它能保证汽车在没有动力电池供电的情况下继续行驶，还可以对动力电池进行充电，使动力电池保持足够的电量。

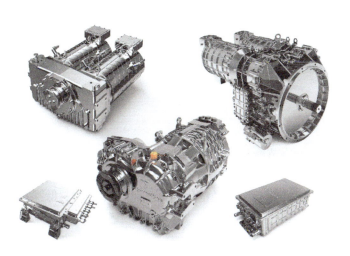

任务一 发动机基本组成与原理

小吴和小周是某高职学院新能源汽车技术专业的学生,这学期开始学习"新能源汽车驱动电机动力电池技术"这门课程,两个人针对混合动力汽车的组成特点产生争议。小吴认为混合动力汽车与传统汽车一样,都需要发动机且发动机的动力占比最大;小周则认为混合动力汽车发动机结构跟传统汽车不一样,虽然是混合动力汽车,但是动力输出占比还是以电机为主。究竟哪位同学的观点是正确的?请你通过学习混合动力汽车动力系统的组成与原理的相关知识,判断他们的观点是否正确。

学习目标

1)能说出发动机的作用及要求。
2)能阐述发动机的类型及不同特点。
3)能描述出发动机的基本组成。
4)能分析出发动机的工作原理。

知识储备

混合动力汽车的动力源是它的动力系统,它可以在驾驶员的操纵下将发动机和驱动电机产生的动力传递给驱动车轮带动汽车行驶。动力系统作为混合动力汽车的核心系统,其作用是保证车辆安全有效行驶,使发动机的燃料消耗率降到最低,发动机排放的污染减至最小,并充分发挥电力驱动的效率。混合动力汽车的动力系统主要由发动机、电力驱动装置、电能装置、动力耦合装置组成。

发动机简称热机,是一种热能动力装置,它借助工作介质的状态变化将燃料燃烧产生的热能转变为机械能。

一、混合动力汽车对发动机的要求

开发混合动力汽车的目的就是解决节能和环保问题,因此混合动力汽车必须围绕着节能和环保来选择所需要的发动机。在选择上将动力性、经济性和环保性作为其基本内容,以高可靠性、高效率、持续运转性能良好、小型轻量化、低油耗、低排放、低噪声、低成本作为基本要求。

1. 发动机的动力性

混合动力汽车的节能和环保效果,主要表现为如何在保证车辆动力性能的情况下,使发动机动力适中、电力驱动系统发挥最大效率。因此,可以在混合动力汽车上采用既满足车辆动力性能的要求又能够降低燃料消耗和减少排放的小排量发动机。

混合动力汽车要求发动机有一定的驱动功率、足够的动力性能、机动性能,能够满足混合动力汽车的基本动力性能要求,并且能够与驱动电机一起提供混合动力汽车所需要的最大功率,使混合动力汽车能够达到或接近传统汽车的动力性能水平。混合动力汽车应根据汽车类型的不同（轿车、客车、货车和重型自卸车等）、使用条件的不同（城市、高速公路或混合条件下使用）以及性能要求的不同（载客量或载货量、舒适性和智能化水平等）来选用不同类型的发动机。

2. 发动机的经济性

一般情况下，用发动机的比油耗来表达发动机的燃料经济性，比油耗单位为 g/(kW·h)，如图 1-1-1 所示为各种汽车发动机的比油耗范围。该指标也可作为混合动力汽车按节能要求选择发动机的参考。

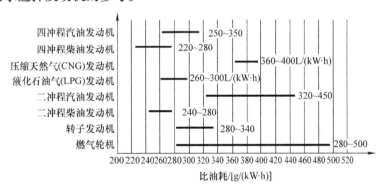

图 1-1-1　可供混合动力汽车选用的发动机的参考比油耗

3. 发动机的环保性

混合动力汽车必须是超低污染或接近零污染的车辆，特别是在城市低速行驶条件下必须实现零污染行驶，这是混合动力汽车存在和发展的基本条件。由于混合动力汽车进一步采取了电力辅助系统，通过中央控制器控制的发动机"开-关"运行模式、发动机起动加速控制、发动机稳定运转控制、制动能量回收等措施，使得混合动力汽车发动机的排放进一步降低。

二、发动机的类型

根据其将热能转化为机械能的主要构件的形式的不同，发动机分为活塞式发动机和燃气轮机两大类。前者又可按活塞运动方式分为往复活塞式和旋转活塞式两种。往复活塞式发动机是现代发动机的主流，这种方式下的活塞在气缸内做往复直线运动，后经连杆、曲轴等转变为旋转运动。此外，汽车发动机还可以根据其特征进行如下分类。

1. 按照使用燃料分类

按照使用燃料不同，发动机可分为汽油机、柴油机和气体燃料发动机三类。以汽油和柴油为燃料的发动机分别称作汽油机和柴油机，使用天然气、液化石油气和其他气体燃料的内燃机称作气体燃料发动机。

2. 按照点火方式分类

按照点火方式不同，发动机分为点燃式发动机（汽油发动机、液化石油气发动机、双燃料发动机）和压燃式发动机（柴油发动机、重油发动机）。

3. 按照气缸的数目分类

拥有一个气缸的发动机称为单缸发动机，有两个及以上气缸的发动机称为多缸发动机，如双缸、三缸、四缸、五缸、六缸、八缸、十二缸等多缸发动机。混合动力汽车多使用四缸和六缸发动机。

4. 按照工作循环的冲程数分类

对于往复式发动机，可以根据每一工作循环所需的活塞冲程数来分类。在发动机内每一次将热能转变为机械能活塞都必须经过进气、压缩、做功、排气这四个冲程完成一个工作循环，简称四冲程。把曲轴转两圈（720°），活塞往复四个单程完成一个工作循环的发动机称为四冲程发动机；把曲轴转一圈（360°），活塞往复两个单程完成一个工作循环的发动机称为二冲程发动机。在混合动力汽车中主要使用的是四冲程发动机。

5. 按照冷却方式分类

根据冷却方式的不同，发动机可以分为水冷式和风冷式两种。水冷式发动机利用在气缸体和气缸盖冷却水套中进行循环的冷却液作为冷却介质进行冷却；风冷发动机是利用流动于气缸体与气缸盖外表散热片之间的空气作为冷却介质进行冷却。水冷发动机冷却均匀，工作可靠，冷却效果好，被广泛应用于混合动力汽车中。

三、发动机的基础组成

汽油机通常包括曲柄连杆机构、配气机构、燃油供给系统、冷却系统、润滑系统、点火系统、进排气系统、起动系统。

1. 曲柄连杆机构

曲柄连杆机构的功能是实现发动机的工作循环，完成能量转换过程。它由机体组、活塞连杆组和曲轴飞轮组等组成，如图1-1-2所示。在做功行程中，活塞承受气缸内的燃气压力并做直线运动，通过连接到曲轴上的连杆将该直线运动转换成曲轴的旋转运动从曲轴对外输出动力。

在机体组中，气缸体是构成发动机的骨架，是发动机各机构和各系统的安装基础。气缸盖安装在气缸体的上面，用以密封气缸上部并与活塞顶部和气缸一起构成燃烧室。此外机体组还包括曲轴箱、气缸垫等，如图1-1-3所示。

2. 配气机构

配气机构的功能是根据发动机的工作顺序和工作过程定时开启和关闭进气门和排气门，使可燃混合气或空气进入气缸，并使废气从气缸内排出实现换气的过程。配气机构大多采用顶置气门式结构，一般由气门组、气门传动组、气门驱动组组成，如图1-1-4所示。

3. 燃油供给系统

燃油供给系统的功能是根据发动机工况的需求定时定量地供应合适的燃油进入发动机气缸。对于汽油机而言，燃油供给系统的作用是根据发动机的要求配制出一定数量和浓度的可燃混合气供入气缸，使之在临近压缩行程终了时点火燃烧而膨胀做功，并将燃烧后的废气从气缸内排到大气中去，如图1-1-5所示。

图 1-1-2　曲柄连杆机构

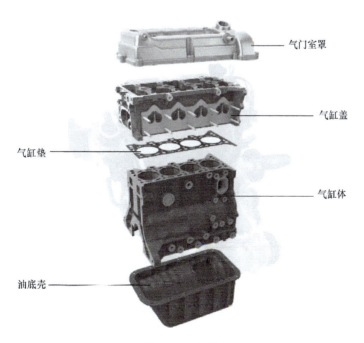

图 1-1-3　机体组

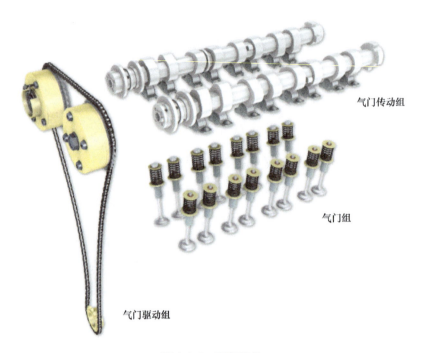

图 1-1-4　配气机构

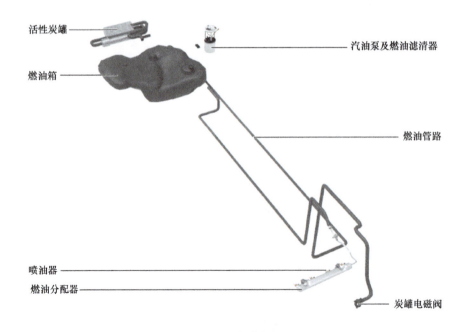

图 1-1-5　燃油供给系统

4. 冷却系统

冷却系统的功能是将受热零件吸收的部分热量及时散发出去，保证发动机在最适合的温度状态下工作。水冷发动机的冷却系统通常由储液罐、电子水泵、节温器、冷却管路、冷却风扇、散热器等组成，如图1-1-6所示。

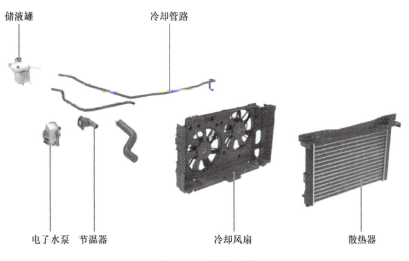

图 1-1-6　冷却系统

5. 润滑系统

润滑系统的功能是向做相对运动的零件表面输送定量的清洁机油，以实现液体摩擦减小机件摩擦阻力，减轻机件磨损，并对零件表面进行清洗和冷却。润滑系统通常由油路、喷油器、机油泵、机油滤清器、机油标尺、油底壳等组成，如图1-1-7所示。

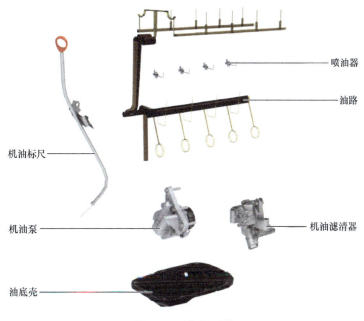

图 1-1-7　润滑系统

6. 点火系统

点火系统的功能是确保汽油机在压缩接近上止点时在气缸内适时、准确、可靠地产生电火花,以点燃可燃混合气从而燃烧对外做功。在汽油机中,气缸内的可燃混合气是靠电火花点燃的,为此在汽油机的气缸盖上装有火花塞,火花塞头部伸入燃烧室。能够按时在火花塞电极间产生电火花的全部设备称为点火系统,电子点火系统由点火开关、点火信号发生器、点火线圈、火花塞等部件组成。

7. 进排气系统

进气系统的功能是尽可能均匀地向各缸供给可燃混合气或纯净的空气,通常由空气滤清器、空气流量传感器、节气门体、进气总管、废气再循环组件、进气歧管等部件组成。

排气系统的功能是收集废气并将废气排到大气中去。在排放过程中,该系统要尽可能达到低的排气阻力、噪声和污染。排气系统一般由排气歧管、三元催化器、排气总管、消声器等组成,如图1-1-8所示。

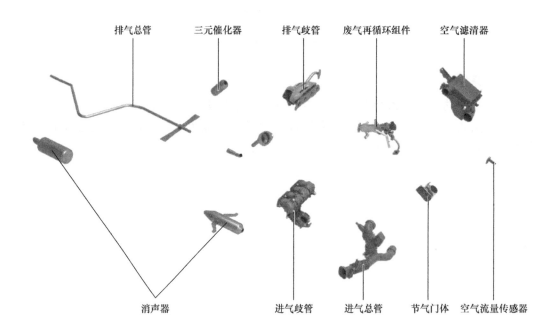

图 1-1-8　进排气系统

8. 起动系统

起动系统的作用是将起动机的动力传递给发动机飞轮以带动发动机运转,当发动机起动后则靠单向离合器自动断开发动机对起动机的逆向驱动。起动系统主要由蓄电池、起动机、起动继电器、点火开关、飞轮等组成,如图1-1-9所示。

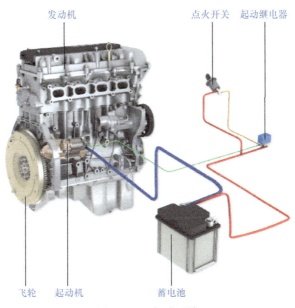

图 1-1-9 起动系统

四、发动机的工作原理

四冲程发动机的运转按进气行程、压缩行程、做功行程和排气行程的顺序不断循环往复。

1. 进气行程

曲轴带动活塞从上止点向下止点移动，进气门开启，排气门关闭。气缸内压力降低到小于外界大气压，空气和汽油经混合形成可燃混合气通过进气管道、进气门被吸入气缸。

2. 压缩行程

进气行程结束后进、排气门均关闭，曲轴带动活塞由下止点向上止点运动，活塞顶部的可燃混合气被压缩。

3. 做功行程

当压缩行程接近上止点时，进、排气门仍处于关闭状态，电火花点燃可燃混合气。混合气燃烧产生的气体压力推动活塞向下止点运动，经连杆使曲轴旋转做功对外输出功率。

4. 排气行程

曲轴带动活塞从下止点向上止点运动，排气门打开，进气门关闭。在活塞和废气自身的压力作用下，废气经排气门排出气缸。

任务练习

一、选择题

1. 配气机构一般由气门组、气门传动组、（　　）等组成。

A. 凸轮轴　　　　B. 气门罩　　　　C. 飞轮壳　　　　D. 气门驱动组

2. 按照使用燃料的不同，发动机可以分为（　　）、柴油机和气体燃料发动机三类。

A. 点燃式发动机　　B. 四缸发动机　　C. 汽油机　　D. 四冲程发动机

3. 水冷发动机的冷却系统通常由储液罐、电子水泵、（　　）、冷却管路、冷却风扇、散热器等组成。

A. 节温器　　　　B. 气缸盖　　　　C. 燃油箱　　　　D. 气缸体

4. 电子点火系统由点火开关、点火信号发生器、点火线圈、（　　）等部件组成。

A. 空气滤清器　　B. 节气门体　　　C. 传感器　　　　D. 火花塞

5. 起动系统主要由蓄电池、起动机、起动继电器、（　　）和点火开关组成。

A. 飞轮　　　　　B. 电阻　　　　　C. 单向离合器　　D. 电容

二、判断题

1. 起动系统的作用是将起动机的动力传递给发动机飞轮以带动发动机运转，当发动机起动后则靠单向离合器自动断开发动机对起动机的逆向驱动。（　　）

2. 水冷发动机的冷却系统通常由储液罐、电子水泵、节温器、冷却管路、冷却风扇、散热器等组成。（　　）

3. 二冲程与四冲程发动机的工作原理完全相同。（　　）

三、简答题

请简述润滑系统的作用及其组成。

任务二　混合动力汽车起动系统检测维修

一辆行驶里程约 120000km 的比亚迪·秦混合动力汽车，用户反映将点火钥匙旋至 Start 档时，车辆无任何反应，听不到起动机转动的声音。接车员几次试车均如此，初步判断起动系统出现故障。请你根据所学知识对车辆起动系统进行检测维修。

学习目标

1）能正确拆卸和安装起动机，防止操作不当造成部件损伤。
2）能根据各部件异响的特征判断引起故障的可能部位。
3）能够描述起动系统的基本组成、工作原理及分类。

知识储备

为了使静止的发动机进入自行运转状态，必须先依靠外力带动发动机曲轴使活塞开始上下运动，使气缸内吸入可燃混合气并将其压缩、点燃，可燃混合气体积迅速膨胀产生强大的动力，推动活塞运动并带动曲轴旋转，然后发动机自动地进入工作循环。通常把发动机的曲轴在外力作用下开始转动，到发动机自动怠速运转的全过程称为发动机的起动过程。

一、起动系统的作用及组成

起动系统的作用就是在正常使用条件下，通过起动机将蓄电池储存的电能转变为机械能带动发动机以足够高的转速运转，以顺利起动发动机，如图1-2-1所示。当发动机进入自行运转状态后，起动系统应立即与曲轴飞轮齿圈分离并停止工作，以防止发动机高速运转时带动起动机产生很大离心力致使其损坏。汽车起动系统主要由点火开关、起动机、蓄电池、起动继电器等组成。

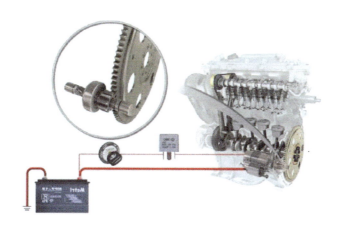

图1-2-1　汽车起动系统的作用

1. 点火开关的作用及组成

点火开关是汽车电路中的重要元件，是汽车电路的控制枢纽，是多档、多接线柱开关。比亚迪·秦汽车的点火开关有起动、停止2个档位，如图1-2-2所示。点火开关用以起动车辆、关闭车辆、打开车辆电源开关、关闭车辆电源开关。

2. 起动机的作用及组成

（1）起动机的作用

起动机是起动系统的核心部件。起动机的作用是将蓄电池的电能转化为机械能驱动发动机飞轮旋转，实现发动机的起动，其位置如图1-2-3所示。

（2）起动机的类型

起动机的常见类型有普通起动机和减速起动机，如图1-2-4所示。减速起动机采用高速、小型、低转矩的电机，在减速机构中有减速装置，可以增大输出转矩，其质量和体积比普通起动机减小30%～35%。

图 1-2-2 汽车点火开关

图 1-2-3 起动机位置

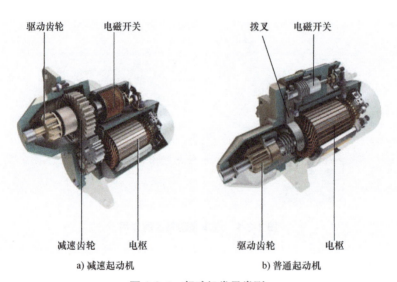

a) 减速起动机　　　　　　　　b) 普通起动机

图 1-2-4 起动机常见类型

（3）起动机的组成

起动机主要由直流串励式电机、传动机构和控制装置三部分组成。

1）直流串励式电机：直流串励式电机负责将蓄电池提供的直流电能转变为机械能，产生转矩起动发动机。它主要由电枢、定子、端壳、机壳、电刷及电刷架等部件组成。串励式是指电枢绕组与磁场绕组串联。

2）传动机构：传动机构由单向离合器、拨叉等组成。传动机构的主要作用是起动时将电机产生的转矩传递给发动机，起动后自动打滑，保护起动机电枢不致飞散。

3）控制装置：常用的控制装置主要有机械式和电磁式。现代汽车上，起动机一般采用电磁式控制装置。它的作用是控制电路的通断及驱动齿轮与飞轮齿圈的啮合与分离。电磁开关结构如图 1-2-5 所示。

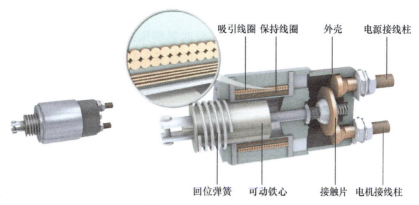

图 1-2-5　电磁开关结构

3. 蓄电池的作用及组成

起动机需要起动时由蓄电池向起动机供电,起动机带动发动机起动,如果没有蓄电池就无法带动起动机运转。蓄电池内部一般由三个或六个单格电池串联而成,每单格的额定电压为 2V。普通蓄电池主要由正负极板、隔板、电解液、外壳、接线柱等组成。

4. 起动继电器的作用及组成

起动继电器是起动系统组成部件之一,它主要是通过小电流来控制大电流电路。它通常由触点、弹片、弹簧、线圈、输入端、输出端组成,如图 1-2-6 所示。当线圈通电产生磁场时,控制弹片上的触点指向指定输出端。当线圈断电磁场消失时由弹簧将触点通过弹片回位,回到默认输出端。

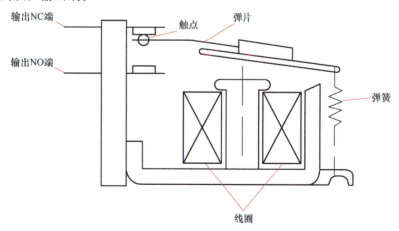

图 1-2-6　继电器内部组成

二、起动系统的工作原理

如图 1-2-7 所示,当车辆起动时接通起动开关,随后起动机电路通电,继电器的吸引线圈和保持线圈通电产生很强的磁力,吸引铁心右移并带动驱动杠杆绕其销轴转动使齿轮移出与飞轮齿圈啮合。与此同时由于吸引线圈的电流通过电动机的绕组使电枢开始转动,齿轮在旋转中移出，减小冲击。

如果齿轮与飞轮齿端相对不能马上啮合，此时弹簧压缩，当齿轮转过一个角度后齿轮与飞轮迅速啮合。当铁心移动到使短路开关闭合的位置时短路线路接通，吸引线圈被短路失去作用，保持线圈所产生的磁力足以维持铁心处于开关吸合的位置。

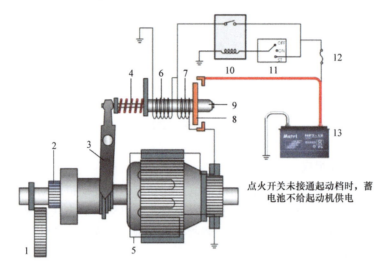

图 1-2-7　起动系统的工作原理

1—飞轮　2—小齿轮　3—拨叉　4—同位弹簧　5—励磁线圈　6—保持线圈　7—吸引线圈　8—接触片
9—铁心　10—继电器　11—点火开关　12—熔丝　13—蓄电池

三、起动系统的常见故障及检测方法

起动机是短时间断续工作的电器设备，且工作电流很大，每次连续工作不能超过 5s，重复起动时应停歇 2min。冬季和低温地区冷车起动时，应先使发动机预热后再使用起动机。起动机在连续几次起动不着时，不可继续起动，这时应对起动机、蓄电池以及连接线分别进行检查，找出其故障并予以排除，然后方可继续使用起动机。

1. 起动机的常见故障现象

1）接通起动开关后，起动机高速旋转而发动机曲轴无反应。这种现象表明故障发生在起动机的传动机构上，可能是由于传动齿轮或单向离合器的磨损造成的。

2）起动机无法正常工作，驱动齿轮不转。引发这种现象的原因很多，例如电源线出现问题、起动开关接触盘烧蚀以及发动机阻力过大等。

3）起动机动力输出不足，无法带动曲轴。引发原因通常是励磁线圈短路和蓄电池亏电。

4）起动机运转声音刺耳。这可能是单向离合器卡死或起动机安装不当造成的。

5）起动机开关时有"嗒嗒"的声音，但是不工作。保持线圈断线或蓄电池严重亏电会导致这种现象。

2. 起动机的常见检测方法

1）目视或触摸检查触点是否有脏污、烧蚀。

2）断电情况下使用万用表检测继电器线圈电阻值是否正常。

3）带电情况下使用万用表检测触点闭合电阻，如果测得的触点闭合电阻值为∞时，表示继电器线圈有断路、触点烧蚀、氧化情况。如果通电后触点闭合，电阻值为0Ω左右，则表示触点工作正常。

4）起动机不带负荷时空转，使用万用表测得电流大于标准值，则可能是装配过紧、电枢轴弯曲、轴承与电枢不同心、轴承磨损、电枢或励磁绕组搭铁；若电流小于标准值，表示起动机内部电路接触不良。

实训演练

混合动力汽车起动系统检修

请扫描二维码，查看"混合动力汽车起动系统检修"技能视频，结合视频内容及相关资料，规范地完成混合动力汽车起动系统检测维修实训。

实训工具与准备：

1）工具：数字式万用表、钳形电流表等。
2）设备：比亚迪·秦混合动力汽车。
3）资料及耗材：476ZQA发动机维修手册、教材及学习工作页、抹布等。

一、实训前准备

1）穿戴好个人防护用品。
2）铺设车内防护三件套。
3）铺设车外防护三件套。
4）检查确认车辆状态正常。

二、起动系统电路检测

1. 蓄电池电压检测

1）取出万用表，并对万用表进行校表操作，检查万用表是否能正常使用。
2）拆下低压蓄电池正极熔丝盒盖，使用万用表测量蓄电池电压，标准电压范围为12～14V之间；若电压过低则需为蓄电池充电或更换新的蓄电池，如图1-2-8、图1-2-9所示。

2. 起动机熔丝检测

1）拆下低压蓄电池正极熔丝盒盖，将黑表笔连接蓄电池负极，万用表红表笔连接F6/6熔丝输入端测量，测量熔丝输入端电压值。待万用表数值稳定后读取数值，标准电压范围为12～14V之间。若测量值与标准值不符，则需对蓄电池线路进行通断测试。

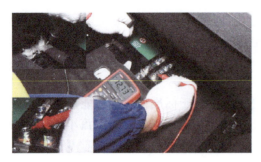 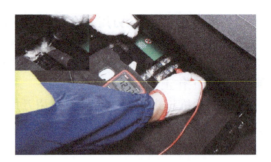

图 1-2-8　蓄电池电压检测点 1　　　　　　图 1-2-9　蓄电池电压检测点 2

2）以同样的方法测量熔丝输出端电压值。待万用表数值稳定后读取数值，标准值为 12～14V 之间。若测量值与标准值不符，则需对 F6/6 熔丝进行通断性测试。

3）检测完毕，装回低压蓄电池正极熔丝盒盖。

3. 起动继电器熔丝检测

1）拆卸仪表下方内饰板，找到熔丝盒，取下熔丝盒保护盖，找到起动机继电器的熔丝，即 F2 的 5 号熔丝。使用万用表检测熔丝输入端电压，标准电压范围为 12～14V 之间，若测量值不在标准范围内，可初步判断熔丝供电线路存在故障，需对熔丝供电线路进行检修，如图 1-2-10、图 1-2-11 所示。

图 1-2-10　内饰板拆卸　　　　　　图 1-2-11　F2/5 熔丝电压测量

2）以同样方法测量熔丝输出端电压值，标准电压范围为 12～14V 之间，若测量值不在标准范围内，则需对熔丝进行通断性测试。

3）断开低压蓄电池负极，取下 F2 的 5 号熔丝，目视检查熔丝外观以及针脚是否损坏，若损坏需更换新的熔丝。使用万用表检测熔丝两端的电阻，标准值应小于 1Ω，若与标准值不符，则可判断熔丝本体损坏，需更换新的熔丝，如图 1-2-12、图 1-2-13 所示。

图 1-2-12　检查 F2/5 外观　　　　　　图 1-2-13　F2/5 熔丝电阻检测

4）检测完成后装回熔丝，盖上熔丝盒保护盖。

4. 起动继电器检测

（1）继电器供电电路检测

1）拆卸仪表板下方内饰板，找到 KG-2 起动继电器位置，从继电器座上拔下 KG-2 起动机继电器，如图 1-2-14 所示。

2）连接低压蓄电池负极，在 208 接线盒中取出合适的跨接线，连接继电器底座 KG-2 底座的 1 号脚，将万用表的红表笔接跨接线，黑表笔接车身搭铁，如图 1-2-15 所示。

图 1-2-14　KG-2 继电器位置　　　　　　　图 1-2-15　搭铁端连接

3）检测供电电压，标准电压范围为 12～14V 之间。若测量值与标准值不符，则需对 F2/5 熔丝至起动机继电器线路做通断测试。

4）取下继电器底座 KG-2 底座的 1 号脚的跨接线，并将其连接至 3 号脚。按下车辆起动开关至 ON 状态。将万用表的红表笔接连接继电器底座 KG-2 的 3 号脚的跨接线，黑表笔接车身搭铁。

5）检测供电电压，标准电压范围为 12～14V 之间。若检测值不在标准范围以内，需要检测继电器座 KG-2 的 3 号脚到主继电器之间的供电电路或连接导线。

6）检测完毕后关闭车辆至 OFF 状态，取下跨接线。

（2）继电器元件检测

1）取出继电器，将万用表红、黑表笔分别连接继电器线圈端，检测线圈电阻，待万用表数值稳定后读取万用表数值，标准值为 70～100Ω，如图 1-2-16 所示。若测量值与标准值不符，则说明继电器线圈损坏。

2）将万用表红、黑表笔分别连接继电器触点两端，待万用表数值稳定后读取数值，标准值为 ∞，如图 1-2-17 所示。若测量值与标准值不符，则说明继电器触点损坏。

图 1-2-16　线圈电阻检测　　　　　　　图 1-2-17　触点检测

3）打开208接线盒取出合适的引线，将引线一端连接继电器电磁线圈两端，如图1-2-18所示。将引线另一端分别连接12V低压蓄电池正负极，检查继电器是否有吸合动作，如图1-2-19所示。

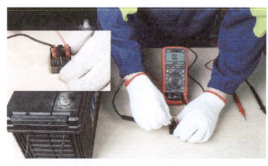 

图1-2-18　继电器连接　　　　　　　　图1-2-19　蓄电池连接

4）同时用万用表检测继电器两触点端子之间的电阻值，标准值应小于1Ω。若测量值与标准值不符，则说明继电器触点损坏，需更换继电器。

5）取下继电器端和蓄电池端的连接线，装复继电器，装复仪表下方内饰板。

三、起动机电压降测试

1）将万用表调至电压档，将红黑表笔连接至蓄电池正负极端子。起动发动机，观察发动机起动瞬间万用表数值，标准值应大于9.6V。若测量值与标准值不符，则需进一步对起动机和蓄电池检修。

2）测试完成后，关闭车辆点火开关至OFF状态。

四、起动电流检测

1）取出钳形电流表并校表，确认电流表正常使用，将钳形电流表调至电流测试档。

2）将蓄电池正极电缆放入钳口进行测量，如图1-2-20所示。起动发动机，观察发动机起动瞬间钳形电流表数值，标准值应在100～500A之间，如图1-2-21所示。若测量值与标准值不符，则需更换或检修蓄电池。

图1-2-20　测量位置　　　　　　　　图1-2-21　电流检测

3）测试完成后，关闭发动机。

五、整理清洁

按照 7S 管理标准，整理工具和场地。

任务练习

一、选择题

1. 汽车起动系统主要由点火开关、起动机、（　　）、起动继电器等组成。
   A. 蓄电池　　　　　B. 导线　　　　　C. 点火线圈　　　　D. 火花塞
2. 起动机主要由直流串励式电机、（　　）和控制装置三部分组成。
   A. 外壳　　　　　　B. 传动机构　　　C. 齿轮　　　　　　D. 单向离合器
3. 现代汽车起动继电器触点的打开和闭合是由（　　）来控制的。
   A. 起动机电磁开关　B. 电源总开关　　C. 点火开关起动档
4. 起动机继电器与起动机电磁开关不同的是（　　）。
   A. 起动机继电器不能接通蓄电池和起动机之间的电路
   B. 起动机继电器不能移动小齿轮啮入飞轮齿圈
   C. 起动机继电器不能防止变速器不在空档位置时起动车辆
   D. 以上均不正确

二、判断题

1. 起动机的作用是将蓄电池的电能转化为机械能驱动发动机飞轮旋转实现发动机的起动。（　　）
2. 点火开关只能用以起动车辆和关闭车辆。（　　）
3. 起动机电路断路，在起动时将造成起动机转矩小。（　　）
4. 起动继电器可保护起动开关。（　　）

三、简答题

起动机常见的故障现象是什么？

任务三　混合动力汽车充电系统检测维修

一辆行驶里程约 150000km 的比亚迪·秦混合动力汽车，车主反映该车在 HEV-SPORT 模式起动后，仪表板上有些指示灯处于常亮状态。维修人员试车后发现蓄电池的充电指示灯常亮。维修技师分析后认为发动机的充电系统出现了故障，需要检修。请你根据所学知识完成发动机充电系统的检测维修。

学习目标

1）掌握交流充电机及蓄电池的组成。
2）能够根据铭牌信息区分不同类型的发电机及蓄电池。
3）能够掌握蓄电池的工作原理。
4）能根据充电系统的故障现象进行故障排除。

知识储备

汽车充电系统由发电机、蓄电池、调节器及充电状态指示灯组成。它的作用包括为蓄电池充电及发动机工作时向电器元件供电。

发电机作为汽车运行中的主电源担负着向起动系统以外的所有用电设备供电及向蓄电池充电的任务。每次起动发动机时由蓄电池供给起动系统和点火系统所需的全部电流，随着发动机转速的升高，充电系统产生的电压可以超过蓄电池电压，此时发电机可以给蓄电池充电。如果用电需求增加，发电机的输出电压低于蓄电池电压时，蓄电池就与发电机一起给电器系统供电。

由于发电机是由发动机经传动带驱动旋转的，所以当发动机的转速变化时发电机输出的电压也是变化的。为满足汽车用电设备用电及向蓄电池充电的要求，充电系统设有电压调节器。电压调节器通过调节发电机的励磁电流，保证发电机在转速和负荷变化时输出稳定电压。

一、发电机

1. 交流发电机的组成及原理

（1）交流发电机的组成

发电机作为汽车运行中的主要电源，担负着向起动系之外的所有用电设备供电、为蓄电池充电的任务。目前汽车用发电机为交流发电机。交流发电机主要由带轮、前端盖、轴承、风扇、转子、集电环、定子、后端盖、电刷、电压调节器、外罩等组成，如图 1-3-1 所示。其中转子的作用是产生旋转磁场；定子产生和输出交流电；整流器将定子绕组产生的三相交流电转变成直流电输出，并阻止蓄电池的电流向发电机倒流。

（2）交流发电机的类型

按总体结构不同，交流发电机分为普通交流发电机、整体式交流发电机、带真空泵的交流发电机、无刷交流发电机、永磁交流发电机。

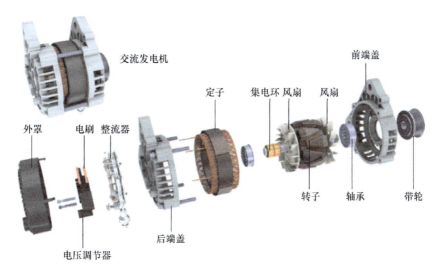

图 1-3-1　交流发电机及组成

（3）交流发电机的工作原理

交流发电机产生交流电的基本原理是电磁感应原理，即利用产生磁场的转子旋转使穿过定子绕组的磁通量发生变化，在定子绕组内产生感应电动势。根据电磁感应原理，当转子绕组中通入直流电时会产生磁场，如图 1-3-2 所示。

交流发电机在转子外部采用三相对称绕组，当转子旋转时，旋转的磁场和三相绕组之间产生相对运动，在三相绕组中分别产生交流电流，如图 1-3-3 所示。

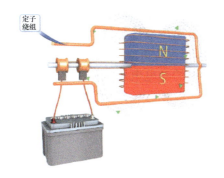

图 1-3-2　电磁感应原理

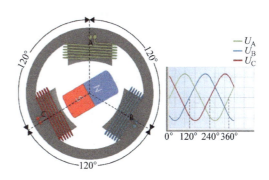

图 1-3-3　交流发电机的工作原理

2. 交流发电机的常见故障及成因

1）汽车发电机不发电：传动带过松打滑、整流二极管被击穿短路或断路、励磁绕组短路或断路、三相定子绕组之间短路或搭铁、转子滑环严重氧化脏污、电刷架损坏或电刷卡住。

2）汽车发电机电量过大：汽车电流表的指针总是偏转到最大位置。

3）汽车发电机电量过小：起动发动机后提高发动机转速，如果电流表指示较小的充电电流，则说明存在故障；一般是由于调节器技术状态不佳、充电线路中电阻突然增大或发电机本身的电压不足导致的。

4）汽车发电机发电不稳：发动机在怠速以上转速运转时，如果电流表指针出现左右摆动则表示蓄电池处于间歇充电状态。

5）汽车发电机异响：异响的部位可能在电机轴承、传动带、电刷；这类故障产生的原因包括发电机轴承损坏后转子与定子摩擦、发电机的风扇叶松动。

6）汽车发电机的传动带异响现象：传动带松弛、打滑，发出吱吱的响声；产生的原因包括传动带老化、磨损、传动带过窄等，另外，在行驶过程中如遇下雨和路面积水，会有飞溅积水中的杂质存留在传动带纹路中，在发动机冷车运转过程中产生干磨造成异响。

7）汽车发电机带轮过热现象：打滑摩擦生热产生的原因包括发电机传动带过松、发电机定子线圈短路，或轴承损坏造成定子转子相互刮擦生热，热量传至带轮。

3. 交流发电机的常见故障检测方法

1）发电机电压检测：将万用表选择在直流电压档，黑、红表笔分别接搭铁和发电机电枢接线柱，用手转动带轮，万用表指针应有摆动，否则发电机不发电。

2）发电机异响检测：通过观察发电机传动带是否平整、有无裂纹及污渍、松紧度、磨损程度判断传动带是否完好。

二、蓄电池

1. 蓄电池的功能及种类

（1）蓄电池的作用

蓄电池是一种将电能以化学能的形式储存并可将化学能转化为电能的装置。蓄电池是汽车上的两个电源之一，是一种可逆直流电源，其功能主要有供电、储电、稳压。

1）供电：在发电机不发电时或电压较低时，由蓄电池向用电设备供电（如起动发动机时，向起动系统、点火系统以及收音机、点烟器及常用灯光等供电）。

2）储电：当发动机高速运转，发电机电压高于蓄电池的充电电压时，蓄电池将发电机发出的多余电能存储起来（充电）。

3）稳压：蓄电池起到整车电气系统的电压稳定器作用，它可以吸收电路中的瞬时电压、缓和电气系统的冲击电压，保持汽车电气系统电压的稳定，保护汽车上的电子元件。

（2）蓄电池的类型及型号

1）蓄电池类型：目前汽车上常用的蓄电池主要有普通蓄电池、干荷蓄电池和免维护蓄电池，如图1-3-4所示。

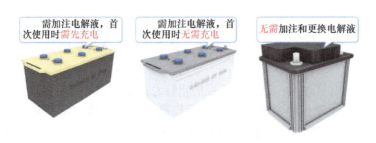

图1-3-4　蓄电池常见类型

① 普通蓄电池：极板由铅和铅氧化物构成，电解液是硫酸的水溶液，在初次使用时需加注电解液并充电。其主要优点是电压稳定、价格便宜；缺点是比能量（每千克蓄电池存储的电能）低、使用寿命短、日常维护繁杂。

② 干荷蓄电池：全称是干式荷电铅酸蓄电池，初次使用时无需充电，加入电解液即可。它的负极板具有较高的储电能力，完全干燥情况下能在两年内保存所得到的电量，但维护比较麻烦。

③ 免维护蓄电池：由于自身结构上的优势，电解液的消耗量非常小，使用时无需加注和补充电解液，使用寿命一般为普通蓄电池的两倍。它还具有耐振动、耐高温、体积小、自放电小、维护方便的特点；但缺点是价格略高、使用寿命相对较短。

2）蓄电池型号：根据JB2599-85铅蓄电池产品型号编制方法，蓄电池型号由以下几部分组成，如图1-3-5所示。

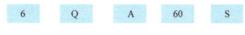

图1-3-5 蓄电池型号示例

① 第一部分是阿拉伯数字：表示该电池总成由几个单格电池组成，其额定电压为这个数字的2倍。

② 第二部分表示电池用途：汽车蓄电池是用起动型的"起"字的汉语拼音首字母"Q"表示；摩托车蓄电池代号以"M"表示；内燃机蓄电池代号以"N"表示。

③ 第三部分表示结构特征代号（表1-3-1），可省略不用：例如干荷式蓄电池以"A"表示，湿荷式蓄电池用"H"表示，免维护式蓄电池用"W"表示，无字母为普通式蓄电池。

表1-3-1 蓄电池结构特征代号

序号	1	2	3	4	5
结构特征	干荷电	湿荷电	免维护	少维护	胶纸电解液
代号	A	H	W	S	J

④ 第四部分指20h放电率时的额定容量，单位为A·h，以阿拉伯数字表示。

⑤ 第五部分指特殊性能，用字母表示：例如"G"表示高起动率，"S"表示塑料槽，"D"表示低温起动性好。

2. 蓄电池的工作原理

汽车蓄电池是一种存储电能的装置，一旦连接外部负载或接通充电电路便开始其能量转换过程，其工作原理就是化学能与电能之间的相互转化。蓄电池在工作过程中有放电和充电两个过程，并且蓄电池的充放电过程是可逆的。

放电过程中，在电解液的作用下，正负极板上的含铅物质与电解液发生化学反应，蓄电池将化学能转化为电能而向外供电。蓄电池的放电过程如图1-3-6所示。

蓄电池与外界直流电源相连而将电能转化为化学能存储起来的过程称为充电过程。在发动机正常工作时发出的多余电能由蓄电池存储起来。在充电过程中正负极板上的硫酸铅在电解液的作用下发生反应，将电能转化为化学能存储在蓄电池中，同时电解液的密度增大。蓄电池的充电过程如图1-3-7所示。

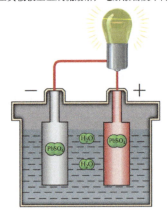

图 1-3-6 蓄电池放电过程

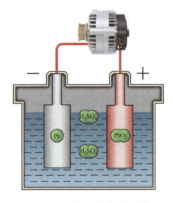

图 1-3-7 蓄电池充电过程

实训演练

混合动力汽车低压充电系统检修

请扫描二维码，查看"混合动力汽车低压充电系统检修"技能视频，结合视频内容及相关资料，规范地完成混合动力汽车低压充电系统的检修实训。

实训工具与准备：

1）工具：世达100件工具套装、劳保手套、万用表、钳形电流表等。
2）设备：比亚迪·秦整车、车辆举升机。
3）资料及耗材：比亚迪·秦维修手册、教材及学习工作页、抹布等。

一、实训前准备

1）穿戴好个人防护用品。
2）铺设车内防护三件套。
3）铺设车外防护三件套。
4）检查确认车辆状态正常。

二、发电机的基本检查

1）举升车辆至合适高度，目视检查发电机传动带是否存在老化、磨损等现象，如图 1-3-8 所示。

2）用拇指用力压发电机传动带，检查发电机传动带张力是否合适，如图 1-3-9 所示。
3）检查发电机连接线束是否松动、老化。

图 1-3-8　检查发电机传动带磨损程度

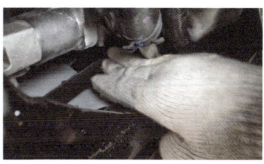

图 1-3-9　检查发电机传动带张力

4）检查完毕，降下车辆。

三、低压蓄电池检测

1. 低压蓄电池基本检查

1）检查低压蓄电池正负极桩是否存在氧化、腐蚀等情况，如图 1-3-10 所示，检查正负极电缆连接是否牢靠。
2）检查低压蓄电池外观是否整洁，有无变形和破损。

2. 低压蓄电池静态检测

1）取出万用表并校准。
2）将万用表调至直流电压档，检测蓄电池静态电压，其标准值范围为 12～14V，如图 1-3-11 所示。
3）若测量值与标准值不符，则说明蓄电池亏电或损坏，需要对蓄电池进行充电或更换。

图 1-3-10　检查低压蓄电池正负极桩

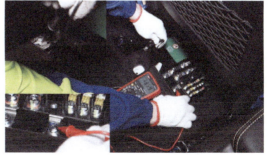

图 1-3-11　检测蓄电池静态电压

四、充电系统电路检测

1）将万用表调至电阻档，检测发电机与蓄电池之间熔丝的阻值，其标准值应小于 1Ω。
2）若与标准值不符，则需更换熔丝。

3）起动发动机至怠速运转，将万用表红色表笔连接发电机输出端子，黑色表笔连接车身搭铁。

4）测量发电机发电电压，其标准值范围为13.5～14.5V，若测量值与标准值不符，则说明发电机充电系统电路损坏，需进一步检修。

5）选择EV模式，测量DC/DC变换器输出电压值，如图1-3-12所示，其标准值范围为13.5～14.5V，若测量值与标准值不符，则说明DC/DC变换器损坏，需更换或维修。

五、充电电压和电流检测

1. 充电电压检测

1）打开车辆电源开关，起动发动机，使发动机转速升至2500r/min左右。

2）将万用表调至电压测试档，测量发电机充电时的蓄电池电压，其标准值范围为13.5～14.5V，若测量值与标准值不符，则说明充电系统存在故障，需进一步检修。

3）检测完成后，取下万用表。

2. 充电电流检测

1）取出钳形电流表并校准，将钳形电流表调至电流测试档，将蓄电池正极电缆放入钳口进行测量。

2）起动发动机，使发动机转速升至2500r/min左右，记录钳形电流表数值，如图1-3-13所示，其标准值范围为1.5～4A。

3）若测量值与标准值不符，则说明充电系统存在故障，需进一步检修。

4）检测完成后，取下钳形电流表，关闭车辆电源开关。

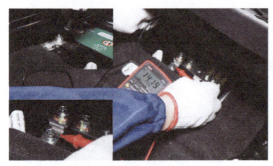

图1-3-12　测量DC/DC输出电压值　　　图1-3-13　用钳形电流表测量蓄电池电流

六、低压蓄电池拆装

1. 驾驶员座椅拆卸

1）比亚迪·秦的低压蓄电池位于驾驶员座椅下方，若想拆卸蓄电池需先将驾驶员座椅拆掉。

2）使用16mm长套筒、棘轮扳手组合工具拆卸驾驶员座椅的4颗固定螺栓，并取下，如图1-3-14所示。

3）断开驾驶员座椅的 2 个线束插接器，如图 1-3-15 所示，取下驾驶员座椅。

图 1-3-14　拆卸座椅固定螺栓　　　　　图 1-3-15　断开座椅线束插接器

2. 低压蓄电池拆卸

1）使用 10mm 套筒、棘轮扳手组合工具拧松蓄电池负极电缆固定螺母。

2）断开蓄电池负极电缆，并做绝缘处理。

3）断开蓄电池低压插接器，拆下蓄电池配电盒盖。

4）使用 13mm 套筒、接杆、棘轮扳手组合工具拆卸蓄电池正极电缆的 2 颗固定螺栓。

5）使用 10mm 套筒、接杆、棘轮扳手组合工具拆卸蓄电池配电盒固定螺栓。

6）将蓄电池配电盒抬起，并移到蓄电池外侧，然后使用 10mm 套筒、接杆、棘轮扳手组合工具拆卸蓄电池的 1 颗固定螺母，并使用磁力吸棒将其取出。

7）以上述同样方法，拆下另外 3 颗固定螺母，取出蓄电池。

3. 低压蓄电池安装

1）将蓄电池放到原安装位置。

2）使用磁力吸棒将蓄电池的 1 颗固定螺母放置到安装位置，再使用 10mm 套筒、接杆、棘轮扳手组合工具将其拧紧。

3）以上述同样方法，安装另外 3 颗固定螺母。

4）用手依次旋入蓄电池配电盒的 1 颗固定螺栓和正极电缆的 2 颗固定螺栓。

5）使用 10mm 套筒、接杆、棘轮扳手组合工具紧固蓄电池配电盒的 1 颗固定螺栓。

6）使用 13mm 套筒、接杆、棘轮扳手组合工具紧固蓄电池正极电缆的 2 颗固定螺栓。

7）盖上蓄电池配电盒盖，连接蓄电池低压插接器，连接蓄电池负极电缆。

8）使用 10mm 套筒、棘轮扳手组合工具拧紧蓄电池负极电缆固定螺母。

4. 驾驶员座椅安装

1）将驾驶员座椅放到原安装位置。

2）使用 16mm 长套筒、棘轮扳手组合工具安装驾驶员座椅的 4 颗固定螺栓。

3）连接驾驶员座椅的 2 个插接器。

七、整理清洁

按照 7S 管理标准，整理工具和场地。

任务练习

一、选择题

1. 汽车交流发电机多为（　　）交流发电机。
   A. 三相同步　　　　B. 两相同步　　　　C. 四相同步
2. 汽车交流发电机输出的是（　　）。
   A. 交流电　　　　B. 直流电　　　　C. 高压电　　　　D. 闪电
3. 交流发电机按总体结构的不同可分为普通交流发电机、整体式交流发电机、带泵的交流发电机、无刷交流发电机、（　　）。
   A. 永磁交流发电机　　B. 减速交流发电机　　C. 变速交流发电机　　D. 高压交流发电机
4. 混合动力汽车的主发电机是（　　）发电机。
   A. 直流　　　　B. 交流　　　　C. 直流交流可互换　　D. 以上答案均不正确

二、判断题

1. 蓄电池是一种将化学能以电能的形式储存并可将化学能转化为电能的装置。（　　）
2. 蓄电池是汽车上的唯一电源。（　　）
3. 目前汽车上常用的蓄电池主要有普通蓄电池、干荷蓄电池和免维护蓄电池。（　　）

三、简答题

简述蓄电池的基本作用。

任务四　混合动力汽车进气系统检测维修

一辆行驶里程约150000km的比亚迪·秦混合动力汽车，车主反映该车在HEV-SPORT状态下工作时发动机工作无力。维修人员试车后发现发动机无明显的电控系统故障，其燃油系统和点火系统也工作正常。维修技师分析后认为可能是发动机进气系统故障，现需要检修进气系统。请你学习混合动力汽车进气系统相关知识，完成进气系统的检测维修。

学习目标

1）能准确描述出进气系统的位置、结构、作用。
2）能分析气缸盖的工作条件，并结合工作条件说出气缸盖的工作要求和适用材质。

3）能分析出进气系统常见故障的形式及原因，并掌握进气系统检修的常用方法。
4）能掌握进气系统检修技能要点，并能规范地完成实训操作。

知识储备

进气系统结构如图 1-4-1 所示，由空气滤清器、空气流量传感器、进气管、节气门体、进气歧管等组成。进气系统的作用是尽可能多地、均匀地向各缸供给可燃混合气或纯空气。进气系统良好是保证发动机正常运行的有效条件，如果进气系统出现阻塞、泄漏等故障，必然会引起进气量与发动机负荷的不协调，导致发动机运转不良。

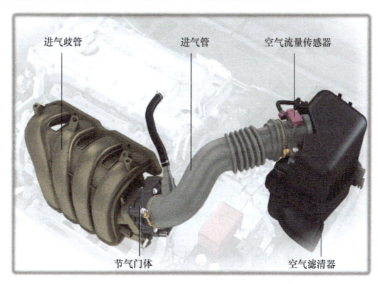

图 1-4-1　进气系统结构

一、空气滤清器

1. 空气滤清器的作用及分类

燃油燃烧需要大量的空气，以普通轿车为例，每消耗 1L 汽油需要消耗 5000～10000L 空气。大量的空气进入气缸，若不将其中的杂质或灰尘滤除，必然加速气缸的磨损，缩短发动机的使用寿命。实践证明，发动机不安装空气滤清器，其寿命将缩短 2/3。空气滤清器的作用是滤除空气中的杂质或灰尘，让洁净的空气进入气缸，如图 1-4-2 所示。另外，空气滤清器也有降低进气噪声的作用。

空气滤清器一般由进气导流管、空气滤清器盖、空气滤清器外壳、滤芯等组成。广泛用于汽车发动机上的空气滤清器具有多种结构形式，常见的有油浴式空气滤清器、纸滤芯空气滤清器、离心式及复合式空气滤清器。

2. 空气滤清器的常见故障

1）空气滤清器与进气管处连接不紧、固定不牢，造成不密封，空气滤清器不起作用。
2）积尘杯破损、缺失或用其他代用品；缺少密封条，造成空气滤清器不起作用。

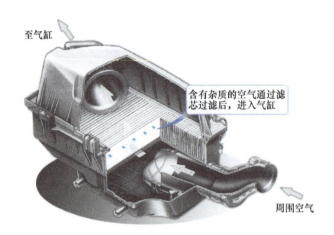

图 1-4-2　空气滤清器的作用

3）纸质空气滤清器滤芯破损、变形，不保养不更换，超期使用，造成空气滤清器不起作用。

4）发动机工作中，用手捂住空气滤清器进气口处，不能立即熄火。

5）中小负荷工作时没有此现象，加大负荷时积尘杯中的灰尘像龙卷风一样被旋转吸入进气道。

6）空气滤清器油盘中的机油消耗过快。

3. 空气滤清器的常见故障检测

空气滤清器的常见故障检测步骤如下：

1）打开发动机舱盖，确认空气滤清器的位置。

2）拧下滤清器固定螺钉，用手取出空气滤清器。

3）检查是否有较多的尘土，可以轻轻拍打滤芯端面或利用压缩空气由里向外清洁滤芯上的尘土，切勿用自来水进行冲洗。如果检查空气滤清器已经发黑堵塞，则需要更换新的空气滤清器。

4）如果更换空气滤清器，需在安装新空气滤清器之前对空滤盒底部进行彻底的清理，把尘土清除干净。

5）清理干净后放入新的空气滤清器，并确保安装好的空滤盒密闭牢固。

二、进气总管

1. 进气总管概述

进气总管是指安装在空气滤清器与进气歧管之间的管道，如图 1-4-3 所示。发动机做功需要的气体通过进气管导入发动机内部，进气管必须保证足够的流通面积，避免转弯及截面突变，改善管道表面的光洁度等，以减小阻力提高发动机的充气效率。

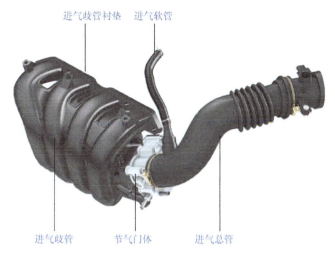

图 1-4-3 进气管位置

2. 进气总管的常见故障及检测

进气总管工作时间较长后塑料管会有老化、开裂等现象，使发动机的进气量测量失真、怠速不稳、加速性能变差；进气管如有异物堵塞，将使发动机的进气量减少、输出功率减小。

1）进气管的外观检查：检查进气总管有无破损及脱落。进气总管一般是塑料管，在使用中会老化，并且发动机舱内温度较高，将加剧塑料管的老化。

2）进气总管工作情况的检查：检查进气总管有无堵塞或漏气。进气总管上装有空气流量传感器或进气压力传感器，如有异物堵塞或进气管漏气，将使发动机的进气量测量失真，影响发动机的正常工作。

三、节气门体

1. 节气门体概述

节气门体是控制空气进入发动机的一道可控阀门，节气门有传统拉索式和电子节气门两种。目前大多数汽车采用电子节气门，结构如图 1-4-4 所示。电子节气门的节气门体主要由节气门位置传感器、节气门驱动电机和节气门组成，它们一般被封装为一体。电子节气门主要通过节气门位置传感器和发动机所需能量控制节气门的开启角度，从而调节进气量的大小。

电子节气门的优点如下：

1）电子节气门可以精确控制节气门开度，实现发动机全范围的最佳转矩输出。

2）在各种工况下对空燃比进行精确控制，使燃烧更加充分，同时也降低了废气的产生，排放性能得到提高。

3）在海拔较高的地区，大气压下降、空气稀薄，氧气含量下降导致发动机输出动力下降。此时，电子节气门控制系统可按照大气压强与海拔的函数关系对节气门开度进行补偿，保证发动机输出动力和加速踏板位置的关系保持稳定。

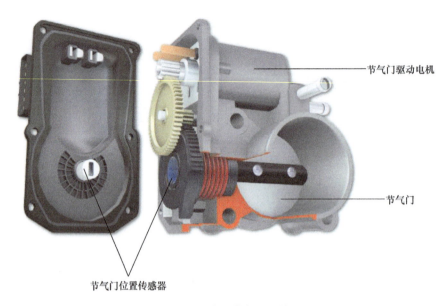

图 1-4-4　电子节气门结构

2. 节气门体的常见故障

如果汽车长时间未做保养或使用劣质燃油可能会导致节气门过脏、堵塞,甚至损坏。当节气门体出现故障时,通常有以下症状:

1)发动机怠速不稳定、高怠速持续不降、发动机起动困难,尤其是冷起动困难。
2)发动机无怠速。
3)发动机动力不足,加速性能差,运转不稳定。

3. 节气门体的常见故障检测

1)观察节气门是否存在机械损伤或积炭,如果存在,应采取对应措施。
2)使用万用表测量节气门位置传感器电阻,如果电阻不符合标准,则需要更换。
3)将探针插入节气门体插头端子引线内,起动发动机进入怠速运行;在冷却液温度达到80℃以上时,用万用表测量探针检测点与蓄电池负极之间的电压。
4)把点火开关置于关闭位置,拔下节气门体插头,用万用表测量节气门体插头端子之间的阻值。若不符合要求,则更换节气门体总成。

四、进气歧管

1. 进气歧管概述

进气歧管是指在进气总管后向各气缸分配空气的支管,其结构如图 1-4-5 所示。其主要作用是将新鲜气体(空气或可燃混合气)分配到各缸进气道。进气歧管必须将空气、可燃混合气尽可能均匀地分配到各个气缸,为此进气歧管内气体流道的长度应尽可能相等。为了减小气体流动阻力,提高进气能力,进气歧管的内壁应该光滑。

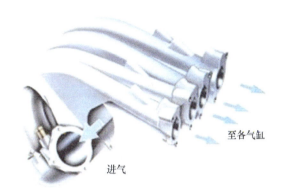

图 1-4-5 进气歧管结构

2. 进气歧管的常见故障

如果进气歧管损坏，会出现漏气、气体压力降低，导致进气能力减弱、发动机动力降低、进气量不足等现象，还会造成积炭增加。这些现象一般是由于进气歧管开裂导致的。进气歧管漏气会有声音发出，汽车会出现抖动、怠速不稳、加速无力、易熄火等情况，开裂严重更是会导致汽车无法起动。

3. 进气歧管的常见故障检测

发动机能转动（运转起动机），或在不同转速范围内均可对发动机的真空度进行测量，在测量时把真空表接于节气门后方的进气歧管上，并通过不同的转速与读数来分析和判断故障的部位。一台性能良好的发动机运转时的真空度比较高，当节气门在任何角度保持不变时，只要发动机转速加快或是进气歧管无泄漏且气缸密封性良好，真空度就会增加。当发动机运转比较慢或气缸进气效率变低，那么歧管内的真空度就会变低。

实训演练

进气系统管道及相关传感器检测

请扫描二维码，查看"进气系统管道及相关传感器检测"技能视频，结合视频内容及相关资料，规范地完成进气系统管道及相关传感器检测实训。

实训工具与准备：

1）工具：防护三件套、诊断仪、万用表、引线、10mm十字套筒、棘轮扳手、十字螺钉旋具等。

2）设备：比亚迪·秦整车。

3）资料及耗材：比亚迪·秦维修手册、教材及学习工作页、抹布等。

一、实训前准备

1）穿戴好个人防护用品。
2）铺设车内防护三件套。
3）铺设车外防护三件套。
4）检查确认车辆状态正常。

二、进气系统在线检测

1）连接诊断仪至车辆诊断接口，按下车辆起动开关至 ON 状态。打开诊断仪选择对应车型，进入诊断界面选择"ECU 模块"进行全车模块扫描。待扫描完成后选择"发动机控制器"模块，读取故障码，如图 1-4-6 所示。

2）起动发动机，读取进气系统相关的数据流，查看相关数据是否正常，如图 1-4-7 所示。检测完毕退出诊断界面，关闭诊断仪电源开关及车辆电源开关，拔下诊断插头。

图 1-4-6　故障码读取

图 1-4-7　数据流检测

三、进气压力温度传感器检测

1. 电源线检测

1）断开进气压力温度传感器线束插接器。按下车辆起动开关至 ON 状态，用引线将进气压力温度传感器线束插接器的 3 号针脚引出，如图 1-4-8 所示。

2）对万用表进行校表，并调至电压测试档。将万用表红表笔连接至 3 号针脚，黑表笔连接车身搭铁，测量传感器供电电压是否正常，若测量值与标准值（5±0.2）V 不符，则说明传感器电源线存在故障，需进行检修，如图 1-4-9 所示。

图 1-4-8　测量 3 号针脚连接

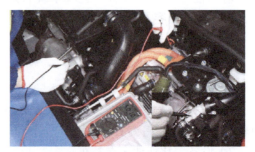

图 1-4-9　测量 3 号针脚电压

3）检测完成，关闭点火开关。

2. 搭铁线检测

1）将万用表调至电阻测试档,用引线将进气压力温度传感器线束插接器的 1 号针脚引出,如图 1-4-10 所示。使用万用表红表笔连接 1 号针脚,黑表笔连接车身搭铁,测量传感器搭铁线是否正常。

2）待万用表数值稳定后记录万用表数值,标准值应小于 1Ω,若测量值与标准值不符,则说明传感器搭铁线存在故障,需进行检修。

3. 信号线检测

1）按下车辆起动开关至 ON 状态,将万用表调至电压测试档。用引线将线束插接器的 4 号针脚引出,万用表红表笔连接 4 号针脚,如图 1-4-11 所示,黑表笔连接车身搭铁,测量传感器输出压力信号线是否正常。待万用表数值稳定后记录万用表数值,若测量值与标准值不符,则说明传感器压力信号线存在故障,需进行检修。

图 1-4-10　测量 1 号针脚连接

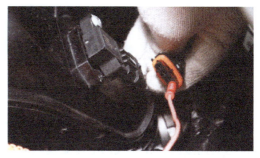

图 1-4-11　测量 4 号针脚连接

2）用引线将线束插接器的 2 号针脚引出,万用表红表笔连接 2 号针脚,如图 1-4-12 所示,黑表笔连接车身搭铁,测量传感器输出温度信号线是否正常。待万用表数值稳定后记录万用表数值,若测量值与标准值不符,则说明传感器温度信号线存在故障,需进行检修。

3）检测完毕,关闭点火开关,取出引线,收回万用表。

4. 传感器检测

1）使用 10mm 十字套筒、棘轮扳手组合工具拆卸进气压力温度传感器的安装螺栓,取下进气压力温度传感器,目视检查传感器外观有无破损、变形等。

2）用万用表测量 1、2 号针脚之间的电阻,待万用表数值稳定后记录万用表数值,若测量值与标准值不符,则说明传感器温度信号线存在故障,需进行检修,如图 1-4-13 所示。

图 1-4-12　测量 2 号针脚连接

图 1-4-13　测量电阻

3）检测完毕，安装进气压力温度传感器，装回线束插接器。

四、节气门位置传感器检测

1. 进气总管拆卸

1）使用十字螺钉旋具松开进气软管一端 A 型蜗杆环箍，使用尖嘴钳松开进气软管另一端的 A 型钢带弹性环箍，取下进气软管，如图 1-4-14、图 1-4-15 所示。

图 1-4-14　松动 A 型蜗杆环箍

图 1-4-15　松动 A 型钢带弹性环箍

2）使用十字螺钉旋具拆卸半圆卡块的 2 颗自攻螺钉，取下半圆卡块，断开进气压力温度传感器插接器；在节气门卡座处找到固定后部进气总管的两个卡子并轻轻向外扳动，将进气总管从节气门卡座上松开，取下进气总管，如图 1-4-16、图 1-4-17 所示。

图 1-4-16　松开自攻螺钉

图 1-4-17　断开传感器插接器

2. 电源线检测

1）断开节气门位置传感器线束插接器，按下车辆起动开关至 ON 状态。

2）万用表调至电压档位，用引线分别将线束插接器的 2、6 号针脚引出，如图 1-4-18 所示。

3）将万用表红表笔连接至 2 号针脚，黑表笔连接 6 号针脚，测量节气门位置传感器供电电压是否正常。待万用表数值稳定后记录万用表数值，若测量值与标准值（5±0.2）V 不符，则说明传感器电源线或搭铁线存在故障，需进行检修，如图 1-4-19 所示。

图 1-4-18　引线连接

图 1-4-19　电压测量

3. 信号线检测

1）用引线引出线束插接器的 1 号针脚，将万用表红表笔连接 1 号针脚，如图 1-4-20 所示，黑表笔连接车身搭铁，检测节气门位置传感器信号 1 线是否对地短路。待万用表数值稳定后记录万用表数值，若测量值与标准值不符，则说明节气门位置传感器信号 1 线存在对地短路故障，需进行检修。

2）用同样的方法检测节气门位置传感器信号 2 线是否对地短路，如图 1-4-21 所示。

图 1-4-20　1 号针脚引线连接

图 1-4-21　4 号针脚引线连接

3）检测完成，关闭点火开关。

五、进气系统管道和电子节气门拆装

1. 电子节气门拆卸

使用十字螺钉旋具按对角线拧松电子节气门的 4 颗固定螺栓，取下电子节气门，并妥善放置。

2. 电子节气门清洗、检查

1）目视检查电子节气门外观是否损坏，用手沿节气门开启方向按压节气门蝶阀，检查蝶阀开闭是否阻滞，如图 1-4-22 所示。

2）向节气门蝶阀正反面喷洒清洗剂，并用干净抹布将其擦拭干净。

3）对万用表进行校表，并将其调至电阻测试档。

4）将万用表红表笔连接至节气门本体的 3 号针脚，黑表笔连接 5 号针脚，测量节气门电机线圈电阻。待万用表数值稳定后记录万用表数值，若测量值与标准值（10±0.5）Ω 不符，则说明节气门电机损坏，需更换电子节气门，如图 1-4-23 所示。

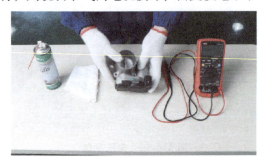

图 1-4-22　节气门外观检查

图 1-4-23　节气门针脚分布

3. 电子节气门安装

将电子节气门放到安装位置，用十字螺钉旋具按对角线拧紧电子节气门的 4 颗固定螺栓，装回节气门位置传感器线束插接器。

4. 进气总管安装

1）预装进气总管，将进气总管卡装到节气门座上，并确保卡装到位。

2）安装进气总管半圆卡块，并用十字螺钉旋具拧紧半圆卡块的 2 颗自攻螺钉，如图 1-4-24 所示。

3）安装进气压力温度传感器线束插接器，如图 1-4-25 所示。

4）预装进气软管。

5）对齐进气软管一端，并使用尖嘴钳卡紧 A 型钢带弹性环箍，如图 1-4-26 所示。

6）对齐进气软管的另一端，并使用十字螺钉旋具拧紧 A 型蜗杆环箍，如图 1-4-27 所示。

图 1-4-24　进气总管安装

图 1-4-25　传感器线束连接

图 1-4-26　卡紧 A 型钢带弹性环箍

图 1-4-27　拧紧 A 型蜗杆环箍

六、整车复检

再次连接诊断仪对全车模块进行扫描，确保全车无故障后结束本次实训。

七、整理清洁

按照 7S 管理标准，整理工具和场地。

任务练习

一、选择题

1. 进气系统主要由（　　）、进气总管、节气门体、进气歧管等组成。
A. 空调滤清器　　　B. 空气滤清器　　　C. 排气管　　　D. 真空管
2. 进气总管是指安装在空气滤清器与（　　）之间的管道。
A. 增压器　　　B. 排气管　　　C. 进气歧管　　　D. 进气接头
3. 电子节气门的节气门体主要由节气门位置传感器、（　　）和节气门组成。
A. 节气门驱动电机　　B. 怠速电机　　C. 节气门拉索

二、判断题

1. 空气滤清器的作用是清除水中的杂质，将干净的水送入气缸。（　　）
2. 空气滤清器一般由进气导流管、空气滤清器盖、空气滤清器外壳、滤芯等组成。（　　）
3. 空气滤清器外壳若出现凹陷、破损，应进行修整或更换。（　　）
4. 节气门有传统拉索式和电子节气门两种，目前大多数汽车采用电子节气门。（　　）

三、简答题

简述空气滤清器的常见故障。

任务五　混合动力汽车点火系统检测维修

一辆 2018 款比亚迪·秦混合动力汽车被拖送至 4S 店进行维修，车主反映该车在 HEV-SPORT 模式状态时能正常起动发动机，但起动后发动机故障灯点亮。维修人员试车后发现，发动机起动后发动机故障指示灯点亮，且加速时发动机不稳容易熄火。维修技师分析后认为可能是发动机点火系统故障，需要检修发动机点火系统。请你学习混合动力汽车发动机点火系统相关知识，完成点火系统的检修任务。

学习目标

1）能描述点火系统的组成、结构、作用及原理。
2）能正确说出点火波形基本知识和检测方法。
3）能描述点火系统中点火线圈、火花塞、凸轮轴位置传感器、曲轴位置传感器、爆燃传感器的结构和原理。
4）能掌握点火系统的检测要点，并规范地完成实训操作。
5）能正确记录、分析各种检测结果并做出故障判断。

知识储备

一、点火系统概述

1. 点火系统的作用和要求

（1）点火系统的作用

如图 1-5-1 所示，汽油发动机气缸内可燃混合气在压缩行程终了时采用高压电火花点火。因此，汽油机设置了点火系统，保证发动机在各种工况和使用条件下气缸内都能适时、准确、可靠地产生电火花点燃可燃混合气，使发动机运转对外输出动力。电控点火系统主要实现点火提前角的控制、通电时间的控制、爆燃的控制。

（2）点火系统的要求

根据发动机各工况的要求，点火系统应保证在各种使用条件下可靠地点燃可燃混合气。因此，对点火系统的要求如下：

1）点火系统应具有足够高的击穿火花塞电极间隙的电压。压缩行程结束时，受气缸内温度、压力等因素的影响，为使火花塞电极之间产生电火花必须要有足够高的击穿电压。发动机正常工作时击穿电压一般应在 12kV 以上；发动机在满载低速时击穿电压为 8～10kV；起动时击穿电压为 19kV 左右。考虑各种不利因素的影响，通常点火系统的设计电压为 30kV。

2）电火花应具有足够的点火能量。要使可燃混合气被点燃，电火花还必须具有足够高的点火能量。发动机正常工作时可靠点燃可燃混合气的点火能量为 50～80MJ；起动时需 100MJ 左右的点火能量。

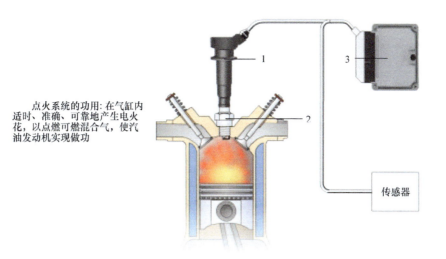

图 1-5-1 点火系统的作用

1—点火线圈 2—火花塞 3—ECU

点火系统的功用:在气缸内适时、准确、可靠地产生电火花,以点燃可燃混合气,使汽油发动机实现做功

3)点火时刻与发动机工况相适应。首先,点火系统应按发动机的工作顺序进行点火,一般六缸机的点火次序为 1-5-3-6-2-4,四缸机为 1-3-4-2。其次,点火时刻应使发动机发出的功率最大、油耗最低以及排污最少,为实现这一目的,点火时刻一般选择在活塞到达上止点前某一位置,称为点火提前角。

2. 电控点火系统的分类及工作原理

根据高压配电方式不同,电控点火系统可分为单独点火方式的点火系统(图 1-5-2)和同时点火方式的点火系统(图 1-5-3)。

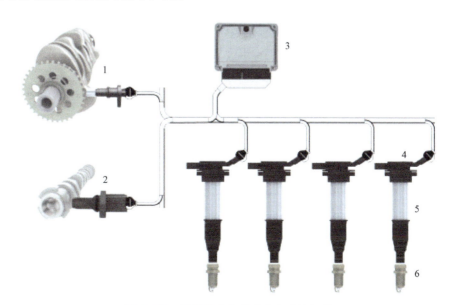

图 1-5-2 单独点火方式的点火系统组成

1—曲轴位置传感器 2—凸轮轴位置传感器 3—ECU 4—点火模块 5—点火线圈 6—火花塞

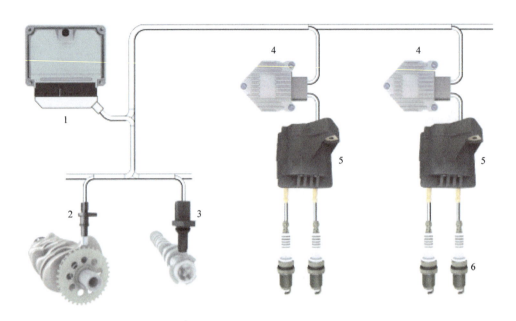

图 1-5-3 同时点火方式的点火系统组成

1—ECU 2—曲轴位置传感器 3—凸轮轴位置传感器 4—点火模块 5—点火线圈 6—火花塞

单独点火方式中,点火线圈直接与火花塞相连,一个点火线圈连接一个缸的火花塞,无高压线,由 ECU 控制点火顺序,如图 1-5-4 所示。

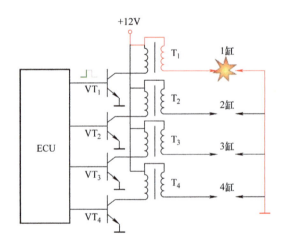

图 1-5-4 单独点火方式的点火系统工作原理

双缸同时点火方式的点火系统中,点火线圈的高压线直接与火花塞相连,一个点火线圈连接两个缸的火花塞,两缸工作相位相差 360° 曲轴转角,如图 1-5-5 所示。

当一缸工作接近压缩行程上止点时,另一缸接近排气行程上止点,点火时两缸的火花塞同时跳火。其中,工作于排气行程的气缸点火是无效点火,工作于压缩行程的气缸点火是有效点火。

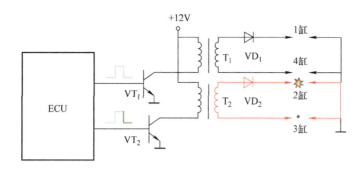

图 1-5-5 双缸同时点火方式的点火系统工作原理

二、点火正时和提前角/延迟角

1. 点火正时

点火正时是指正确的点火时间。在发动机的压缩行程终了，活塞达到行程的顶点时，点火系统向火花塞提供高压火花以点燃气缸内的压缩混合气做功，这个时间就是点火正时。为使点火能量最大化，点火正时一般要提前一定的量，所以是在活塞即将到达上止点的那一刻点火，而不是正好达到上止点时才点火，这个提前量叫点火提前角。适当的点火提前角能有效地改善燃油消耗率、发动机功率以及有害气体的排放。点火提前角过大会导致燃油消耗率差、动力下降、发动机爆燃。点火过迟会导致发动机动力不足，严重情况下出现排气管"放炮"。

2. 点火正时失准常见情况

1）点火正时过于提前，将有以下现象发生：
① 听到发动机爆燃的声音，在爬坡或加速期间更明显。
② 车辆起动缓慢，或起动车辆时抖动，在发动机暖机发车时更加明显。
2）点火正时过迟，将有以下现象发生：
① 发动机动力不足。
② 起动时间比较久，起动困难。
③ 燃油经济性变差。
④ 如果点火过于滞后，发动机会过热。

3. 点火提前角控制

在计算机控制点火系统中，最佳点火提前角通常包括初始点火提前角、基本点火提前角和修正点火提前角。各车型实际点火提前角的确定（计算）方法有所不同，目前主要有两种类型：
1）实际点火提前角＝初始点火提前角＋基本点火提前角＋修正点火提前角。
2）实际点火提前角＝基本点火提前角×点火提前角修正系数。

4. 爆燃控制

为了避免爆燃，应适当减小点火提前角。但是这种点火提前角的调整难以控制，若调整值偏大，则不利于获得理想的点火时刻；若调整值偏小，如遇劣质燃油或其他偶然因素，又难免让发动机进入爆燃区。为此，在发动机电子控制系统中设置爆燃控制器，它由爆燃传感器、检测电路、控制电路及校正电路组成，如图 1-5-6 所示。

爆燃传感器将传递到气缸体上的机械振动转换成电信号输入到发动机电子控制单元中，电子控制单元检侧传感器送来的信号，分析判断有无爆燃及爆燃的强弱，然后输出相应的指令控制校正电路对发动机的点火提前角做出准确的调整。爆燃强，推迟点火的角度大；爆燃弱，推迟的角度小。每次调整都以一个固定的角度递减，直到爆燃消失为止；而后又以一个固定的角度递增，当发动机再次出现爆燃时，发动机控制单元又使点火提前角再次减小，如此不断调整。这是一种临界控制方式，它可使发动机接近爆燃区而又不进入爆燃区，此时缸内燃烧的热效率最高。

图 1-5-7 所示为不同转速下爆燃控制点火时刻曲线，从图中可以看出，点火系统采用爆燃控制后，可使不同转速下点火时刻的控制达到较理想的程度。在没有爆燃控制的点火系统中，为避免爆燃现象的发生，设定的点火时刻必须留有离开爆燃区的足够余量，从而导致燃烧的热效率降低。

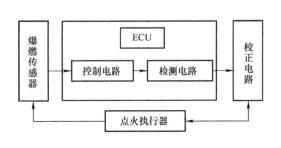

图 1-5-6 爆燃控制器

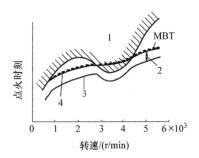

图 1-5-7 爆燃与点火时刻的关系
1—爆燃范围 2—余量幅度
3—无爆燃控制时 4—有爆燃控制时

三、点火线圈和火花塞

1. 点火线圈的结构与工作原理

（1）点火线圈的结构

点火装置的核心部件是点火线圈和点火模块，如图 1-5-8、图 1-5-9 所示为单独点火方式点火线圈及剖面图。

（2）点火线圈的工作原理

点火模块和点火线圈形成一个点火组件，单独点火方式的点火系统中每个气缸独立使用一个点火模块，各缸点火线圈的初级绕组分别由点火器中的一个功率晶体管控制，整个点火系统的工作由 ECU 控制，如图 1-5-10 所示。

点火模块接收 ECU 的点火控制信号，当某缸的控制信号为低电平时，点火器中对应此缸的功率晶体管导通，点火线圈通电；当某缸的控制信号变为高电平时，对应的晶体管截止，磁场迅速消失，线圈中电流被切断，次级绕组产生高压电，高压电送至火花塞跳火。

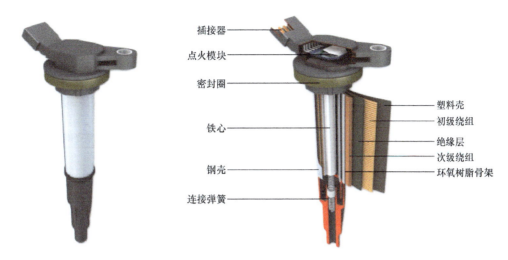

图 1-5-8 单独点火方式用点火线圈　　图 1-5-9 单独点火方式用点火线圈剖面图

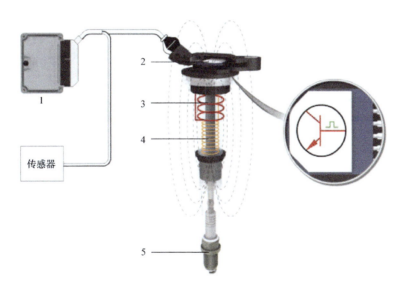

图 1-5-10 单独点火方式的工作原理
1—ECU　2—点火模块　3—初级绕组　4—次级绕组　5—火花塞

2. 火花塞的结构

（1）火花塞的构造

火花塞主要是将点火线圈产生的脉冲高电压引入燃烧室，并在其两电极之间产生电火化，以点燃可燃混合气。它连接在点火线圈次级绕组末端，主要由陶瓷绝缘体、接线螺杆、接线螺母、中心电极、侧电极等组成，如图 1-5-11 所示。钢质的火花塞壳体内部固定有陶瓷绝缘体，绝缘体中心孔上部有金属接线螺杆，接线螺杆上端有接线螺母用来接高压导线，绝缘体下部有中心电极。

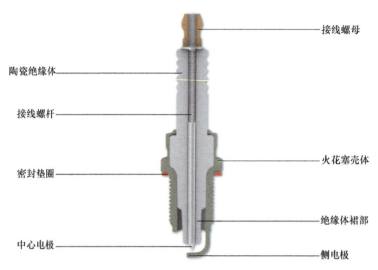

图 1-5-11　火花塞剖面图

（2）火花塞的型号

根据汽车行业标准 QC/T430—2005《火花塞产品型号编制方法》的规定，火花塞型号由三部分组成：第一部分为字母，表示火花塞的结构类型及主要形式尺寸，各字母的含义见表 1-5-1；第二部分为阿拉伯数字，表示火花塞热值代号，见表 1-5-2。

表 1-5-1　火花塞的型号及规格参数

字母	螺纹规格	安装座形式	螺纹旋合长度 /mm	壳体六角对边 /mm
A	M10×1	平座	12.7	16
C	M12×1.25	平座	12.7	17.5
D		平座	19	17.5
E	M14×1.25	平座	12.7	20.8
F		平座	19	20.8
（C）		平座	9.5	20.8
（H）		平座	11	20.8
（Z）		平座	11	19
J		平座	12.7	16
K		平座	19	16
L		矮座平座	9.5	19
（M）		矮座平座	11	19
N		矮座平座	7.8	19
P		锥座	11.2	16
Q		锥座	17.5	16
R	M18×1.5	平座	12	20.8
S		平座	19	（22）
T		锥座	10.9	20.8

表 1-5-2　火花塞的热特性参数

热值代号	3	4	5	6	7	8	9
裙部长度 /mm	15.5	13.5	11.5	9.5	7.5	5.5	3.5
热特性	热型←	——中型——			→冷型		

火花塞的点火部位吸热并传递给发动机的性能称为火花塞的热特性。实践证明，当火花塞绝缘体裙部的温度保持在 500～700℃时，落在绝缘体上的油滴能立即烧去，不形成积炭，这个温度称为火花塞的自洁温度。低于这个温度时，火花塞常因产生积炭而漏电，导致不点火；高于这个温度时，则当混合气与炽热的绝缘体接触时，可能早燃而引起爆燃，甚至在进气行程中燃烧产生回火现象。

火花塞的热特性主要取决于绝缘体裙部的长度。绝缘体裙部长的火花塞称为热型火花塞，它受热面积大、传热距离长、散热困难、裙部温度高，适用于低速、低压缩比、小功率发动机；反之，裙部短的火花塞称为冷型火花塞，它受热面积小、传热距离短、容易散热、裙部温度低，适用于高速、高压缩比、大功率的发动机；介于上述二者之间的为中型火花塞。

第三部分为汉语拼音字母，表示火花塞的派生产品、结构特性、材料特性及特殊技术要求等，见表 1-5-3。火花塞电极结构形式如图 1-5-12 所示。

表 1-5-3　火花塞电极的特征参数

字母	含义	字母	含义	字母	含义
A	标准型	H	环状电极型	U	电极缩入型
B	半导体型	J	多电极型	V	V 型
C	镍钢复合电极	R	电阻型	Y	沿面跳火型
F	非标准型	P	屏蔽型		
G	贵金属	T	绝缘体突出型		

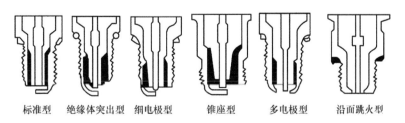

图 1-5-12　火花塞电极结构形式

3. 火花塞的常见故障

在发动机运转过程中，火花塞除了承受较大的电负荷外，还与高温、高压燃气直接接触，且受到燃烧产物的强烈腐蚀。正常情况下火花塞绝缘体端部呈浅褐色，表面没有燃油或机油沉积物说明热值正确且点火正常。

（1）火花塞的故障现象及原因

1）积炭：故障现象是火花塞上有松软、乌黑的沉积物，如图 1-5-13 所示。

故障原因如下：

① 可燃混合气比例不正确，空气滤清器堵塞等造成的混合气过浓。

② 发动机温度过低，燃烧不完全。

③ 燃油质量太差或变质，燃烧不正常。

④ 火花塞太冷，热值太低。

图 1-5-13　火花塞积炭

2）机油油污：故障现象是火花塞电极和内部出现油性沉积物，表明机油进入燃烧室内，如图 1-5-14 所示。

故障原因包括：个别火花塞上有油性沉积物，可能是气门杆油封损坏造成的；各个缸体的火花塞都粘有这种沉积物，则说明气缸蹿油，空气滤清器和通风装置堵塞后气缸极易出现蹿油。

3）积灰：故障现象是火花塞中心电极及侧电极表面覆盖有浅褐色沉积物，如图 1-5-15 所示。

图 1-5-14　火花塞上有油性沉积物

图 1-5-15　火花塞积灰

积灰是由于过多的机油添加剂引起的。积灰若出现在火花塞半边，说明发动机上部磨损严重；积灰包围电极，说明发动机下部磨损严重。

4）爆燃：故障现象是绝缘体顶端破裂，如图 1-5-16 所示。

爆燃燃烧是绝缘体破裂的主要原因。点火时刻过早、汽油辛烷值低、燃烧室内温度过高都可能导致发动机爆燃燃烧。

5）瓷件大头爬电：故障现象是绝缘体上出现垂直于铁壳方向的黑色燃烧痕迹，如图 1-5-17 所示。

产生该故障是由于火花塞安装不好或火花塞连接线套老化，导致点火高压沿着瓷体外部闪络搭铁。

（2）故障检测方法

检修火花塞对于判断发动机运转情况显得尤为必要，其检修内容主要包括检查电火花、检查火花塞电极、检查火花塞电极间隙（中心电极和侧电极的空气间隙）。

图 1-5-16　火花塞爆燃

图 1-5-17　火花塞瓷件大头爬电

1）手感法：将冷态的发动机起动运转一段时间后熄火，用手摸各缸火花塞磁体温度相互做比较，温度低，说明该缸火花塞工作质量差或者根本不工作（注意需排除发动机本身故障）；温度高，说明该缸火花塞工作质量好。

2）断火试验法：使发动机在怠速状态下运转，用螺钉旋具使火花塞断火（搭铁），如果被断火的火花塞有故障，则发动机运转情况不变；如果断火后发动机立即抖动则说明该缸工作正常，抖动越严重该缸工作越好。

3）观察法：卸下火花塞，检查电极间隙，观察火花塞电极颜色。电极为白色或粉红色的火花塞工作正常；表面有黑色烟尘者（混合气过浓的因素除外）火花塞工作质量次；有严重积炭或者电极有油污者其工作质量差，甚至根本不工作。

4）对比试验法：用断火法检查工作状态良好气缸的火花塞，与检查中工作状态不良的气缸火花塞互相调换进行对比试验，进一步判定火花塞的好坏。

5）仪器检验法：火花塞裂痕严重漏电的故障较容易诊断，但对于火花塞裂痕轻微，只有重负荷时才有断火现象的火花塞，可使用火花塞检验器检查。将要检查的火花塞装在火花塞检验器上，充入 784kPa 的压缩空气（模拟气缸压缩工作状态）；向火花塞通以高压电使火花塞电极间形成火花，观察火花塞电极跳火状态，高压火花连续而明亮的火花塞为良好，否则为有故障的火花塞。

四、曲轴、凸轮轴位置传感器

1. 曲轴位置传感器

曲轴位置传感器又称发动机转速与曲轴转角传感器，安装在曲轴的前部、中部或飞轮上，是控制点火时刻、确认曲轴位置不可或缺的信号源。

（1）曲轴位置传感器的作用

曲轴位置传感器的作用是采集曲轴转动角度信号、曲轴位置信号和发动机转速信号，并将这些信号输入 ECU，ECU 用此信号控制燃油喷射量、喷油正时、点火时刻（点火提前角）、点火线圈通电时间、怠速转速及电动汽油泵的运行等。图 1-5-18、图 1-5-19 所示为曲轴位置传感器的作用及电路图。

曲轴位置传感器产生发动机转速信号，用来决定基本喷油量和基本点火提前角；曲轴位置传感器产生曲轴基准位置信号，用以计算曲轴转角，判定曲轴或活塞位置。

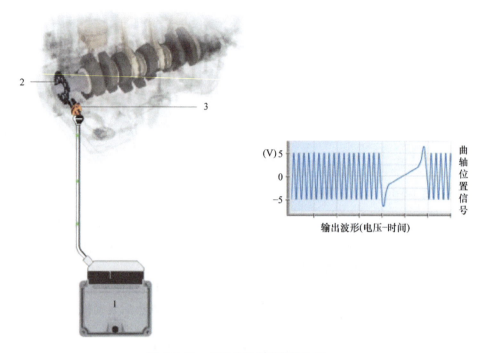

图 1-5-18　曲轴位置传感器的作用

1—ECU　2—曲轴　3—曲轴位置传感器

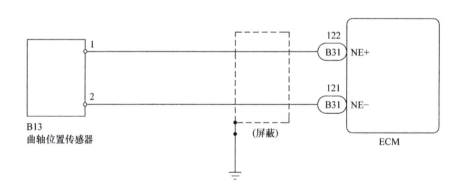

图 1-5-19　曲轴位置传感器的电路图

（2）曲轴位置传感器的结构

曲轴位置传感器是发动机电子控制系统中最重要的传感器之一。曲轴位置传感器可分为磁感应式、霍尔式和光电式三种，如图 1-5-20 所示。其中最常用的是磁感应式和霍尔式曲轴位置传感器。

磁感应式曲轴位置传感器如图 1-5-21 所示，主要由铁心、永久磁铁、插接器针脚、线圈、壳体、密封圈等组成。其中，永久磁铁上带有一个传感器磁头，传感器磁头与导磁板连接构成导磁回路。

霍尔式曲轴位置传感器如图 1-5-22 所示，主要由永久磁铁、插接器、霍尔元件、导磁软铁、连接支架等组成。

a) 霍尔式曲轴位置传感器

b) 光电式曲轴位置传感器

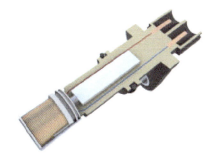

c) 磁感应式曲轴位置传感器

图 1-5-20　曲轴位置传感器的分类

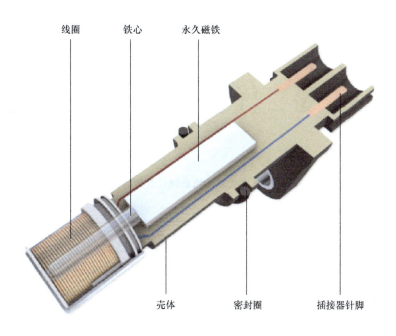

图 1-5-21　磁感应式曲轴位置传感器的结构

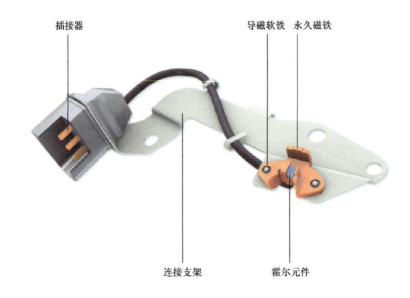

图 1-5-22　霍尔式曲轴位置传感器的结构

（3）曲轴位置传感器的工作原理

磁感应式发动机曲轴位置传感器由信号转子、传感线圈及永久磁铁三部分组成。当信号转子每转过一个凸齿时，由于穿过传感线圈的磁通量发生变化，根据电磁感应原理，传感线圈就会输出一个交变电动势；信号转子与发动机曲轴相连，传感线圈输出的交变电动势反映了曲轴的转速，如图 1-5-23 所示。

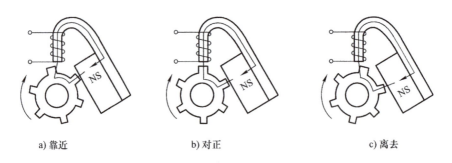

图 1-5-23　电磁感应式发动机曲轴位置传感器的工作原理

2. 凸轮轴位置传感器

凸轮轴位置传感器是用来检测凸轮轴位置的一个信号装置，是点火主控制信号，一般安装在凸轮轴罩盖前端对着进排气凸轮轴前端的位置，如图 1-5-24 所示。

（1）凸轮轴位置传感器的作用

凸轮轴位置传感器的作用是采集凸轮轴位置信号并将信号输入 ECU，采集到的信号是发动机 ECU 的判缸信号，用来确定哪个气缸处于压缩状态。凸轮轴位置传感器与曲轴位置传感器配合工作，使发动机 ECU 能准确判定活塞上止点位置，从而精确地进行喷油控制、点火正时控制及配气正时控制等，如图 1-5-25 所示。

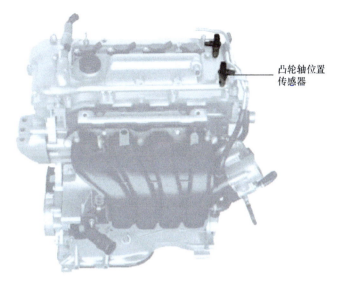

图 1-5-24　凸轮轴位置传感器的安装位置

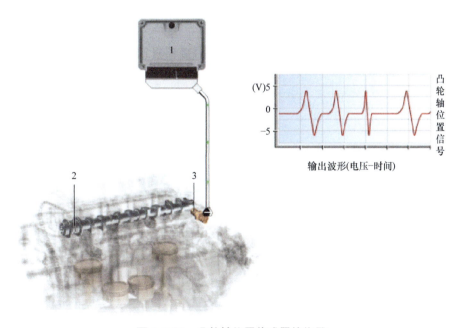

图 1-5-25　凸轮轴位置传感器的作用

1—ECU　2—凸轮轴　3—凸轮轴位置传感器

（2）凸轮轴位置传感器的结构

与曲轴位置传感器类似，凸轮轴位置传感器也可以分为霍尔式、光电式、电磁式三种，如图 1-5-26 所示。其中常用的是霍尔式凸轮轴位置传感器。

a) 霍尔式凸轮轴位置传感器
b) 光电式凸轮轴位置传感器　　c) 电磁式凸轮轴位置传感器

图 1-5-26　凸轮轴位置传感器的分类

霍尔式凸轮轴位置传感器主要由霍尔 IC、插接器针脚、壳体、密封圈等组成，如图 1-5-27 所示。

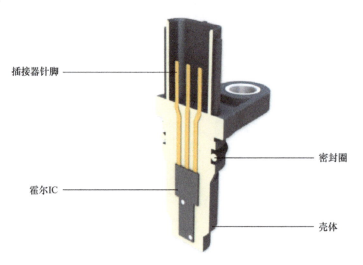

图 1-5-27　霍尔式凸轮轴位置传感器的结构

（3）凸轮轴位置传感器的工作原理

以霍尔式凸轮轴位置传感器为例，霍尔式凸轮轴位置传感器是利用触发叶片改变通过霍尔元件的磁场强度从而使霍尔元件产生脉冲的霍尔电压信号，经过放大整形后即为凸轮轴位置传感器的磁场信号，如图 1-5-28 所示。

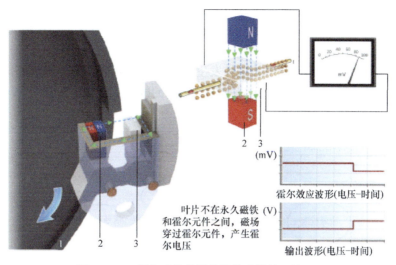

图 1-5-28 霍尔式凸轮轴位置传感器的工作原理
1—叶片 2—磁铁 3—霍尔元件

如图 1-5-29 所示，把一个通有电流的长方体形铂金导体垂直放入磁感应强度为 B 的磁场中时，在铂金导体的两个横向侧面上就会产生一个垂直于电流方向和磁场方向的电压 U_H，当取消磁场时电压立即消失，该电压称为霍尔电压，U_H 与通过铂金导体的电流 I 和磁感应强度 B 成正比。

利用霍尔效应制成的元件称为霍尔元件，利用霍尔元件制成的传感器称为霍尔式传感器。20 世纪 80 年代以来，汽车上应用的霍尔式传感器与日俱增，主要原因在于霍尔式传感器有两个突出优点：一是输出电压信号近似于方波信号；二是输出电压高低与被测物体的转速无关。霍尔式传感器与磁感应式传感器不同的是需要外加电源。

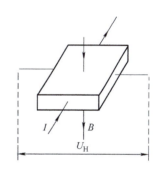

图 1-5-29 霍尔效应原理图

当转子随转子轴一同转动时，转子上的叶片便在霍尔集成电路与永久磁铁之间转动，霍尔式集成电路中的磁场就会发生变化，霍尔元件中就会产生霍尔电压，经过信号处理、电路处理后，就可输出方波信号。当传感器轴转动时，转子上的叶片便从霍尔集成电路与永久磁铁之间的气隙中转过。当叶片进入气隙时霍尔集成电路中的磁场被叶片旁路，霍尔电压 U_H 为零，集成电路输出级的晶体管截止，传感器输出的信号电压 U_0 为高电平。当叶片离开气隙时，永久磁铁的磁通便经霍尔集成电路和导磁钢片构成回路，此时霍尔元件产生电压（U_H =1.9～2.0V），霍尔集成电路输出级的晶体管导通，传感器输出的信号电压 U_0 为低电平。

3. 曲轴、凸轮轴位置传感器的常见故障及检测方法

（1）故障现象

曲轴位置传感器出现故障后，ECU 不能检测曲轴转角和发动机转速；凸轮轴位置传感

器出现故障后，ECU 不能识别一缸压缩上止点，导致 ECU 不能正常进行喷油时刻、点火时刻以及爆燃控制，会出现不能起动、行驶中突然熄火、工作不稳定等故障现象。

（2）故障原因

当曲轴、凸轮轴位置传感器相关组件发生故障时，故障可能是外部线路故障，也可能是传感器组件自身故障，也可能是 ECU 故障。可能的故障点如图 1-5-30 所示。

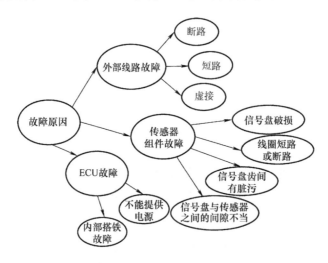

图 1-5-30 曲轴、凸轮轴位置传感器可能的故障点

（3）故障检测方法

1）凸轮轴、曲轴位置传感器线路检测：点火开关置于 OFF，拔下传感器线束插接器 B13 与 ECM 插接器 B31，用万用表检查 B13 插头上 1 与 B31 插头上 122（NE+）之间的电阻，正常值应小于 1Ω；用万用表检查 B13 插头上 2 与 B31 插头上 121（NE-）之间的电阻，正常值应小于 1Ω。

2）凸轮轴、曲轴位置传感器静态检测：以进气凸轮轴位置传感器检测为例，排气凸轮轴位置传感器、曲轴位置检测与之相同。

① 传感器电源检测：凸轮轴位置传感器线束插接器如图 1-5-31 所示，点火开关置于 OFF，拔下传感器线束插接器 B21，B21 插头如图 1-5-31a 所示。用万用表检测 B21 插头端子 1 和搭铁之间的电压值，正常为 5V 左右；否则，拔下 ECU 线束插接器 B31（图 1-5-31b），检查 B21 插头上端子 1 与 ECU 线束插接器 B31 插头上 70（VCV1）之间的导线电阻，正常值应小于 1Ω。

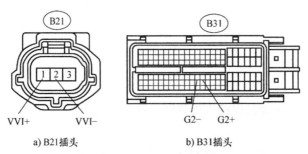

a) B21 插头 b) B31 插头

图 1-5-31 线束插接器示意图

② 传感器搭铁检测：点火开关置于 OFF，拔下传感器线束插接器 B21，用万用表检查 B21 插头上端子 2 与搭铁之间的电阻，正常值应小于 1Ω；若电阻值不正常，检查 B21 插头上端子 2 与 ECU 线束插接器 B31 插头上 98（G2-）之间的导线电阻，正常值应小于 1Ω。

③ 传感器信号线路检测：拔下传感器线束插接器 B21 与 ECU 线束插接器 B31，检查 B21 插头上端子 1 与 ECU 线束插接器 B31 插头上 99（G2+）之间的导线电阻，正常值应小于 1Ω，若正常，更换 ECU。

3）动态检测：点火开关置于 OFF，插好插接器 B13、B21 和 B31。

① 万用表检测：将点火开关置于 ON，起动发动机，用万用表的交流电压档检测曲轴位置传感器 1 与搭铁之间的电压，如果无输出电压，表示曲轴位置传感器线路断路或传感器发生故障；用万用表的电压档检测凸轮轴位置传感器 1 与 2 之间的电压，若无输出电压，说明凸轮轴位置传感器线路断路或传感器发生故障。

② 读取数据流：使用 KT300 读取数据流，发动机怠速时转速应为 600～700r/min，加速时发动机转速相应提高，否则更换曲轴位置传感器。

4）波形分析：用双通道示波器检测曲轴位置传感器端子 1 与 2 之间的信号波形和进气凸轮轴位置传感器端子 1 与搭铁间的信号波形，实测波形如图 1-5-32 所示。曲轴位置和凸轮轴位置信号实测波形与理论波形吻合，曲轴位置信号波形电压峰值为 5V 左右（怠速时），波形稳定，周期性良好，在信号盘缺齿处位置信号明显；凸轮轴位置信号在 0～5V 之间变化，凸轮轴旋转一周，产生三个大小不同的凸齿相匹配的电压信号，波形稳定，从凸齿部分旋转到齿槽瞬间电压信号响应迅速。

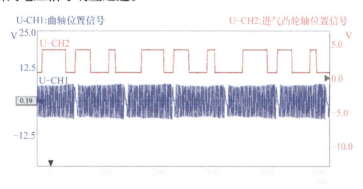

图 1-5-32　波形图

五、爆燃传感器

1. 爆燃传感器的作用

发动机的爆燃是指发动机气缸内的可燃混合气在火焰前锋尚未到达之前自行燃烧导致压力急剧上升而引起缸体振动的现象。在发动机工作的临界点或有轻微爆燃时发动机热效率最高，动力性和经济性最好；剧烈的爆燃会使发动机的动力性和经济性严重恶化。

爆燃传感器安装在发动机缸体上，通过检测发动机缸体的振动，判断有无爆燃发生及爆燃强度，并将发动机爆燃信号转换为电信号输入发动机 ECU，以便 ECU 修正点火提前角，其目的是在提高发动机动力性能的同时不产生爆燃。

2. 爆燃传感器的分类

爆燃传感器主要有磁致伸缩式爆燃传感器和压电式爆燃传感器两种，如图1-5-33所示。其于压电式爆燃传感器又分为共振型爆燃传感器和非共振型爆燃传感器。

磁致伸缩式爆燃传感器的结构如图1-5-34所示。它是一种电感式传感器，利用电磁感应原理把被测的物理量如振动、压力、位移等转换成线圈的自感系数和互感系数的变化，再由电路转换为电压或电流的变化量输出，实现非电量到电量的转换。磁致伸缩式爆燃传感器主要由磁铁、感应线圈、伸缩杆及外壳等组成。

压电式爆燃传感器利用压电效应原理制成，凡是能变换为力的动态物理量，如压力、加速度等，均可用其进行检测。

a) 磁致伸缩式爆燃传感器　b) 共振型压电式爆燃传感器　c) 非共振型压电式爆燃传感器

图 1-5-33　爆燃传感器的分类

图 1-5-34　磁致伸缩式爆燃传感器的结构

3. 爆燃传感器的结构和工作原理

（1）结构和工作原理

1）非共振型压电式爆燃传感器：其结构如图1-5-35所示，由压电陶瓷、振动板、压板、基座、插接器针脚、外壳等组成。它实际上是一种加速度传感器，以接受加速度信号的形式来检测爆燃。

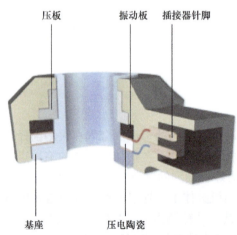

图 1-5-35　非共振型压电式爆燃传感器的结构

当发动机产生爆燃时缸体出现振动，爆燃传感器的壳体与振动板之间产生相对运动，夹在壳体与振动板之间的压电陶瓷所受的压力发生变化，利用压电陶瓷的压电效应将振动转化为电压信号输入 ECU。ECU 根据输入信号判断发动机有无爆燃及爆燃的强度，通过控制点火时刻防止爆燃，有爆燃则推迟点火，无爆燃则提前点火，使点火时刻在任何工况都保持最佳值，即实现爆燃控制。如图 1-5-36 所示为爆燃传感器的工作原理。

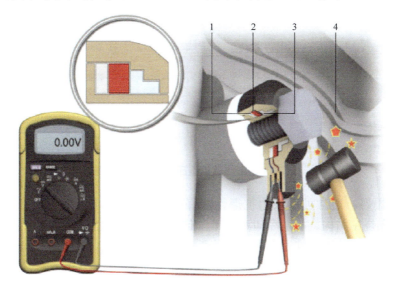

图 1-5-36　爆燃传感器的工作原理
1—压电陶瓷　2—振动板　3—压板　4—缸体

2）共振型压电式爆燃传感器：此种形式的爆燃传感器利用产生爆燃时的发动机振动频率与传感器本身的固有频率相符合而产生共振现象，用以检测爆燃是否发生。该传感器在爆燃时的输出电压比无爆燃时输出电压高得多，因此无需使用滤波器，即可判别有无爆燃产生。如图 1-5-37a 所示为共振型压电式爆燃传感器的结构，压电元件紧密地贴合在共振片上，振荡片则固定在传感器的基座上，振荡片随发动机振动而振荡，并且波及压电元件，使其变形而产生电压信号。当发动机爆燃时的振动频率与振荡片的固有频率相符合时，振荡片产生共振，此时压电元件将产生最大的电压信号，如图 1-5-37b 所示。

3）磁致伸缩式爆燃传感器：这种爆燃传感器安装在发动机上，将发动机振动频率转换成电压信号然后输送给 ECU，以检测发动机爆燃的强度。当发动机的爆燃强度与设定值相同时，爆燃传感器输出最大的电压信号，以表示发动机由于爆燃而产生使机体异常的振动频率。如图 1-5-38 所示为磁致伸缩式爆燃传感器结构，其内部有磁铁、伸缩杆、感应线圈。其工作原理是当发动机的气缸体出现振动时，该传感器在 7kHz 左右处与发动机产生共振，强磁性材料铁心的导磁率发生变化，致使永久磁铁磁通密度也变化，从而在铁心周围的绕组中产生感应电动势，并将这一电信号输入 ECU。

（2）爆燃控制过程

火花塞跳火点燃混合气后，如果火焰在传播途中压力异常升高，一些部位的混合气不等火焰传到，自己就会着火燃烧造成瞬时爆发燃烧，这种现象称为爆燃。爆燃的危害包括：一是噪声大；二是很可能使发动机损坏，特别是在大负荷条件下，这种可能性很大。

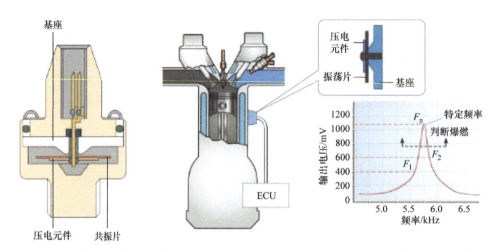

图 1-5-37 共振型压电式爆燃传感器

要消除爆燃,通常可以采用抗爆性能好的燃料、改进燃烧室结构、加强冷却液循环、推迟点火时间等方法。特别是推迟点火时间对消除爆燃有明显的作用。点火提前角越大越容易产生爆燃。试验证明,发动机发出最大转矩的点火时刻是在发动机即将产生爆燃的点火时刻附近。

通常情况下,爆燃传感器安装在发动机的缸体上,根据发动机产生的各种不同的振荡频率的振动而产生不同的电压信号。当发动机发生爆燃时,爆燃传感器的感应性能最好,产生最大的电压信号,其输出电压特性如图 1-5-39a 所示。爆燃强度以超过基准值的次数计量,次数越多,爆燃强度越大;次数越少,爆燃强度越小,如图 1-5-39b 所示。

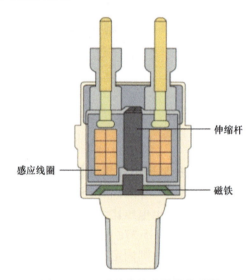

图 1-5-38 磁致伸缩式爆燃传感器

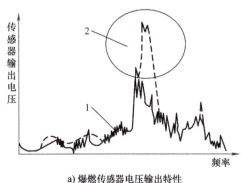
a) 爆燃传感器电压输出特性

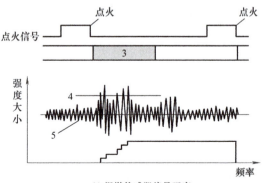
b) 爆燃传感器信号强度

图 1-5-39 爆燃信号的确定

发动机控制单元收到爆燃传感器的信号后，经过滤波回路滤波，将爆燃信号与其他振动信号分离，只允许特定频率范围的爆燃信号通过滤波电路，再经峰值检测比较基准能量级计算使输入信号的最大值与爆燃强度基准值进行比较，比较后由爆燃识别电路判断是否产生爆燃并将判定后的信号传给微处理器，微处理器相应地减小点火提前角来消除爆燃。

在电控点火系统中通过爆燃传感器输入给 ECU，ECU 经过分析判定有无发生爆燃及爆燃的强度，并根据其判定结果对点火提前角进行反馈控制，可以使发动机处于爆燃的边缘工作，既能防止爆燃发生，又能有效地提高发动机动力性和经济性。爆燃控制实际上是点火提前角控制中的追加功能，控制过程如图 1-5-40 所示。

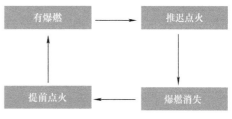

图 1-5-40　爆燃控制过程

4. 爆燃传感器的常见故障及检测方法

（1）故障现象

爆燃传感器出现故障后，由于不能继续对发动机的爆燃进行检测，为了避免发动机发生爆燃，ECU 进入失效保护模式，通常 ECU 会将点火提前角推迟到一个最大值，因此发动机一般会表现出动力不足的故障现象。

拆下或更换发动机爆燃传感器时，传感器的固定力矩应在规定值内。如果发动机爆燃传感器固定力矩过大，可能使它过于灵敏，减小了点火提前角，造成发动机反应迟钝、排气温度过高、油耗增大；而如果发动机爆燃传感器固定力矩过小，传感器的灵敏度将下降，此时发动机容易产生爆燃，从而使得发动机温度过高、NO_X 化合物的排放量超标。

（2）故障原因

当爆燃传感器相关电路发生故障时，故障存在的区域包括外部线路故障、传感器自身故障、ECU 故障。外部线路故障有断路、短路和虚接三种情况。传感器自身故障如灵敏度变低或变高（比如传感器固定力矩过大或过小）、传感器失效。ECU 故障主要是 ECU 内部电源电路或者内部搭铁电路出现故障。

（3）故障检测方法

下面我们以非共振型爆燃传感器为例讲述该传感器的故障诊断方法。

1）静态检测。具体包括：

① 传感器阻值检查：拔下传感器线束插接器 D1，用万用表检查 D1 插接器插座上端子 1 与 2 之间的电阻，在 20℃时，阻值应为 14~280kΩ，否则，更换爆燃传感器。

② ECM 电源检测：拔下传感器线束插接器 D1（图 1-5-41a），点火开关 ON，用万用表检测 D1 插头上端子 2 与搭铁间的电压，正常值应为 4.5~5.5V；否则，拔下 ECM 插接器 B31（图 1-5-41b），检测插接器 B31 插头上 110 至 D1 插头上端子 2 之间的导线电阻，应小于 1Ω。若导线阻值正常，更换 ECM；若导线阻值不正常，修复线路故障。

③ 传感器搭铁检测：拔下传感器线束插接器 D1，用万用表检查插接器 D1 插头上端子 1 与搭铁之间的电阻，正常值应小于 1Ω。

④ 搭铁线路检测：检查 D1 插头上端子 1 与 ECU 线束插接器 B31 插头上 111 之间的导线

电阻,正常值应小于1Ω,若阻值较大说明该段导线存在虚接或断路故障;若阻值正常,检查ECU的外部搭铁电路是否正常,若正常,说明ECU内部搭铁电路出现故障,更换ECU。

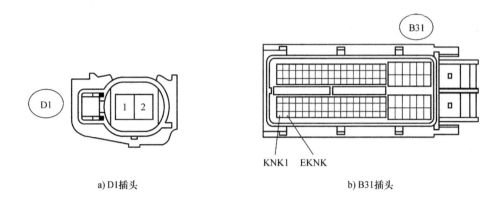

图 1-5-41　线束插接器 D1 与 B31 插头

2)动态检测。具体包括:

① 点火开关置于OFF,插上插接器D1和B31插头。

② 读取数据流:读取数据流中爆燃反馈值,当发动机工况变化时该值应随之变化。可以通过开启空调或提高发动机转速的方式观察爆燃反馈值是否变化,若不变化则更换爆燃传感器。

③ 波形分析:用示波器检测爆燃传感器端子2与搭铁间的信号波形,怠速时实测波形如图1-5-42所示。发动机各缸做功时会使发动机产生轻微的振动,因此,即便发动机没有产生爆燃,爆燃传感器也能检测出这种振动,图中连续出现的波形尖峰就是各缸连续做功所致。改变发动机转速时,波形的频率和幅值应相应变化;发动机熄火时点火开关置于ON,用小锤轻轻敲击爆燃传感器附近的缸体,会有明显的波形输出,否则更换爆燃传感器。

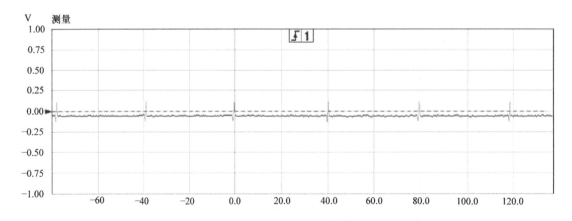

图 1-5-42　爆燃传感器波形

实训演练

混合动力汽车点火系统检修

请扫描二维码,查看"混合动力汽车点火系统检修"技能视频,结合视频内容及相关资料,规范地完成混合动力汽车点火系统检修实训。

实训工具与准备:

1)工具:世达 100 件工具套装、故障诊断仪、万用表、定矩式扭力扳手等。
2)设备:比亚迪·秦整车。
3)资料及耗材:比亚迪·秦维修手册、教材及学习工作页、抹布等。

一、实训前准备

1)穿戴好个人防护用品。
2)铺设车内防护三件套。
3)铺设车外防护三件套。
4)检查确认车辆状态正常。

二、点火系统在线检测

1)连接诊断仪至车辆诊断接口,并确保连接可靠。在完成连接后按下车辆起动开关至 ON 状态。
2)打开诊断仪,选择对应车型,进入诊断界面选择 ECU 模块进行全车模块扫描。
3)待扫描完成后,选择发动机控制器模块,读取故障码。若存在故障码,请判断是否是真实故障,若不是,请删除;若是,请根据故障码维修。
4)起动发动机,读取发动机控制器模块中与点火系统相关的数据流,并根据读取结果判断是否存在不正常数据,若是,则需进一步查找原因。
5)检测完毕,退出诊断界面,关闭诊断仪电源开关及车辆电源开关,拔下诊断插头。

三、点火线圈检测(以一缸为例)

1. 检测点火线圈供电电压

1)依次将前保险杠上围板、空气滤清器总成等外围部件拆下后,断开点火线圈线束插接器。
2)在车辆起动开关置于 ON 状态后对万用表进行校表,然后调至电压档。
3)用引线将点火线圈线束插接器的 1 号针脚引出。将万用表红表笔连接至 1 号针脚,黑表笔连接车身搭铁。测量点火线圈供电电压,待万用表数值稳定后记录万用表数值,若测量值与标准值（12~14V 之间）不符，则说明点火线圈电源线存在故障，需进行检修。

4）测试完成后拔出引线，关闭点火开关。

2. 检测点火线圈控制信号波形

1）用 T 型引线将点火线圈及其线束插接器连接起来。

2）取出示波器，调整示波仪采样时间及信号量程，将示波器红表笔连接至点火线圈线束插接器 2 号针脚，黑表笔连接车身搭铁。

3）起动发动机使发动机怠速运行，观察点火线圈控制信号波形。

4）检测完成后关闭点火开关，装复点火线圈线束插接器。

四、火花塞拆装检测

1. 火花塞拆卸

1）断开点火线圈线束插接器，使用 8mm 套筒、棘轮扳手组合工具拆卸点火线圈固定螺栓，然后垂直向上拔出点火线圈，并妥善放置。

2）使用 16mm 火花塞套筒、棘轮扳手组合工具拆卸火花塞，用吸棒慢慢取出火花塞，并妥善放置。

3）使用堵头遮盖火花塞安装孔，避免异物掉入发动机燃烧室。

2. 火花塞检测

1）检查火花塞外观是否破损，绝缘瓷体是否有裂纹或被击穿的痕迹，电极表面是否潮湿、积炭，安装螺纹是否滑丝等。若有上述情况应进行清理，必要时更换新的火花塞。

2）使用塞尺测量火花塞电极间隙是否正常，若间隙不正常应更换新的火花塞（标准间隙为 0.8~1.0mm），如图 1-5-43 所示。

3）使用万用表测量火花塞中心电极和侧电极之间的电阻。待万用表数值稳定后记录万用表数值，若测量值与标准值（标准值应大于 10MΩ）不符，则说明火花塞被击穿，需更换火花塞，如图 1-5-44 所示。

图 1-5-43　火花塞电极间隙检测

图 1-5-44　火花塞电阻测量

3. 火花塞安装

1）取下堵头，使用吸棒将火花塞缓慢放入气缸，并用火花塞套筒预紧火花塞。

2）使用 16mm 火花塞套筒、棘轮扳手组合工具拧紧火花塞，并用扭力扳手紧固至规定力矩 25N·m。

3）将点火线圈放置于安装位置，确保压紧到位，用手旋入点火线圈固定螺栓后，使用 8mm 套筒、棘轮扳手组合工具拧紧点火线圈固定螺栓，并使用扭力扳手将其紧固至规定力矩 10N·m。

4）装回点火线圈线束插接器、空气滤清器总成、前保险杠上围板等外围部件。

五、整车复检

再次连接诊断仪对全车模块进行扫描，确保全车无故障后，结束本次实训。

六、整理清洁

按照 7S 管理标准，整理工具和场地。

任务练习

一、选择题

1. 以下所列举的，（ ）不是凸轮轴位置传感器的作用。
A. 可以用来确定各缸喷油器的工作顺序
B. 可以用来确定各缸火花塞的点火顺序
C. 在曲轴位置传感器出现故障时，可作为其替代信号
D. 可以用来确定曲轴准确的旋转角度

2. 根据高压配电方式不同，电控点火系统可分为（ ）的点火系统和同时点火方式的点火系统。
A. 单独点火方式   B. 铂金   C. 触点   D. 电子

3. 曲轴位置传感器可分为磁感应式、（ ）和光电式三种。
A. 霍尔式   B. 机械式   C. 电子式   D. 以上三者均是

4. 爆燃传感器主要有（ ）爆燃传感器和压电式爆燃传感器两种。
A. 霍尔式   B. 接触式   C. 共振式   D. 磁致伸缩式

二、判断题

1. 点火系统应按发动机的工作顺序进行点火。（ ）
2. 点火提前角过大，会导致发动机动力不足，严重情况下出现排气管放炮。（ ）
3. 火花塞上有松软、乌黑的沉积物，表明有积炭。（ ）
4. 凸轮轴位置传感器可作为判缸信号的传感器。（ ）

三、简答题

简述点火线圈如何进行检测。

任务六　混合动力汽车燃油供给系统检测维修

一辆比亚迪·秦混合动力汽车被送至 4S 店进行维修，车主反映该车在 HEV-SPORT 模式下，车辆在高速路上行驶时难以超车，动力明显感到不足。维修人员试车后发现故障确实如此，经维修技师诊断分析，故障指向汽车燃油供油系统，现需要进行检修。请你学习混合动力汽车燃油供给系统相关知识，安全规范地完成发动机燃油系统的检修任务。

学习目标

1) 能正确叙述燃给供给系统的作用及类型。
2) 能了解燃油供给系统的组成。
3) 能正确描述燃油供给系统的工作原理。
4) 能掌握燃油供给系统的检测维修要点，并规范完成实训操作。

知识储备

一、燃油供给系统的作用

燃油供给系统根据发动机各种不同工况的要求，配制出一定数量和浓度的可燃混合气供入气缸，在临近压缩终了时点火燃烧而膨胀做功，最后将气缸内的废气排至大气中。燃油供给系统工作状况的好坏直接影响着汽车的动力性、经济性和环保性。

二、燃油供给系统的组成

混合动力汽车发动机燃油供给系统采用的是电控喷射式燃油供给系统。这种系统与传统燃油汽车燃油供给系统一样，都可以为发动机提供一定质量的、清洁的、雾化良好的汽油来保证它满足各工况需要。它以电子控制单元 ECU 为控制核心，以空气流量和发动机转速为控制基础，以喷油器为控制对象，保证发动机在各种工况下获得最佳的混合气浓度，以满足发动机动力性、经济性和排放性要求。

混合动力汽车的燃油供给系统主要由燃油箱、燃油滤网、电动燃油泵、燃油供给管路、燃油滤清器、回油管、电子控制单元及喷油器等组成，也包含了传统燃油汽车汽油蒸发排放控制系统中的活性炭罐、炭罐电磁阀等器件，如图 1-6-1 所示。

1. 燃油箱

燃油箱用以储存汽油，如图 1-6-2 所示。现代乘用车的燃油箱大多采用高密度聚乙烯塑料材料制成。塑料油箱的优点是强度高、密封性好、质量轻、防爆，而且易形成异形件，可充分利用空间，结构紧凑，便于大量生产。

为防止在行驶过程中汽油因振荡而溅出，以及防止箱内汽油蒸气的泄出，燃油箱应是密闭的。但在密闭的油箱中，当汽油输出而油面降低时，箱内产生一定的真空度，真空度

项目一 混合动力汽车动力系统检测维修

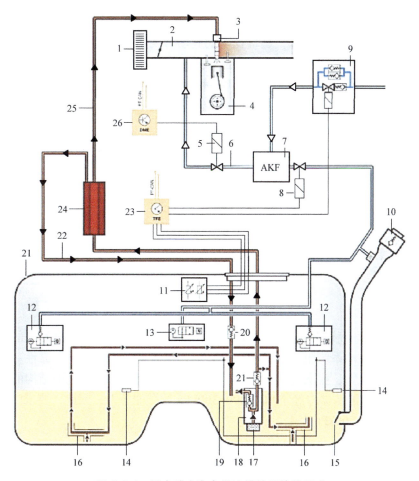

图 1-6-1 混合动力汽车燃油供给系统的组成

1—空气滤清器滤芯 2—进气装置 3—喷油器 4—内燃机 5—燃油箱通风阀 TEV 6—清洁空气管路
7—活性炭罐 8—用于电动行驶的燃油箱关断阀 9—活性炭罐与大气之间的燃油箱隔离阀
10—带安全阀的燃油箱盖 11—压力和温度传感器 12—运行通风阀 13—加注通风阀
14—燃油油位杆状传感器 15—单向阀 16—引流泵 17—抽吸滤网 18—电动燃油泵 EKP
19—溢流阀 20—单向阀 21—压力燃油箱 22—燃油回流管路 23—燃油箱功能电子系统 TFE
24—外部燃油滤清器 25—燃油供给管路 26—数字式发动机电子系统 DME

过大时汽油将不能被汽油泵吸出而影响汽油机的正常工作；另一方面，在外界温度高的情况下汽油蒸气过多，将使箱内压力过大。这两种情况都要求燃油箱能在必要时与大气相通，为此一般采用装有空气阀和蒸气阀的燃油箱盖。

图 1-6-2 燃油箱

2. 燃油管路

燃油分配管也被称作共轨，其作用是将燃油均匀、等压地输送给各缸喷油器。它的容积比较大，有储油蓄压、减缓油压脉动的作用，如图 1-6-3 所示。

3. 燃油泵

燃油泵位于车辆燃油箱内部，通常在车辆起动和发动机运转时工作。燃油泵的作用是把燃油从燃油箱中吸出，加压后输送到供油管中与燃油压力调节器配合建立一定的燃油压力，保证向喷油器供应持续的燃油，如图1-6-4所示。

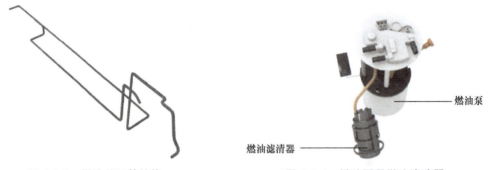

图1-6-3　燃油分配管结构　　　　图1-6-4　燃油泵及燃油滤清器

4. 燃油滤清器

燃油滤清器通常安装在电动燃油泵出口侧的油路中。作用是清除燃油中的粉尘、铁锈等固体杂质，防止供油系统阻塞，减少机械磨损，提高发动机工作的可靠性。它主要由进出油管、滤芯、内孔管、座圈等组成。滤芯大多采用菊花形结构，这种结构的特点是单位体积内过滤面积大。滤清器内经常承受200~300kPa的燃油压力，因此，要求滤清器壳体及油管的耐压强度应在500kPa以上。

5. 喷油器

喷油器如图1-6-5所示，本身是一个常闭阀，由一个阀针上下运动来控制阀的开闭。当ECU下达喷油指令时，会使电流流经喷油器内的线圈，通电线圈产生磁场把针阀吸起，让阀门开启使油料能自喷油孔喷出。喷射供油的最大优点就是燃油供给的控制十分精确，

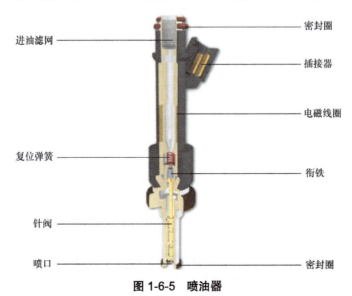

图1-6-5　喷油器

发动机在任何状态下都能有正确的空燃比，不仅让发动机保持运转顺畅，其废气也能合乎环保法规的规范。

6. 活性炭罐

活性炭罐是指充装活性炭的罐子，也叫汽车燃油蒸发排放控制装置。其作用是用来吸附汽车停车后，由汽车燃油箱昼夜温差换气产生的燃油蒸气。当发动机起动时，由发动机负压把燃油蒸气从活性炭罐中脱附并吸入发动机燃烧；活性炭罐中的气体是通过炭罐控制阀导入发动机进气管的，这个控制阀体通过发动机控制单元决定其开合、吸收程度。

7. 炭罐电磁阀

炭罐电磁阀如图 1-6-6 所示，是一种用来减少因燃油蒸发排放造成空气污染并同时增加燃油效率的装置。为了防止燃油蒸气散发到大气中，当发动机关闭时活性炭罐开始吸收从燃油箱挥发出的燃油蒸气，并牢牢锁定在炭罐内的活性炭微孔中；当发动机起动时，炭罐电磁阀打开又将吸附在炭罐内的燃油蒸气作为燃料输送到发动机进行燃烧。

图 1-6-6　炭罐电磁阀

三、燃油供给系统的工作原理

发动机在工作时，油泵将燃油从燃油箱泵出经燃油滤清器过滤后，由燃油压力调节器调压，将压力调整到比进气歧管压力高出约 250kPa 的压力，然后经输油管配送给喷油器，喷油器根据 ECU 发来的喷射信号，把适量燃油喷射到进气歧管中。当油路压力超过规定值时，压力调节器将多余的燃油经回油管溢流到燃油箱中，从而保证燃料供给系统的燃油压力与进气歧管的压力差保持恒定，如图 1-6-7 所示。

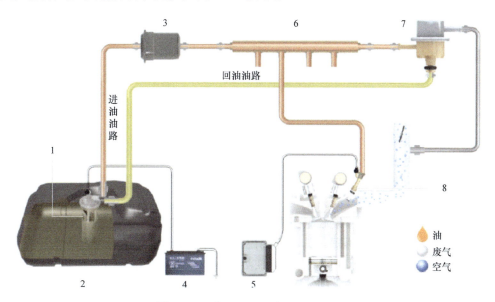

图 1-6-7　燃油供给系统的工作过程

1—燃油泵　2—燃油箱　3—燃油滤清器　4—蓄电池　5—ECU　6—燃油分配管　7—燃油压力调节器　8—喷油器

四、燃油供给系统的常见故障及检修

1. 燃油供给系统供油不足

（1）故障现象

1）点火系统工作正常，但发动机不能起动。

2）发动机勉强能起动，但不能正常运行。

（2）故障原因

1）燃油箱内存油不足。

2）油管堵塞、破裂或接头松动而漏油。

3）汽油滤清器堵塞。

4）燃油泵、燃油泵继电器不工作，燃油泵熔丝烧断或线路断路、短路。

5）燃油压力调节器损坏，造成系统燃油压力过低，导致喷油器喷油量严重不足。

（3）诊断方法

1）检查油箱是否有油，若存油量过少，则予以补足。

2）检查油管是否堵塞、破裂或接头松动而漏油。若有异常，予以修复或更换。

3）拆下燃油滤清器，检查是否堵塞或失效。若有异常，更换燃油滤清器。

4）检查燃油泵及其继电器，若损坏则修理或更换。

5）检查燃油压力调节器，若损坏则予以更换。

2. 混合气过稀

（1）故障现象

1）发动机不易起动，起动后动力不足，急速不稳。

2）加速时转速不易提高，加速时有"回火"甚至熄火。

3）发动机起动后高速不稳，容易熄火。

（2）故障原因

1）冷却液温度传感器工作失常。

2）空气流量传感器或进气压力传感器工作失常。

3）节气门位置传感器工作失常。

4）燃油压力过低。

5）进气系统漏气。

6）喷油器堵塞或雾化不良。

7）氧传感器失效。

（3）诊断方法

1）进行故障自诊断检测有无故障码，若有故障码，按故障码查找故障原因。

2）检测冷却液温度传感器，其在不同温度下的电阻值应符合标准。若电阻值小于实际温度下的电阻值，会使 ECU 误认为发动机处于高温状态，使混合气过稀。

3）检测空气流量传感器或进气压力传感器，其数值应符合标准。检测结果如有异常，应更换空气流量传感器或进气压力传感器。

4）检查节气门位置传感器。

5）检测燃油压力，如压力过低应进一步检查电动燃油泵、燃油压力调节器、燃油滤清器等。

6）检查进气系统有无漏气现象。

① 检查进气管接头是否松动漏气。

② 检查进气管是否破裂。

③ 检查进气歧管上的真空管有无脱落或折断。

7）拆检喷油器。

① 检查喷油器滤网和喷口是否堵塞。若有异常，应清洗或更换喷油器。

② 检测喷油器的喷油是否正常。若喷油器的喷油量小于规定值或雾化不良，应清洗或更换喷油器。

8）检查氧传感器，若有异常应更换。

3. 混合气过浓

（1）故障现象

1）发动机不易发动，发动后加速困难，运转不均匀。

2）排气管冒黑烟，并有"突突"声，有时有"放炮"声，猛踩加速踏板瞬时好转。

3）发动机功率下降，油耗增加和过热。

4）卸下火花塞，电极有潮湿的油珠和大量积炭。

（2）故障原因

1）冷却液温度传感器工作失常。

2）空气流量传感器或进气压力传感器工作失常。

3）节气门位置传感器工作失常。

4）燃油压力过高。

5）冷起动喷油器漏油或冷起动控制失常。

6）喷油器漏油。

7）氧传感器失效。

8）个别喷油器连续喷油。

（3）诊断方法

1）检测冷却液温度传感器，其在不同温度下的电阻值应符合标准。

2）检测空气流量传感器或进气压力传感器，其数值应符合标准。

3）检查节气门位置传感器。

4）检测燃油压力。

5）有冷起动喷油器的发动机，应检查冷起动喷油控制是否正常。

6）拆卸喷油器，检查各喷油器有无漏油，如有异常，应清洗或更换喷油器。

7）检查氧传感器，若有异常应更换。

8）拆下该缸喷油器检查其喷油是否正常，若不正常则予以更换。

9）检查控制线路是否存在搭铁，若线路正常则更换 ECU。

4. 急加速不良

（1）故障现象

1）踩下加速踏板后发动机转速不能马上升高，有迟滞现象，加速反应迟缓。

2）在加速过程中发动机有轻微的抖动。

（2）故障原因

1）点火提前角不正确。

2）进气系统有漏气。

3）节气门位置传感器或空气流量传感器有故障。

4）燃油压力过低。

5）喷油器工作不良。

6）废气再循环系统工作不正常。

（3）诊断方法

1）进行故障自诊断检查有无故障码。节气门位置传感器、空气流量传感器的故障都会影响汽车的加速性能，按显示的故障码查找故障原因及故障部位。

2）检查点火正时。在发动机急速时点火提前角应为 10°~15°，如不正确，应调整发动机的初始点火提前角；加速时点火提前角应能自动加大到 20°~30°，若有异常，应检查点火控制系统或更换 ECU。

3）检查进气系统有无漏气。测进气管真空度，急速时真空度应大于 66.7kPa，如真空度太小，说明进气系统有漏气，应仔细检查各进气管接头处及各软管、真空管等。

4）检查空气滤清器，如有堵塞应清洗或更换。

5）检查节气门位置传感器、空气流量传感器，如有异常应更换。

6）检查燃油压力。急速时燃油压力应为 250kPa 左右，加速时燃油压力应能上升至约 300kPa，如油压过低应检查油压调节器、电动燃油泵等。

7）拆卸、清洗各喷油器。检查喷油器在加速工况下的喷油量，如有异常，应更换喷油器。

8）检查废气再循环系统。对于设有废气再循环系统的发动机，可以拔下废气再循环阀上的真空软管，并将其塞住；然后检查发动机的加速性能，若此时加速性能恢复正常，则说明废气再循环系统工作不正常，再循环的废气量太大，影响了发动机的加速性能。对此，应检查废气调整阀、三通电磁阀工作是否正常，如有异常应更换。

5. 急速不良

（1）故障现象

冷车时发动机能快速运转，但热车运转后仍保持快急速，导致急速过高。

（2）故障原因

1）节气门卡滞，关闭不严。

2）急速调整不当。

3）急速控制装置有故障。

4）冷却液温度传感器有故障。

5）空调开关、动力转向器压力开关有故障。

6）曲轴箱强制通风阀有故障。

（3）诊断方法

1）进行故障自诊断，若有故障码，则按所显示的故障码查找故障原因和故障部位。

2）检查急速时节气门是否全闭、节气门蝶阀有无卡滞。用手将节气门蝶阀朝关闭的方向扳动，如果发动机速度能下降至正常转速，说明节气门卡滞、关闭不严，应拆卸并清洗节气门体。

3）按照操作规范重新调整怠速。若调整无效，则应做进一步的检查。

4）检查怠速控制装置。发动机熄火后拔下怠速控制装置线束插接器，待起动后再插上，如果发动机转速随之变化，说明怠速控制装置工作正常；否则，应检修控制线路或更换怠速控制装置。

5）检查冷却液温度传感器。若拔掉冷却液温度传感器线束插接器后，发动机转速恢复正常，说明冷却液温度传感器有故障，向ECU输送过低的冷却液温度信号，应更换。

6）检查曲轴箱强制通风阀。用钳子包上软布将曲轴箱强制通风阀软管夹紧，若发动机速度随之下降，则说明曲轴箱强制通风阀在怠速时漏气，使发动机进气量过大，影响怠速。对此，应更换曲轴箱强制通风阀。

实训演练

燃油泵故障检测

请扫描二维码，查看"燃油泵故障检测"技能视频，结合视频内容及相关资料，规范地完成燃油泵故障检测维修实训。

实训工具与准备：

1）工具：世达150件工具套装、万用表、车辆专用诊断仪等。
2）设备：大众迈腾整车。
3）资料及耗材：大众迈腾发动机维修手册、教材及学习工作页、抹布等。

一、实训前准备

1）穿戴好个人防护用品。
2）铺设车内防护三件套。
3）铺设车外防护三件套。
4）检查确认车辆状态正常。

二、故障检测前期准备

1）万用表旋至200Ω电阻档，打开万用表连接红黑表笔进行校表，标准电阻小于0.5Ω。

2）台架摆放至工位，检查台架外观，确认台架完好整洁，对台架进行水、电、油检查（图1-6-8）。

3）连接台架蓄电池正、负极电缆。

4）万用表档位旋至DC 20V电压档。

5）打开万用表测量蓄电池电压，蓄电池标准静态电压值为10~12V，确认蓄电池电压值符合起动条件（图1-6-9）。

6）检查冷却液液位是否处于最大刻度和最小刻度之间，确认台架冷却系统符合起动条件（图1-6-10）。

7）检查发动机机油液位是否处于机油尺最大刻度和最小刻度之间，确认台架润滑系统符合起动条件，如图1-6-11所示。

图1-6-8 对台架进行水、电、油检查

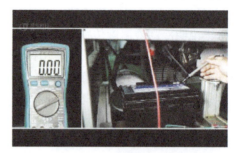

图1-6-9 测量蓄电池电压

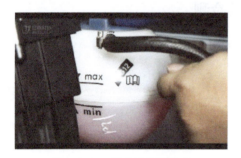

图1-6-10 检查冷却液液位

图1-6-11 检查发动机机油液位

8）将尾气排管连接至台架排气管。

三、燃油泵故障诊断

1. 确认故障现象

1）将点火开关旋至ON档位，如图1-6-12所示。

2）观察仪表盘上各指示灯与警告灯点亮是否正常。

3）多次起动发动机，发现无法起动，如图1-6-13所示。

图1-6-12 将点火开关旋至ON档位

图1-6-13 发动机无法正常起动

4)确认系统内存在故障,需要进行故障诊断与排除。

2. 使用故障诊断仪初步诊断

1)关闭点火开关。

2)连接故障诊断仪,如图 1-6-14 所示。

3)将点火开关旋至 ON 档位。

4)打开诊断仪进入诊断系统,选择车辆自诊断,正确选择车辆厂家及车辆品牌,选择车辆年款以及车辆配置,进入发动机系统。

5)读取故障码,如图 1-6-15 所示。

6)清除故障码后,再次读取故障码。

7)检查燃油系统是否异常,由此初步判断燃油系统故障导致发动机无法起动。

图 1-6-14 连接专用诊断仪

图 1-6-15 读取故障码

3. 检查燃油泵电路

1)根据维修手册整理维修思路。

2)目测检查燃油泵线束插接器连接无异常。

3)打开锁止开关,断开燃油泵线束插接器。

4)使用跨接线连接燃油泵线束插接器 1 号端子,如图 1-6-16 所示,将红表笔连接到燃油泵线束插接器 1 号端子,如图 1-6-17 所示,黑表笔连接到台架面板搭铁端子,如图 1-6-18 所示。

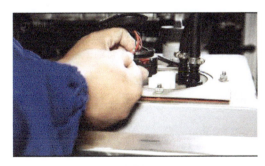
图 1-6-16 插接器 1 号端子

图 1-6-17 红表笔连接 1 号端子

5)点火开关旋至 ON 档位,万用表旋至 DC 20V 电压档,测量电压值为 12.63V。标准电压值为 10~14V,因此确认 1 号端子电压正常。

6）使用跨接线连接燃油泵线束插接器 5 号端子，如图 1-6-19 所示，将红表笔连接到燃油泵线束插接器 5 号端子，黑表笔连接到台架面板搭铁端子。

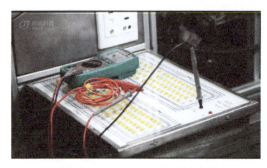

图 1-6-18　黑表笔连接搭铁端子

图 1-6-19　插接器 5 号端子

7）关闭点火开关，万用表旋至 200Ω 电阻档，测量燃油泵线束插接器 5 号端子的电阻为 0.5Ω。标准电压值小于 1Ω，因此确认 5 号端子电阻值正常。

4. 检查燃油泵电机

1）使用跨接线分别连接燃油泵 1 号端子和 5 号端子，如图 1-6-20 所示。

2）万用表红表笔、黑表笔分别连接燃油泵 1 号端子和 5 号端子，如图 1-6-21 所示。

3）万用表旋至电阻档 200Ω，测量电阻为 0.9Ω。标准电阻值 0.9~3Ω，因此确认燃油泵电阻值正常。

4）复原燃油泵线束插接器。

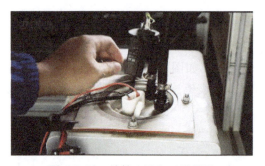

图 1-6-20　连接 1 号和 5 号端子

图 1-6-21　万用表连接 1 号端子和 5 号端子

5. 复检

1）按照检测结果维修燃油泵。

2）起动发动机。

3）使用诊断仪读取相关数据，确认燃油泵正常工作。

四、整理清洁

按照 7S 管理标准，整理工具和场地。

实训演练

喷油器拆装

请扫描二维码,查看"喷油器拆装"技能视频,结合视频内容及相关资料,规范地完成燃油供给系统检测维修实训。

实训工具与准备:

1)工具:世达 150 件工具套装。
2)设备:比亚迪·秦发动机翻转台架。
3)资料及耗材:比亚迪·秦发动机维修手册、教材及学习工作页、抹布等。

一、实训前准备

穿戴好个人防护用品。

二、拆卸高压喷油器

1)使用两个扳手断开高压管与燃油分配器之间的连接件。
2)选用棘轮扳手、接杆和 T30 套筒组合工具,拧松燃油分配器的两颗固定螺栓,使用 T30 套筒继续拧松并取出螺栓,如图 1-6-22 所示。
3)取出高压燃油分配器,如图 1-6-23 所示。

图 1-6-22 拧松并取出螺栓

图 1-6-23 取出高压燃油分配器

三、安装高压喷油器

1)在安装之前需要更换新的 O 形圈,并对 O 形圈进行润滑,如图 1-6-24 所示。
2)将高压燃油分配器和高压喷油器安装至气缸盖中。
3)用手旋入高压管与燃油分配器之间的连接件,并用扳手进行紧固。
4)放入燃油分配器的两颗固定螺栓,使用棘轮扳手、接杆和 T30 套筒组合工具,旋紧燃油分配器上的两颗固定螺栓,如图 1-6-25 所示。

图 1-6-24　更换、润滑 O 形圈

图 1-6-25　用扳手紧固连接件

四、整理清洁

按照 7S 管理标准,整理工具和场地。

任务练习

一、选择题

1.以下不属于电控燃油供给系统的部件是(　　)。
A.喷油器　　　　B.燃油分配管　　　C.空气流量传感器　　　D.燃油泵
2.燃油滤清器在燃油供给系统中的作用描述错误的是(　　)。
A.过滤粉尘　　　B.过滤铁锈　　　C.过滤水分

二、判断题

1.混合动力汽车的燃油供给系统主要由燃油箱、燃油滤网、电动燃油泵、燃油供给管路、燃油滤清器、回油管、电子控制单元及喷油器等组成。(　　)
2.燃油喷射系统可以为发动机提供一定质量的、清洁的、液化良好的汽油来保证它满足各工况的需要。(　　)
3.燃油供油系统可根据发动机各种不同工况要求,配制出一定数量和浓度的可燃混合气。(　　)
4.燃油供油系统工作状况的好坏,直接影响着汽车的动力性、经济性和环保性。(　　)
5.混合动力汽车发动机燃油供给系统按照控制方式的不同,可以分为两种类型:一种是化油器式燃料供给系统,另一种是电控喷射式燃料供给系。(　　)

三、简答题

燃油供给系统供油不足的故障现象和故障原因有哪些?

项目二 混合动力汽车驱动系统检测维修

自动变速器的飞速发展及其普遍应用已成为当今轿车发展的一个方向。其核心是实现自动换档，即汽车在行驶的过程中，驾驶员按实际需要操控加速踏板，自动变速器即可根据发动机负荷和汽车的运行工况，自动换入不同档位而工作。

目前轿车上的自动变速器多采用电子控制系统，许多采用的是模糊控制理论，使变速器在经济模式和动力模式之间存在滑动换档曲线，在不同道路条件下自动变速器的换档更加顺畅。随着自动变速器的发展，其结构和工作原理也变得越来越复杂，给维修人员增添了许多技术难题。因此，这就需要我们不断学习，掌握自动变速器的基本知识及诊断方法。

任务一　混合动力汽车自动变速器车上检测维修

一辆行驶里程为30000km的比亚迪·秦混合动力汽车被送至4S店进行维修，车主反映该车在行驶过程中加速踏板不动的情况下会出现自动变速器降档现象，有时也会产生换档冲击。维修人员试车后发现故障确是如此，且汽车降档后发动机转速异常升高。维修技师分析后初步判定自动变速器电子控制系统故障，需要检修。请你学习自动变速器的相关知识，安全规范地完成检修任务。

学习目标

1）能准确列举自动变速器的特点及类型。
2）能正确说出自动变速器的基本组成部件。
3）能阐述自动变速器的工作原理。
4）能分析自动变速器的检修方法。
5）能掌握自动变速器的基本检修方法，并能规范地完成实训操作。

知识储备

汽车变速器是传动系统的重要组成部分，安装在发动机与驱动桥之间。它的作用是将发动机的动力经变速、变矩之后传递给驱动桥，以实现车辆不同速度和转矩的需要，从而实现车辆的起步、变速、爬坡、倒车和停车。变速器可分为手动变速器和自动变速器两种。手动变速器需要用手拨动变速杆，才能改变变速器内的齿轮啮合位置，通过改变传动比的方式达到变速的目的。自动变速器（AT）利用行星齿轮机构进行变速，它能根据加速踏板位置和车速变化而进行自动变速，驾驶员只需要操纵加速踏板控制车速即可。

新能源汽车的变速一般都是自动变速器，纯电动汽车大多采用的是有固定速比的二级减速器；混合动力汽车上采用各种类型的自动变速器，常见的有双离合变速器、电控无级变速器等。

一、自动变速器概述

1. 自动变速器的特点

与手动变速器相比，自动变速器具有以下特点：
1）具有良好的驾驶性能，操作简单且省力。
2）具有良好的行驶性能，档位变换快且平稳，提高了乘坐汽车时的舒适性。它通过液力传动和微机控制换档，可以消除或降低动力传递系统中的冲击。
3）具有较好的行车安全性。手动变速器车辆在行驶过程中，驾驶员必须根据道路、交通条件的变化频繁换档，使驾驶员的注意力被分散，易造成交通事故。采用自动变速器的车辆取消了离合器踏板和手动变速操纵杆，只要控制加速踏板就能自动变速，从而减轻了驾驶员的疲劳强度，使行车事故率降低，平均车速提高。

2. 自动变速器的类型

（1）按驱动方式分

按照汽车驱动方式的不同，自动变速器可分为后驱动自动变速器和前驱动自动变速器，如图 2-1-1 所示。后驱动自动变速器的变矩器和齿轮变速器的输入输出轴在同一轴线上；前驱动自动变速器在自动变速器的壳体内还装有主减速器和差速器。

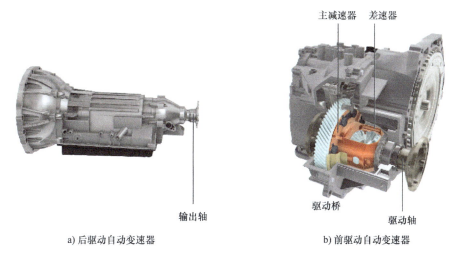

a) 后驱动自动变速器　　b) 前驱动自动变速器

图 2-1-1　按驱动方式分的自动变速器类型

（2）按控制方式分

按控制方式的不同，自动变速器可分为液力控制自动变速器和电子控制自动变速器，如图 2-1-2 所示。液力控制自动变速器目前已较少使用，它是将汽车行驶时的车速及节气门开度两个参数转变为液压控制信号，实现自动换档；电子控制自动变速器是通过各种传感器及开关，将变速信号输入控制单元，控制单元进行分析、计算，然后向换档电磁阀、油压电磁阀等执行元件发出控制信号，再转变为液压信号，最后阀板中的各个控制阀根据此液压信号控制换档执行机构动作，以此实现换档。

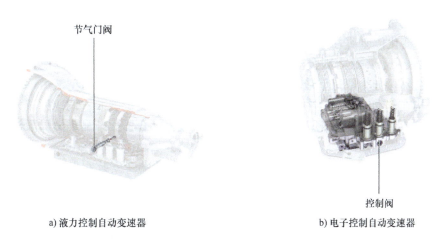

a) 液力控制自动变速器　　b) 电子控制自动变速器

图 2-1-2　按控制方式分的自动变速器类型

（3）按档位数分

按前进的档位数不同，自动变速器可分为 4 个前进档、5 个前进档和 6 个前进档等类型。新型轿车中多采用 6 个及以上前进档，最多的可以达到 9 个甚至 10 个前进档。

（4）按齿轮变速类型分

按齿轮变速类型的不同，自动变速器可分为行星齿轮式自动变速器和平行轴式自动变速器。行星齿轮式自动变速器结构紧凑，能获得较大的传动比，因此被绝大多数轿车采用。平行轴式自动变速器体积较大，最大传动比较小，所以只有少数车型在使用。

（5）按变速原理分

按变速原理的不同，自动变速器可分为有级式自动变速器和无级式自动变速器。有级式自动变速器采用齿轮传动，具有若干个定值传动比，按其所用轮系形式不同，有轴线固定式变速器（普通齿轮变速器）和轴线旋转式变速器（行星齿轮变速器）两种；无级式自动变速器的传动比在一定的范围内可实现无限多级变化。

二、自动变速器的基本组成与工作原理

自动变速器有多种，这里主要介绍电控自动变速器。

1. 自动变速器的组成

电控自动变速器的基本部件包含液力传动装置、齿轮变速机构、油压供给系统、电子控制系统、换档执行机构以及壳体。

齿轮变速机构的功能是形成不同的传动比，组合成电控自动变速器不同的档位。绝大多数电控自动变速器采用行星齿轮机构进行变速，个别车型采用普通齿轮机构。

电控自动变速器的换档执行机构由电液系统实现自动控制，其功能与普通变速器的同步器相似。电控自动变速器的换档执行机构包括离合器、制动器和单向离合器。

壳体是自动变速器的安装基础件。自动变速器的行星齿轮机构、执行机构、阀板总成、油泵等都安装在壳体上。同时，壳体上还有油道、测压孔以及通风塞，防止壳体内压力过高。

（1）液力传动装置

汽车常用的液力传动装置包括液力耦合器和液力变矩器两种，两者均靠液体循环流动过程中动能的变化传递动力。

1）液力耦合器：液力耦合器出现时间最早，属于损耗功率控制型调速。根据用途不同，液力耦合器可分为限矩型液力耦合器和调速型液力耦合器。限矩型液力耦合器主要用于对减速机构在起动时及运行中的冲击保护、位置补偿及能量缓冲；调速型液力耦合器主要用于调整输入、输出转速比。随着技术的发展，液力耦合器逐渐显现出局限性，故已不常使用。

2）液力变矩器：液力变矩器位于自动变速器的最前端，安装在发动机的飞轮上。它利用液力传动的原理，将发动机的动力传递给自动变速器输入轴。液力变矩器具有以下作用：

① 传递转矩。发动机的转矩依次通过液力变矩器的主动元件和自动变速器油（ATF），将转矩传递给液力变矩器的从动元件，最后传给变速器。

② 无级变速。根据工况的不同，液力变矩器可以在一定范围内实现转速和转矩的无级变化。

③ 自动离合。由于采用自动变速器油传递动力，当踩下制动踏板时发动机也不会熄火，此时相当于离合器分离；当抬起制动踏板时汽车可以起步，此时相当于离合器接合。

（2）油压供给系统

油压供给系统的作用是为自动变速器提供压力油，主要包括油泵、控制机构（下阀体）、滤清器和油底壳，如图 2-1-3 所示。

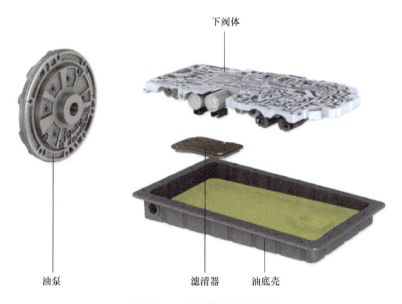

图 2-1-3　油压供给系统组成

1）油泵。不同自动变速器的油泵在结构上往往差异很大，具体来说可分为内啮合齿轮泵、摆线转子泵和叶片泵三种类型。三种油泵的共同特点是内部元件（转子）由液力变矩器花键毂或驱动轴驱动，外部元件和内部元件之间有一定的偏心距。

① 内啮合齿轮泵：内啮合齿轮泵主要由月牙板、泵体、主动齿轮、从动齿轮和油封组成，其外观如图 2-1-4 所示。工作时，主动齿轮带动从动齿轮同向转动，在进口处齿轮相互分离形成负压而吸油，在出口处齿轮不断嵌入啮合，将机油挤压输出。

② 摆线转子泵：摆线转子泵由内、外转子等组成，其结构如图 2-1-5 所示。工作时，内转子带动外转子转动，且转速快于外转子。每个工作腔在容积最小时与壳体上的进油孔接通，随后容积变大形成真空，吸入液压油。转子继续转动，工作腔容积变小，油压升高。当工作腔与出油孔接通时，压出液压油。

③ 叶片泵：叶片泵主要由配油盘、转子、定子、叶片和壳体等零件组成，如图 2-1-6 所示。工作时，叶片在离心力及高压油的作用下紧贴在定子内表面，相邻两个叶片之间工作容积开始由小变大吸进低压油液。而后工作容积由大变小，压缩油液输出高压油液。转子每旋转一周，每个工作腔都各自吸、压油两次。

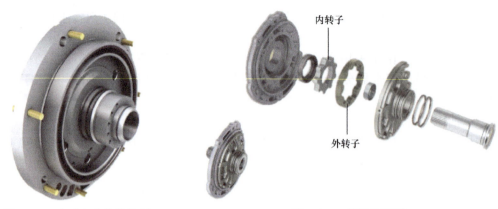

图 2-1-4 内啮合齿轮泵外观　　　　图 2-1-5 摆线转子泵

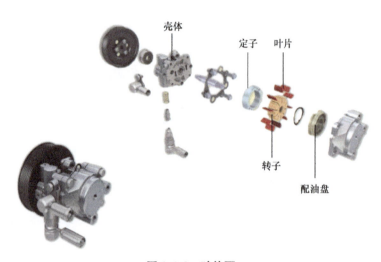

图 2-1-6 叶片泵

2）控制机构。液压控制系统的控制机构安装在下阀体上,其中调压阀的作用是将液压泵输出压力精确调节到所需值后再输入主油路。它满足主油路系统在不同工况、不同档位油压的要求。手控阀通过连杆机构与驾驶室内的变速杆操纵手柄相连,驾驶员操纵变速杆便可以带动手动阀移动,其作用是根据变速杆位置的不同依次将管路压力导入相应各档油路。换档阀由换档电磁阀控制,控制方式有两种：一种是加压控制,即通过开启或关闭换档阀控制油路进油孔来控制换档阀工作；另一种是泄压控制,即通过开启或关闭换档阀控制油路泄油孔来控制换档阀工作。锁止离合器控制阀是利用脉冲电信号占空比大小来调节锁止电磁阀的开度,以控制作用在锁止离合器控制阀右端的油压,由此调节锁止离合器控制阀左移时排油孔的开度,进而控制锁止离合器活塞右侧油压的大小。

3）自动变速器油。自动变速器油简称 ATF,它是用于自动变速器动力传递和控制的介质,起到传递动力、操纵元件、冷却、润滑、清洁、密封的作用。与其他油液不同,ATF 主要有以下几种性能：

① 抗磨性：ATF 需要能够满足各运动副的润滑要求,因此必须具备良好的抗磨性,以保持自动变速器各传动部件的正常运作。

② 匹配性：目前自动变速器中的塑料件多使用的是丁腈橡胶、丙烯橡胶及硅橡胶等，因此要求 ATF 能够避免塑料件有太明显的膨胀和硬化变质。

③ 防锈性：自动变速器的传动装置和冷却器含有大量的有色金属，因此 ATF 必须保证其中的有色金属不会引起腐蚀，进而造成其他金属生锈。

④ 安定性：ATF 需要具有良好的热氧化安定性，从而避免形成油泥等沉淀物，造成离合器片和制动片打滑，最终引发控制系统失灵等故障。

⑤ 抗泡沫性：由于泡沫的可压缩性会导致液压系统压力波动和油压下降，严重时会直接导致供油中断，因此 ATF 必须具有良好的抗泡沫性。

（3）电子控制系统

电子控制系统是自动变速器控制的核心，主要包括传感器及开关、电子控制单元（ECU）和执行器三部分，如图 2-1-7 所示。

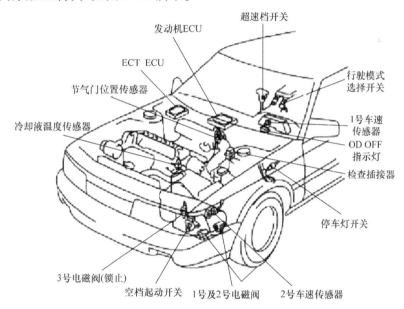

图 2-1-7　自动变速器电子控制系统组成

当汽车变速时，传感器将汽车行驶速度和发动机负荷等参数转变为电信号，ECU 根据这些信号做出是否需要换档的判断，并按照设定的控制程序发出换档指令，操纵各种电磁阀去控制阀体中各个控制阀的工作，驱动离合器、制动器、锁止离合器等执行元件，从而实现对自动变速器的控制。

1）传感器及开关。传感器和开关是信号输入装置，其中常用的传感器包括节气门位置传感器、车速传感器、输入轴转速传感器和油温传感器；常用的开关装置包括超速档开关、模式选择开关、多功能开关、空档起动开关等。

① 节气门位置传感器：节气门位置传感器安装在节气门上并与节气门联动，用于检测节气门开度的大小，并将数据传送给 ECU，ECU 根据此信号判断发动机负荷，从而控制自动变速器的换档、调节主油压和对锁止离合器控制。现代汽车中一般采用线性输出型节气门位置传感器，也称可变电阻式传感器。

② 车速传感器：车速传感器用于检测自动变速器输出轴转速，自动变速器 ECU 根据

车速传感器输入的信号计算出车速，并以此信号控制自动变速器的换档和锁止离合器锁止。常见的车速传感器有电磁式、舌簧开关式和光电式三种形式。现代汽车中较常使用的是电磁式车速传感器。

电磁式车速传感器主要由永久磁铁、电磁感应线圈、转子等组成。转子一般安装在变速器输出轴上，永久磁铁和电磁感应线圈安装在变速器壳体上。当输出轴转动时转子也转动，转子与传感器之间的空气间隙发生周期性变化，使电磁感应线圈中的磁通量也发生变化，从而产生交流感应电压并输送给 ECU。

③ 输入轴转速传感器：输入轴转速传感器与车速传感器类似，也是一种电磁感应式转速传感器，结构和工作原理与车轮传感器一样，如图 2-1-8 所示。它安装于行星齿轮变速器的输入轴附近或与输入轴连接的离合器毂附近的壳体上，用于检测输入轴转速并将信号传给 ECU，以便精确地控制换档过程。

输入轴转速传感器还作为变矩器涡轮的转速信号，与变矩器泵轮转速进行比较，计算出变矩器的转速比，以优化锁止离合器的控制过程，减小换档冲击，改善汽车的行驶平顺性。

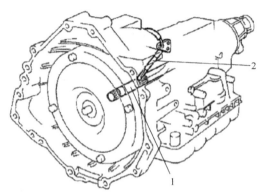

图 2-1-8 输入轴转速传感器
1—行星齿轮变速器输入轴　2—输入轴转速传感器

④ 油温传感器：油温传感器安装在自动变速器油底壳内的液压阀阀板上，其作用是连续监控自动变速器中的油温，将油液温度转换为输入到 ECU 的电阻值，通过 ECU 将电压施加到温度传感器，从而计算出油温。油温传感器一般都是一个负温度系数的热敏电阻，电阻值随着变速器油温度的升高而变小，电压降低。

⑤ 模式选择开关：模式选择开关是供驾驶员选择所需要的行驶或换档模式的开关，大部分车型都具有常规模式和动力模式，有些车型还有经济模式。自动变速器 ECU 根据所选择的行驶模式执行不同的换档程序，控制换档和锁止离合器。

⑥ 空档起动开关：空档起动开关能够给自动变速器 ECU 提供档位信息，并且保证变速杆置于 P 位或 N 位时才能起动发动机。

⑦ O/D 开关（超速档开关）：O/D 开关一般安装在自动变速器操纵手柄上，用于控制自动变速器的超速档，如图 2-1-9 所示。

如果超速档开关打开，变速杆处于 D 位，则自动变速器随着车速的提高而升档时，可升至最高档；当开关关闭时，无论车速怎么提高，自动变速器最多只能升至次高档。

⑧ 制动开关：制动开关安装在制动踏板支架上，踩下制动踏板时开关接通，ECU 接收到制动信号，松开变矩器锁止离合器，避免了当驱动轮制动抱死时发动机突然熄火，同时点亮制动灯。

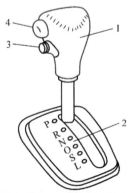

图 2-1-9 超速档开关位置
1—操纵手柄　2—档位
3—超速档开关或保持开关　4—锁止按钮

2）执行器。电子控制系统的执行器主要包括电磁阀和故障指示灯。不同的自动变速器使用的电磁阀数量不同，一般为3~8个不等。绝大多数采用的是开关电磁阀，它能够开启或关闭液压油路，其结构主要包括电磁线圈、衔铁和阀芯等。当电磁阀通电时在电磁吸力的作用下衔铁和阀芯下移关闭泄油口，主油压供给控制油路；当电磁阀断电时在复位弹簧的作用下衔铁和阀芯上移打开泄油口，主油压被泄掉，控制油路压力变小。

3）电子控制单元。电子控制单元是电子控制系统的核心，由接收器、控制器和输出装置组成。接收器能够接收各输入装置输出的信号，并对其放大或调制；控制器将这些信号与内存中的数据进行对比，根据对比结果作出是否换档的决定，再由输出装置将这些控制信号输送给电磁阀。

自动变速器的电子控制单元的作用主要有换档控制、控制主油路油压、锁止离合器控制、换档平顺性控制、故障诊断和失效保护。

① 换档控制：汽车在某个特定工况下都有一个与之对应的最佳换档时刻，使汽车发挥出最好的动力性和经济性。汽车行驶过程中自动变速器ECU根据模式选择开关信号、节气门开度信号、车速信号等参数打开或关闭换档电磁阀，从而打开或关闭通往离合器、制动器的油路，使变速器升档或降档。

② 控制主油路油压：电控油压控制系统的ECU根据节气门位置传感器测定的节气门开度，控制输送至油压电磁阀的脉冲信号占空比，使主油路油压随节气门开度变化。节气门开度越大，脉冲电信号占空比越小，油压电磁阀排油孔开度越小，主油路油压也就越大。

③ 锁止离合器控制：自动变速器ECU将各种行驶模式下锁止离合器的工作方式编程存入存储器，然后根据各种输入信号控制锁止离合器电磁阀的通、断电，从而控制锁止离合器的工作。锁止离合器满足以下5个条件时，自动变速器ECU会接通锁止离合器电磁阀，使锁止离合器处于接合状态：变速杆置于D位，且档位在D_2、D_3或D_4档；车速高于规定值；节气门开启；冷却液温度高于规定值；未踩下制动踏板（制动灯开关未接通）。

④ 换档平顺性控制：自动变速器改善换档平顺性的方法有换档油压控制、减少转矩控制和N-D换档控制。其中，换档油压控制是自动变速器在升档和降档的瞬间，ECU会通过油压电磁阀适当降低主油压，以减少换档冲击；减少转矩控制是在自动变速器换档的瞬间，通过推迟发动机点火时刻或减少喷油量，减少发动机输出转矩，以减少换档冲击和输出轴的转矩波动；N-D换档控制是当变速杆由P位或N位至D位或R位时，或由D位或R位至P位或N位时，通过调整喷油量，把发动机转速的变化减少到最小限度，以改善换档。

⑤ 故障自诊断：自动变速器ECU包含内置的自诊断系统，它不断监控各传感器、信号开关、电磁阀及其线路。当车辆存在故障时，ECU使O/D OFF指示灯闪烁，以提醒驾驶员或维修人员，并将故障内容以故障码的形式存储在存储器中，以便维修人员读取故障码。

⑥ 失效保护：当自动变速器出现故障时，为了尽可能地使自动变速器保持最基本的工作能力，以维持汽车行驶便于进厂维修，电控自动变速器ECU都具有失效保护功能。当车速传感器出现故障时，ECU不能进行自动换档控制，此时自动变速器的档位由变速杆位置决定，不论变速杆在任何前进档位，都固定为1档，以保持汽车最基本的行驶能力；当

ATF 温度传感器出现故障时，ECU 根据温度为 80℃的设定进行控制；当换档电磁阀出现故障时，ECU 一般会将自动变速器锁档；当锁止离合器电磁阀出现故障时，ECU 会停止锁止离合器的控制，使锁止离合器始终处于分离状态；当油压电磁阀出现故障时，ECU 会停止油压控制，使油路压力保持最大。

2. 自动变速器的工作原理

自动变速器通过各种传感器和开关信号监测汽车和发动机的运行状态，接受驾驶员的指令将发动机转速、节气门开度、车速、发动机冷却液温度、自动变速器油温等参数转变为电信号，并输入电控单元。电控单元根据这些信号按照设定的换档规律向换档电磁阀、油压电磁阀等发出电子控制信号；换档电磁阀和油压电磁阀再将电控单元发出的控制信号转变为液压控制信号，阀板中的各个控制阀根据这些液压控制信号执行机构的动作，实现自动换档。

三、典型混合动力汽车变速器

混合动力汽车的变速器有多种不同类型，这里主要介绍荣威 e550 的智能电驱变速器 EDU 和比亚迪·秦的双离合变速器。

1. 智能电驱变速器 EDU

智能电驱变速器 EDU 与发动机和动力电池等部件的连接关系如图 2-1-10 所示。EDU 布置在发动机的右侧，发动机跟 ISG 电机相连并通过 C1 离合器连接中间的齿轮组，中间是两档齿轮组，再往右则是 C2 离合器和 TM 电机。同时由于连接发动机的 C1 离合器是设定为常开的，而连接主电机 TM 的 C2 离合器设定是常闭的，可见该系统在电力充足的情况下都是倾向于以电机驱动为主，在电量低或者需要大转矩的时候才会需要发动机介入，这样的设计更接近于电动车，减少发动机介入有利于降低油耗。

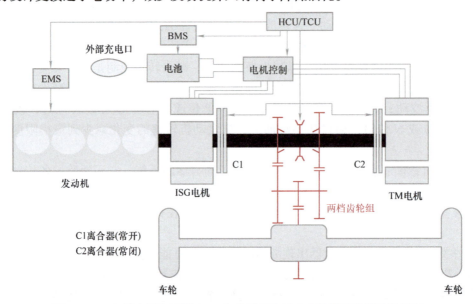

图 2-1-10　智能电驱变速器 EDU 与发动机和动力电池等部件的连接关系

纯电模式下 TM 电机通过 C2 离合器将动力传递至输入轴，再经由同步器啮合的档位将动力通过差速器传递到车轮，当车速达到 40～60km/h 时，HCU/TCU 等 TM 电机限矩输出，通过控制液压模块将 C2 离合器分离，并迅速地控制拨叉进行换档，换档结束后释放 C2 离合器并恢复 TM 电机的动力输出。

2. 双离合变速器

双离合变速器采用 6 档手动变速器作为基型，由两个相互独立的传动机构组成，每个传动机构的结构与手动变速器类似，配备了单片干式离合器，综合了手动变速器和自动变速器的优点，在保持高效率的情况下还能提供高舒适性和动力性。比亚迪·秦采用的就是 6 速干式双离合变速器。

（1）双离合变速器（DCT）的结构

双离合变速器安装在驱动电机的下方，主要由壳体总成、双离合器、齿轮变速机构、变速器控制系统组成，如图 2-1-11 所示。双离合变速器在结构上就是两个离合器和一个变速器进行组合而成的，双离合变速器的离合器 K1、K2 在不同转速时分别与齿轮变速机构结合，从而实现动力传递和变速的目的，离合器 K1 控制 1、3、5 档，离合器 K2 控制 2、4、6 档和倒档。

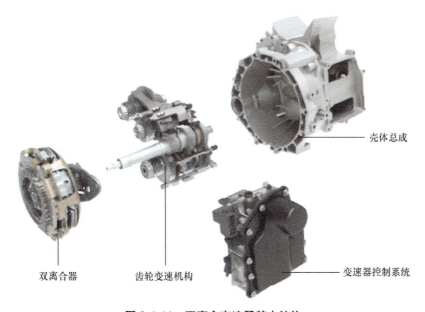

图 2-1-11　双离合变速器基本结构

（2）双离合变速器（DCT）的工作原理

DCT 中的两副离合器与两根输入轴相连，换档和离合操作都是通过集成电子和液压组件的机械电子模块来实现，而不再通过离合器踏板操作。如图 2-1-12 所示，发动机的输入轴通过缓冲器与两副离合器外片相连。发动机起动后自动挂 1 档，由于离合器 K1 处于打开状态，因而没有转矩传到驱动轮。当离合器 K1 关闭时，离合器 K1 的外片逐渐贴合内片并开始通过第一档的实心轴、齿轮组和同步器传递发动机转矩至差速器，最终至驱动轮。同时，由于离合器 K2 此时并不传递转矩，因此 2 档已被预先选定。从 1 档换到 2 档时，由于1档的解除和2档的挂档在同一速度,车辆有足够的前冲力。当离合器K2完全接合后,3档已被预先选定,因为此时离合器K1没有接合,不传导转矩,换档原理依次类推。该类离合器操作起来简便快速,与传统的液力自动离合器相比,其舒适感也更高。

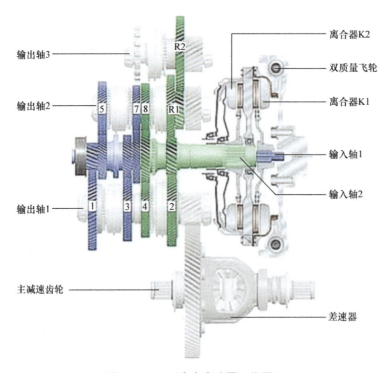

图 2-1-12　双离合变速器工作原理

四、自动变速器的检修

自动变速器的检修主要包括基本检查、诊断仪在线检测和电子元件检查。根据实训需要,本任务重点介绍基本检查和电子元件检查;基本检查中将重点介绍自动变速器油检查及密封性检查。

1. 基本检查

(1) ATF检查

起动发动机,行驶15min后怠速运转。接着将车停在水平路面上踩下制动踏板,逐一挂入所有档位,并在所有档位停留几秒钟,最后回到停车档。检查自动变速器油的液面和颜色。

1) 液位检查:从加油管内拔出自动变速器油尺后擦干净,再将擦干净的油尺全部插入加油管,然后再拔出油尺并检查油尺上的油面高度。

自动变速器油处于冷却状态时(即车辆刚刚起动,油温较低,为室温或低于25℃时),油面高度应在油尺刻度线的下限附近;若自动变速器处于热态(如低速行驶5min以上,油温已达70~80℃),油面高度应在油尺刻线的上限附近。

2）品质检查：若油液呈红色则油液正常；若呈现深红或褐色，则说明车辆长期处于重载状态，部件打滑损坏；若油液中有金属颗粒则说明离合器制动器严重烧损；若油尺中有胶质油膏则说明油温过高；若油液有烧焦的味道则说明油位过高，散热器或管路有堵塞情况。若发现油液存在上述不正常现象，需更换变速器油。

3）油压检查：关闭发动机使车辆处于制动状态，拆下需要测试油压的接点，再接上油压测试管接头，然后接上油压软管及油压表。连接完成后起动车辆，使变速器处于油压被测状态，检查接头和油管是否连接可靠、有无漏油。待变速器油温达到正常工作温度后，在各种工况下测试并记录油压标定数值，通过比较测量值和标准值的差异判断系统的工作情况。

（2）密封性检查

目视检查自动变速器的壳面、油封、排放螺塞、加注口螺塞、管路连接处是否有漏油情况。若发现有漏油现象，则应用纱布把漏油表面擦干净，过段时间再检查确认是否漏油，若依然存在漏油现象则需修理漏油处。

2. 电子元件检查

电子元件检测主要检查电控系统线束及各插接件是否存在短路、断路、搭铁和接触不良等问题，以及电控元件是否损坏或失效等。

（1）传感器检查

目测传感器有无损伤变形，如果没有，则用万用表测量传感器线圈电阻是否正常。不同的车型正常阻值有所不同，具体阻值应查阅维修手册。若测量出来的阻值超过正常范围则应更换新件。

（2）电磁阀检查

换档电磁阀发生故障时会无法换档，因此检查时要注意检查电磁阀线圈是否短路、断路或接触不良，若存在上述故障则需更换新件。油压控制电磁阀的检查则需要用到万用表，检测电磁阀两端的电阻是否在正常范围内，若超过正常范围则需更换新件。

（3）控制开关检查

使用万用表测量控制开关两端子的通、断情况，若存在故障则需更换新件。

实训演练

变速器基本检查

请扫描二维码，查看"变速器基本检查"技能视频，结合视频内容及相关资料，规范地完成变速器基本检查实训。

实训工具与准备：

1）工具：防护三件套、车辆专用诊断仪、套筒、棘轮扳手等。
2）设备：比亚迪·秦整车、举升机。
3）资料及耗材：比亚迪·秦维修手册、教材及学习工作页、抹布等。

一、实训前准备

1）穿戴好个人防护用品。
2）铺设车内防护三件套。
3）铺设车外防护三件套。
4）检查确认车辆状态正常。

二、变速器在线检测

1）连接诊断仪至车辆诊断接口,并确保连接可靠,将车辆起动至 ON 状态。
2）打开诊断仪选择对应车型,进入诊断界面选择 ECU 模块进行全车模块扫描。待扫描完成后选择变速器控制器模块读取故障码。若存在故障码,请判断是否是真实故障,若不是,请删除;若是,请根据故障码维修。
3）读取变速器控制器模块相关数据流,并根据读取结果判断是否存在不正常数据,如果存在,则需进一步查找原因。
4）检测完毕后退出诊断界面,关闭诊断仪电源开关及车辆电源开关,拔下诊断插头。

三、变速器运行情况检查

1）举升车辆至车轮离开地面,起动车辆将变速杆置于 D 位,轻踩加速踏板倾听变速齿轮机构是否有运行异响。
2）进行各档位切换操作,判断变速齿轮机构是否正常工作,有无换档冲击。

四、变速器外观及密封性检查

将车辆举升至合适的高度,目视检查变速器外观是否存在变形、凹陷、开裂、表面锈蚀等情况,检查变速器各连接处、放油螺塞以及注油孔螺塞处是否存在油液渗漏现象,如图 2-1-13、图 2-1-14 所示。

图 2-1-13 举升机操作

图 2-1-14 变速器外观检查

五、变速器油液检查

1）使用 10mm 棘轮扳手拆卸氧传感器线束支架螺栓,移开氧传感器线束支架,如

图 2-1-15 所示。

2）将废油收集器推到变速器放油螺塞正下方，如图 2-1-16 所示。

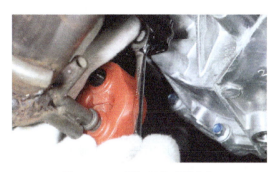

图 2-1-15　拆卸氧传感器支架

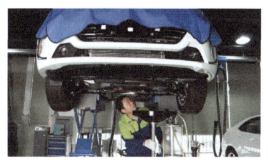

图 2-1-16　放置废油收集器

3）使用 24mm 套筒、棘轮扳手组合工具拆卸变速器注油孔螺塞并取下。

4）检查变速器油的液位是否正常。正常情况下应与注油孔平齐。

5）检查变速器油是否污染或变质。从注油孔里面吸取少量油液放置于干净的白纸上，观察油液质量，若油液呈黄色且颜色均匀，则说明油品良好可继续使用；若油液发黑且有杂物，说明油品已变质，需要更换。

6）使用 24mm 套筒、棘轮扳手组合工具拧紧注油孔螺塞，并用扭力扳手将其紧固至 30N·m 力矩。

7）装回氧传感器线束支架。

8）使用干净的抹布清洁放油螺塞及注油孔螺塞安装表面。

9）推出废油收集器，下降车辆至地面。

六、整理清洁

按照 7S 管理标准，整理工具和场地。

实训演练

车上变速器电子元件检修

请扫描二维码，查看"车上变速器电子元件检修"技能视频，结合视频内容及相关资料，规范地完成车上变速器电子元件检修实训。

实训工具与准备：

1）工具：防护三件套、车辆专用诊断仪等。

2）设备：比亚迪·秦整车、举升机。

3）资料及耗材：比亚迪·秦维修手册、教材及学习工作页、抹布等。

一、实训前准备

1）穿戴好个人防护用品。
2）铺设车内防护三件套。
3）铺设车外防护三件套。
4）检查确认车辆状态正常。

二、变速器电子元件在线检测

1）连接诊断仪至车辆诊断接口,将车辆起动至 ON 状态。
2）打开诊断仪选择对应车型进入诊断界面,选择 ECU 模块进行全车模块扫描。待扫描完成后选择变速器控制器模块读取故障码。若存在故障码,请判断是否是真实故障,若不是,请删除;若是,请根据故障码维修。
3）读取变速器控制器模块相关数据流,并根据读取结果判断是否存在不正常数据,如存在,则需进一步查找原因。
4）检测完毕退出诊断界面,关闭诊断仪电源开关及车辆电源开关,拔下诊断插头。

三、变速器机械电子单元拆装

1. 拆卸外围部件及放油

1）断开低压蓄电池负极。
2）拆卸前保险杠上围板、空气滤清器总成等外围部件。
3）安装发动机吊架,将车辆举升至合适高度,然后拆卸外围部件。
4）排放变速器油,排放完成后装回放油螺塞。

2. 变速器机械电子单元拆卸

1）拆卸前氧传感器的线束支架螺栓,移开前氧传感器线束支架。
2）使用 8mm 扳手拆卸变速器防尘盖的 2 个安装螺栓。
3）要取出机械电子单元,必须将两个接合臂从机械电子单元的离合器推杆上压出,否则接合臂会压在机械电子单元的离合器推杆上,使机械电子单元无法取出,如图 2-1-17 所示。
4）利用 2 段铁丝、10mm 套筒、13mm 套筒,分别做成两套专用工具,如图 2-1-18 所示。

图 2-1-17 机械电子单元拆除方法

图 2-1-18 专用工具

5）使用一字螺钉旋具，将接合臂从推杆上压出，将第一套专用工具插入 1 号接合臂和推杆之间，如图 2-1-19 所示。

6）使用一字螺钉旋具，将接合臂从推杆上压出，将第二套专用工具插入 2 号接合臂和推杆之间，如图 2-1-20 所示。

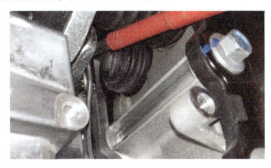

图 2-1-19　第一套专用工具使用

图 2-1-20　第二套专用工具使用

7）使用棘轮扳手、18mm 套筒组合工具，拆卸前副车架安装支架与车身的 9 颗连接螺母。

注意事项：

① 在机械电子单元拆卸和安装的过程中不得取出接合臂和推杆之间的套筒。

② 不得损坏离合器推杆橡胶密封套。

③ 避免接合臂猛撞到变速器壳体上。

8）使用指针式扭力扳手、18mm 套筒组合工具，预松前副车架主体与车身的 2 颗连接螺栓，预松后再使用棘轮扳手、18mm 套筒组合工具，拧松并取下这 2 颗连接螺栓。

9）将水泵固定支架与副车架分离，断开变速器机械电子单元的 2 个低压插接器，如图 2-1-21、图 2-1-22 所示。

图 2-1-21　水泵支架分离

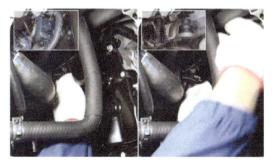

图 2-1-22　低压插接器拆除

10）使用 10mm 套筒、棘轮扳手组合工具拧松机械电子单元的 7 颗固定螺栓，并取下。

11）使用一字螺钉旋具撬出变速器输入轴转速传感器，小心取出机械电子单元，并妥善放置。

3.变速器电子单元安装

1）安装机械电子单元之前，需先使用游标卡尺检查 4 个档位调节器的凸出量是否为 25mm，如不是，则需调节换档调节器的位置直至达到要求，如图 2-1-23、图 2-1-24 所示。

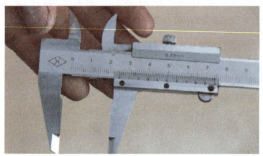

图 2-1-23　凸出量测量　　　　　　　图 2-1-24　凸出量标准

2）观察所有换档拨叉是否处于中间位置即空档位置，如不在中间位置，则需进行调整。每个换档拨叉有 3 个位置：挂档 - 空档 - 挂档，依次将换档拨叉挂入每个位置一次，最后将换档拨叉挂入中间位置。

3）将机械电子单元置于安装位置，用手旋入机械电子单元的 7 颗固定螺栓。

4）使用棘轮扳手、10mm 套筒组合工具拧紧这 7 颗固定螺栓，并用扭力扳手将其紧固至规定力矩 10N·m。

5）装回机械电子单元的 2 个低压插接器。

6）将变速器输入轴转速传感器装回到变速器上。

7）依次取下两套专用工具。

8）装回变速器防尘盖。

9）装回前氧传感器的线束支架。

10）使用棘轮扳手、18mm 套筒组合工具，拧紧前副车架主体与车身的 2 颗连接螺栓，并使用扭力扳手将其紧固至规定力矩（标准力矩为 125 N·m ± 10N·m）。

11）将水泵固定支架安装到副车架上。

12）使用棘轮扳手、18mm 套筒组合工具，安装前副车架安装支架与车身的 9 个连接螺母，并使用扭力扳手将其紧固至规定力矩（标准力矩为 85N·m ± 5N·m）。

4. 变速器油加注及试车检查

1）正确使用油液加注器向变速器中添加 1.8L 变速器油，如图 2-1-25 所示。

2）加注完成后下降车辆至地面，装回低压蓄电池负极。起动车辆，依次将变速杆挂入 P、R、N、D 档位，每个档位停留大约 5s，判断变速齿轮机构是否正常工作，有无异响和换档冲击等。

3）再次举升车辆至合适高度，目视检查变速器油排放螺塞、加注孔螺塞周围有无油液渗漏，以及机械电子单元密封面是否有油液渗漏。

5. 外围部件安装

依次安装前保险杠下围板、发动机下护板，安装完成后将车辆下降至地面，如图 2-1-26 所示。

图 2-1-25　变速器油加注

图 2-1-26　外围部件安装

四、整车复检

再次连接诊断仪对全车模块进行扫描，确保全车无故障后结束本次实训。

五、整理清洁

按照 7S 管理标准，整理工具和场地。

任务练习

一、选择题

1. 当代新能源汽车常采用的变速器有（　　）。
A. 固定速比的二级减速器　　　　　B. 双离合变速器
C. 电控无级变速器　　　　　　　　D. 以上都是

2. 自动变速器按变速原理不同可分为有级式自动变速器和（　　）。
A. 双离合自动变速器　　　　　　　B. 无级式自动变速器
C. AT 自动变速器　　　　　　　　　D. 电控自动变速器

3. 电控自动变速器的基本部件包含液力传动装置、（　　）、油压供给系统、电子控制系统、换档执行机构以及壳体。
A. 齿轮变速机构　　B. 机械传动机构　　C. 进气机构　　D. 滤清器

4. 自动变速器的油泵分为内啮合齿轮泵、摆线转子泵和（　　）。
A. 汽油泵　　　　B. 机械泵　　　　C. 叶片泵　　　　D. 离心泵

二、判断题

1. 自动变速器 ECU 根据车速传感器输入的信号计算出车速，并以此信号控制自动变速器的换档和锁止离合器锁止。　　　　　　　　　　　　　　　　　　　　　　　（　　）

2. 自动变速器油简称 ATF，它是用于自动变速器动力传递和控制的介质，起到传递动力、操纵元件、冷却、润滑、清洁、密封的作用。　　　　　　　　　　　　　（　　）

3. 车速传感器用于检测自动变速器输出轴转速，现代汽车中多使用舌簧开关式车速传感器。（　　）

三、简答题

简述自动变速器油的作用及性能。

任务二　混合动力汽车自动变速器车下检测维修

一辆行驶里程为 20000km 的 2017 款比亚迪·秦混合动力汽车被拖送至 4S 店进行维修，车主反映该车在行驶过程中无法换档。维修人员试车后发现该车在行驶过程中无法切换档位至高速档。维修技师分析后初步判定自动变速器换档开关故障，需要检修。请你学习自动变速器的相关知识，安全规范地完成检修任务。

学习目标

1）能准确描述液力耦合器的结构及工作原理。
2）能准确描述齿轮变速机构的组成部件及运动规律。
3）能准确说出换档执行机构的组成及各组成部件的类型。
4）能准确描述多片湿式离合器和单向离合器的结构特点。
5）能准确描述片式制动器和带式制动器的结构特点。
6）能掌握自动变速器车下检测维修的要点，并规范地完成实训操作。

知识储备

一、液力耦合器

1. 组成

液力耦合器是利用液体的动能进行能量传递的一种液力传动装置，它能传递转矩，主要由泵轮、涡轮和外壳组成。其外观如图 2-2-1 所示，结构如图 2-2-2 所示。

其中泵轮为主动件，与发动机的飞轮连接在一起，涡轮为从动件。在泵轮和涡轮的环状壳体内，沿径向均匀分布着很多叶片。泵轮与壳体固定组成耦合器的外壳，壳内充满工作液。涡轮置于壳体内，其端面与泵轮端面相对，有一定间隙且同轴线放置。泵轮与输入轴相连，涡轮与输出轴相连。泵轮、涡轮和壳体围成了一个封闭的液体循环流道，该流道就是工作腔。工作液在工作腔内做圆周运动，并随着工作轮一起绕轴线转动。

项目二 混合动力汽车驱动系统检测维修

图 2-2-1 液力耦合器的外观　　　　图 2-2-2 液力耦合器的结构

2. 工作原理

液力耦合器的壳体内充满液压油。当泵轮转动时，叶片带动油液在离心力的作用下，这些油液被甩向泵轮叶片边缘，并冲击涡轮叶片使涡轮转动。在惯性作用下冲向涡轮的油液进入涡轮内缘并重新回到泵轮内缘，如此循环往复。

3. 缺点

液力耦合器的传动特性非常适合在汽车起步和换档过程中起缓冲作用，但随着技术的进步它逐渐出现了以下局限性：

1）液力耦合器两端输出轴为两个半轴，径向跳动大会造成设备漏油，导致机械轴与轴承干磨，易发生故障。
2）传递较大负荷时会造成较大的滑动损失。
3）由液压油传递功率，因此速度控制不稳定，功率因数低，调速精度差。
4）整机效率低，调速本身损耗大，维护量大，使用成本高。

二、齿轮变速机构

齿轮变速机构主要用于协调发动机的转速和车辆的实际行驶速度，以适应经常变化的行驶条件，并使发动机在有利（功率较高而油耗较低）的工况下工作；还能保证发动机在旋转方向不变的前提下使汽车倒退行驶。

1. 组成

齿轮变速机构位于发动机与传动轴（半轴）之间，由变速器壳体进行保护支撑，它主要由齿轮传动机构、变速操纵机构和差速器组成，如图 2-2-3 所示。其中，齿轮传动机构主要包含输入轴、输出轴、倒档轴，如图 2-2-4 所示，主要用于传递发动机的转矩并改变动力传动比，以匹配车辆的运行速度。变速操纵机构主要包含同步器、换档拨叉和互锁键等主要部件。该机构主要用于控制齿轮组件，实现变速器传动比的变换，以达到变速变矩。

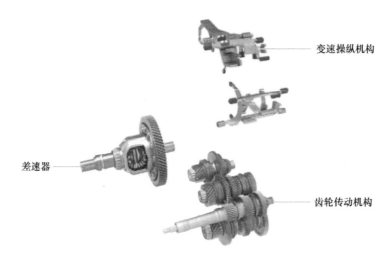

图 2-2-3　齿轮变速机构的组成

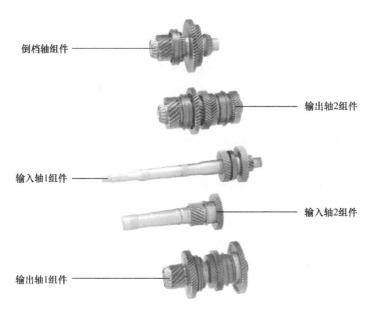

图 2-2-4　齿轮传动机构的组成

2. 工作原理

齿轮变速机构的主要作用就是根据行驶意图传递动力,在不同的档位和驱动模式下,动力传递路线不同。

（1）一档

一档时,一、三档同步器与一档从动齿轮接合,动力从输入轴1经过一档主动齿轮、一档从动齿轮、主减速齿轮1、差速器依次传递,最终输出动力,如图2-2-5所示。

（2）二档

二档时,二、四档同步器与二档从动齿轮接合,动力从输入轴2经过二档主动齿轮、二档从动齿轮、主减速齿轮1、差速器依次传递,最终输出动力,如图2-2-6所示。

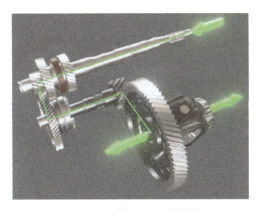
图 2-2-5 一档时动力传递过程

图 2-2-6 二档时动力传递过程

（3）三档

三档时，一、三档同步器与三档从动齿轮接合，动力从输入轴 1 经过三档主动齿轮、三档从动齿轮、主减速齿轮 1、差速器依次传递，最终输出动力，如图 2-2-7 所示。

（4）四档

四档时，二、四档同步器与四档从动齿轮接合，动力从输入轴 2 经过四档主动齿轮、四档从动齿轮、主减速齿轮 1、差速器依次传递，最终输出动力，如图 2-2-8 所示。

图 2-2-7 三档时动力传递过程

图 2-2-8 四档时动力传递过程

（5）五档

五档时，倒档同步器与主减速齿轮 2 接合，五、六档同步器与五档从动齿轮接合，动力从输入轴 1 经过五档主动齿轮、五档从动齿轮、主减速齿轮 2、差速器依次传递，最终输出动力，如图 2-2-9 所示。

（6）六档

六档时，倒档同步器与主减速齿轮 2 接合，五、六档同步器与六档从动齿轮接合，动力从输入轴 2 经过六档主动齿轮、六档从动齿轮、主减速齿轮 2、差速器依次传递，最终输出动力，如图 2-2-10 所示。

（7）纯电动模式

在纯电动模式下行驶无档位概念，动力从电机减速齿轮经过电机输出齿轮、主减速齿轮 2、差速器依次传递，最终输出动力，如图 2-2-11 所示。

（8）混合动力汽车模式

混合动力汽车模式下，当档位处在五档或六档时，电机与发动机均提供动力，如图 2-2-12 所示。

图 2-2-9　五档时动力传递过程

图 2-2-10　六档时动力传递过程

图 2-2-11　纯电动模式下动力传递过程

图 2-2-12　混动模式下动力传递过程

（9）倒档

在发动机驱动倒档时，倒档同步器与倒档从动齿轮接合，动力从输入轴 1 经过倒档主动齿轮、倒档中间齿轮、倒档从动齿轮、主减速齿轮 3、差速器依次传递，最终输出动力，如图 2-2-13 所示。

在电机驱动倒档时，动力从电机减速齿轮经过主减速齿轮 3、差速器依次传递，最终输出动力，如图 2-2-14 所示。

图 2-2-13　发动机驱动倒档时动力传递

图 2-2-14　电机驱动倒档时动力传递

三、换档执行机构

换档执行机构的功能是对行星齿轮机构的基本元件进行约束,即固定或连接某些基本元件。它主要由离合器、制动器组成。

1. 离合器

离合器的主要作用是将自动变速器的输入轴和行星排的某一基本元件相连,或将行星排的某两个基本元件联锁在一起,使整个行星排成一个整体运动。自动变速器中常用的离合器有多片湿式离合器和单向离合器两种。

(1) 多片湿式离合器

多片湿式离合器通常由离合器毂、离合器活塞、回位弹簧、钢片、摩擦片和花键毂等组成,其结构如图 2-2-15 所示。

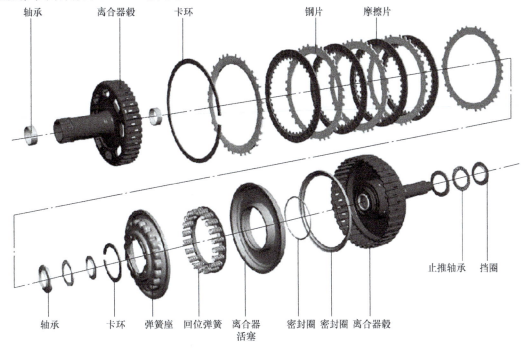

图 2-2-15　多片湿式离合器的组成

离合器毂通过花键与主动元件相连或与其制成一体,钢片通过外缘键齿与离合器毂的内花键槽配合,与主动元件同步旋转。花键毂与行星齿轮机构的主动元件制成一体,摩擦片通过内缘键齿与花键毂相连,钢片和摩擦片均可轴向移动。压盘固定于离合器毂键槽中以限制钢片、摩擦片的位移量,其外侧安装了限位卡环,活塞装于离合器毂内,回位弹簧的一端抵于活塞端面,另一端支撑在保持座上。

当离合器处于分离状态时,活塞在回位弹簧的作用下处于左极限位置,钢片、摩擦片间存在一定间隙,如图 2-2-16 所示。

当压力油经油道进入活塞左腔室后,液压力克服弹簧张力使活塞右移,将所有钢片、摩擦片依次压紧,离合器接合。动力经主动元件、离合器毂、钢片、摩擦片和花键毂传至从动元件相连的部件,如图 2-2-17 所示。

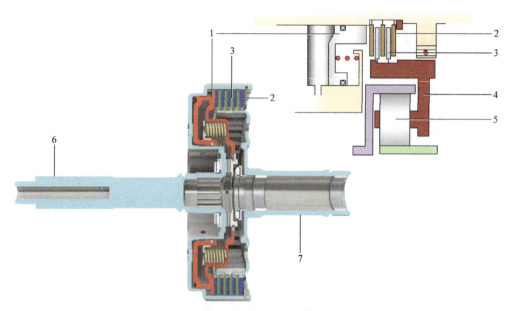

图 2-2-16 离合器处于分离状态
1—活塞 2—钢片 3—摩擦片 4—行星架 5—行星轮 6—输入轴 7—输出轴

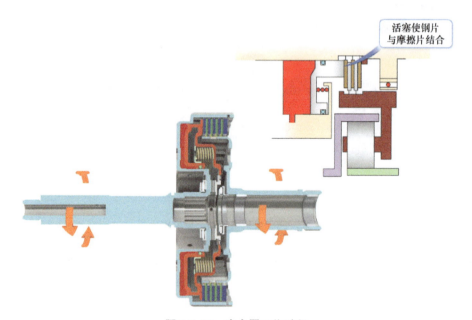

图 2-2-17 离合器工作过程

(2) 单向离合器

单向离合器的作用是使某元件只能按一定方向旋转，而在另一方向上锁止。在行星齿轮系统中有若干单向离合器，其工作性能对变速器的换档品质和动力传递有很大影响。单向离合器具有结构简单、灵敏度高的优点，可瞬间锁止或解除锁止，提高了换档的准确性。另外，单向离合器不需要附加液压或机械操纵装置，结构简单，不易发生故障。单向离合器有滚柱式和楔块式两种类型。

1）滚柱式单向离合器。滚柱式单向离合器由滚柱、弹簧、弹簧保持座和内、外座圈等组成，如图 2-2-18 所示。外座圈的内表面制有若干偏心弧形滚道。因此，由光滑的内座圈和外座圈构成的滚道宽度不均匀，滚柱被弹簧压向小端。在内座圈固定的情况下，外座圈可沿逆时针方向旋转带动滚柱压缩弹簧，使其落入滚道大端。若外座圈沿顺时针方向旋转，滚柱被带向滚道小端，内座圈卡住不能转动，单向离合器锁止。

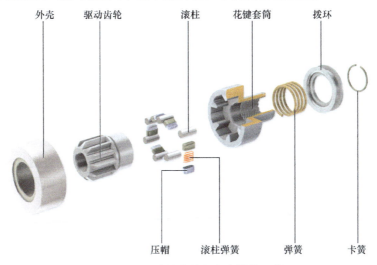

图 2-2-18　滚柱式单向离合器的组成

2）楔块式单向离合器。楔块式单向离合器由内、外座圈、楔块等组成，如图 2-2-19 所示。滚道的宽度是均匀的，采用不均匀形状的楔块，楔块大端长度大于滚道宽度，在内座圈固定的情况下，外座圈可沿逆时针方向旋转带动楔块逆时针方向转动，单向离合器滑转。外座圈沿顺时针方向转动，楔块将卡在内、外座圈之间，单向离合器内、外座圈锁止。

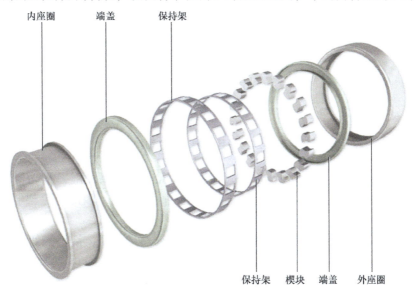

图 2-2-19　楔块式单向离合器的组成

2. 制动器

制动器的作用是固定行星齿轮机构中的基本元件，阻止其旋转。在自动变速器中常用的制动器有片式制动器和带式制动器两种。

（1）片式制动器

1）结构。片式制动器由制动器活塞、回位弹簧、钢片、摩擦片及制动器毂等组成，其外观如图 2-2-20 所示，结构如图 2-2-21 所示。片式制动器中的摩擦片一般为 2~6 片，钢片等于或多于摩擦片的片数。配置不同排量的发动机可通过改变摩擦片的数量达到增大传递转矩的作用。

钢片通过外花键齿安装在变速器壳体的内花键齿圈上，摩擦片则通过内花键齿和制动器毂上的外花键槽相连，制动器毂与行星齿轮机构的元件相连。当液压缸中没有压力油时，

图 2-2-20　片式制动器的外观

制动毂可以自由旋转，当压力油进入制动器的液压缸后，通过活塞将钢片和摩擦片压紧在一起，制动器毂以及与其相连的行星齿轮机构的某一元件被固定住而不能旋转。钢片、摩擦片均由钢板冲压而成，摩擦片表面有 0.38~0.76mm 的摩擦材料层。

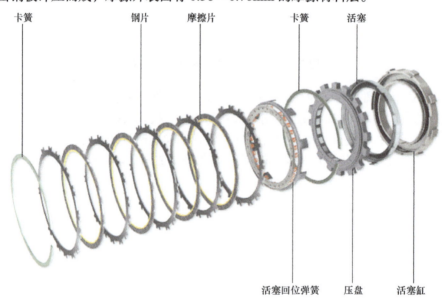

图 2-2-21　片式制动器的结构

2）工作原理。当需要制动行星架时，控制油压进入活塞油缸，推动活塞压缩回位弹簧将摩擦片、钢片压紧，由于钢片与自动变速器壳体相连，因此行星架制动不转，如图 2-2-22 所示。

制动器不起作用时控制油液排出油缸，由于回位弹簧的作用，活塞回到原来的位置。

（2）带式制动器

1）结构。带式制动器由制动带、控制油缸和顶杆等组成，其外观如图 2-2-23 所示，结构如图 2-2-24 所示。

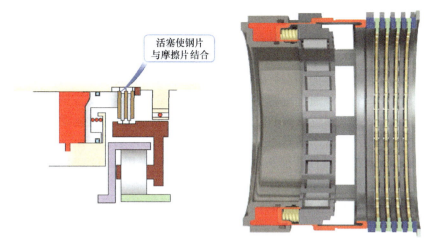

图 2-2-22 片式制动器的工作原理

图 2-2-23 带式制动器的外观

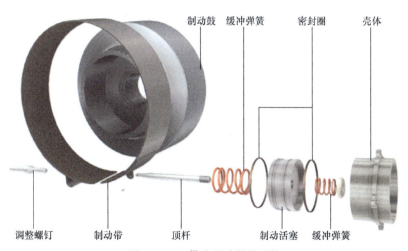

图 2-2-24 带式制动器的结构

制动带是内表面带有镀层的开口环形钢带，开口的一端支撑在与变速器壳体相连的支座上，另一端与控制油缸相连。根据变形能力的不同，控制带可分为刚性和挠性两种。刚性制动带比挠性制动带厚，具有较大的强度和热容性，但不能产生与制动鼓相适应的变形；

挠性制动带在工作时可与制动鼓完全贴合，且价格低廉。根据结构不同，制动带可分为单边式和双边式两种，双边式制动带具有自行增力功能，制动效果更好，多用于转矩较大的低档和倒档制动器。

控制油缸也称作制动器的伺服装置，它有直接作用式和间接作用式两种。直接作用式制动器的制动带开口的一端通过摇臂支撑于固定在变速器壳体的支撑销上，另一端支撑于油缸活塞杆端部。活塞在回位弹簧的作用下位于右极限位置，此时制动带和制动鼓之间存在一定的间隙；间接作用式制动器与直接作用式制动器的区别在于制动器开口的一端支承于推杆的端部，活塞杆通过杠杆控制推杆的动作，由于采用杠杆结构将活塞作用力放大，制动力矩也会进一步增大。

2）工作原理。当液压缸无油压时，制动带与制动鼓之间有一定的间隙，制动鼓可随着与它相连的行星排元件一起转动。当液压缸内有油压时，作用在活塞上的油压力推动活塞，使之克服回位弹簧的弹力而移动，活塞上的推杆随之向外伸出，将制动带压紧在制动鼓上，因此制动鼓被固定而不能转动。此时，制动器处于制动状态，如图2-2-25所示。

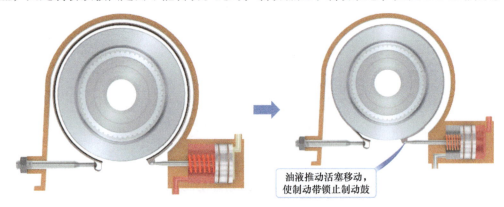

图 2-2-25　带式制动器工作原理

四、自动变速器的检修

自动变速器的检修主要包括基本检查、诊断仪在线检测和电子元件检查。根据实训需要，本任务重点介绍基本检查和在线检测；基本检查中将重点讲解常规检查和档位检查。

1. 基本检查

（1）常规检查

检查变速杆是否存在变形，各连接处是否固定良好。按下变速杆锁止开关依次换档，检查变速杆是否有阻滞感或异响，若变速杆换档不顺畅则需进行调整。调整方法是拆下变速杆与自动变速器手动阀摇臂之间的连接杆，接着将变速杆拨至空档位置。将手动阀摇臂向后拨至极限位置，然后再退回2格，使手动阀处于空档位置。稍稍用力将变速杆靠向R位方向，然后连接并固定变速杆与手动阀摇臂之间的连杆。

（2）档位检查

起动车辆拨动变速杆，检查变速杆移至的档位是否和仪表保持一致；P位和N位时发动机能否起动；R位时倒档灯能否亮起。发动机应只能在空档和驻车档起动，其他档位不能起动，若存在异常应调节空档起动开关螺栓和开关电路。

2. 在线检测

在汽车起动以后连接诊断仪读取自动变速器的相关数据流，根据数据流分析自动变速器的工况，需要读取的主要数据有发动机转速、冷却液温度、车速、节气门位置、进气温度、点火提前角等。

实训演练

自动变速器的车下检测维修

请扫描二维码，查看"自动变速器的车下检测维修"技能视频，结合视频内容及相关资料，规范地完成混合动力汽车自动变速器车下检测维修实训。

实训工具与准备：

1）工具：防护三件套、车辆专用诊断仪、套筒、棘轮扳手等。
2）设备：比亚迪·秦整车、举升机。
3）资料及耗材：比亚迪·秦维修手册、教材及学习工作页、抹布等。

一、实训前准备

穿戴好个人防护用品。

二、自动变速器车下拆卸

1. 拆卸油底壳和滑阀箱

1）使用抹布清洁变速器表面，使用10mm套筒、接杆、棘轮扳手组合工具拆卸油底壳的安装螺栓，如图2-2-26所示。

2）取下油底壳及其密封垫，取下自动变速器滤网，使用专用工具将电磁阀插头从滑阀箱上撬开，如图2-2-27所示。

图2-2-26　拆卸油底壳安装螺栓

图2-2-27　撬开电磁阀插头

3）使用 10mm 套筒、接杆、棘轮扳手组合工具拆卸电磁阀插头的固定螺栓，取出电磁阀插头线束。

4）使用 TX30 套筒、接杆、棘轮扳手组合工具拆卸滑阀箱固定螺栓，取出滑阀箱总成，并妥善放置。

2. 拆卸自动变速器油泵和离合器组件

1）转动台架到合适位置，使用 TX40 套筒、接杆、棘轮扳手组合工具拆卸 7 颗油泵螺栓。

2）用手将 2 个 M8 的螺栓均匀地拧入油泵螺栓孔内，慢慢将带 B2 活塞的油泵从变速器壳体中取出。

3）整体取出 B2、K2、K1、K3 组件总成。

3. 拆卸小输入轴和大太阳轮

1）取出小输入轴，取出小输入轴与大输入轴之间的滚针轴承。

2）取出大输入轴，取出大输入轴与大太阳轮之间的滚针轴承。

3）取出大太阳轮。

4. 拆卸单向离合器和行星齿轮支架

1）用一字螺钉旋具撬出隔离管的弹性挡圈和单向离合器的弹性挡圈，如图 2-2-28 所示。

2）整体取出单向离合器和行星齿轮支架。

3）取出行星齿轮支架与主动齿轮之间的轴承。

4）取出 B1 制动器压片及片组。

三、自动变速器车下分解、检查、测量、组装

1. 检查、测量 B1 制动器

1）目视检查 B1 制动器各钢片和摩擦片是否有变形、破损、烧蚀等情况，若有，则需更换。

2）使用外径千分尺测量 B1 制动器里面的 4 个钢片，如图 2-2-29 所示。其厚度应为 2mm，若不符合标准须更换。

图 2-2-28 撬出弹性挡圈

图 2-2-29 测量 B1 制动器钢片厚度

3）使用工具压紧 B1 制动器带压片片组，用游标卡尺测量工具和 B1 制动器带压片片组厚度。

4）使用游标卡尺测量压紧工具的厚度，片组的厚度为第一次测量的厚度减去第二次测量的厚度。

2. 检查、测量 B2 制动器

1）使用外径千分尺测量 B2 制动器里面的 4 个钢片，其厚度应为 2mm，若不符合标准须更换。

2）以同样方法检测 B2 制动器带压片的片组厚度。

3. 分解、检查、测量、组装 K2 离合器

1）使用一字螺钉旋具撬出 K2 离合器的弹性挡圈。

2）整体取出离合器片组，目视检查 K2 各钢片和摩擦片是否有变形、破损、烧蚀等情况，若有，则需更换。

3）使用外径千分尺测量 K2 离合器里面的 5 个钢片、摩擦片，其厚度应为 1.5mm，若不符合标准需更换。

4）使用工具压紧 K2 离合器带压片片组，用游标卡尺测量工具和 K2 离合器带压片片组厚度。

5）使用游标卡尺测量压紧工具的厚度，片组的厚度即为第一次测量的厚度减去第二次测量的厚度。

6）依次交替装回 K2 离合器片组，使用一字螺钉旋具装回弹性挡圈。

4. 行星齿轮支架检查及单向离合器测量

1）目视检查行星齿轮支架上的齿轮是否有缺齿损坏等情况，若有应更换新件，如图 2-2-30 所示。

2）转动行星齿轮，检查转动过程中是否有卡滞和异响，若有应更换新件，图 2-2-31 所示。

图 2-2-30 目视行星齿轮是否有损坏

图 2-2-31 转动行星齿轮是否有卡滞和异响

3）使用游标卡尺测量单向离合器外环到活塞内板的距离。

四、自动变速器车下安装

1. 安装行星齿轮支架和单向离合器

1）使用抹布清洁变速器壳体内部。

2）安装行星齿轮支架与主动齿轮之间的轴承，安装行星齿轮支架。
3）依次交叉放入 B1 制动器的摩擦片和钢片，放入 B1 制动器压片、放入蝶形弹簧。

 注意事项：

① 压片的平面朝向制动片。
② 蝶形弹簧凸起面朝单向离合器。
4）安装带 B1 制动器活塞的单向离合器。
5）安装单向离合器的弹性挡圈和隔离管的弹性挡圈。

 注意事项：弹性挡圈的开口须装到单向离合器的定位楔上。

2. 安装大太阳轮和小输入轴

1）安装大太阳轮，安装大太阳轮与大输入轴之间的轴承。
2）安装大输入轴，安装大输入轴与小输入轴之间的轴承。
3）安装小输入轴。

3. 安装 K1、K2、K3 离合器总成

1）将 K1、K3 离合器总成放入变速器壳体中。
2）装入倒档离合器 K2。

4. 安装 B2 制动器和油泵

1）依次交叉放入 B2 制动器各片组，测量导板高度。
2）安装 B2 制动器 3 个弹簧及弹簧帽和最后一个外片，并安装调整好 B2 制动器调整垫片。
3）安装带 B2 活塞的自动变速器油泵。
4）使用 TX40 套筒、接杆、棘轮扳手组合工具均匀地交叉拧紧 7 颗油泵螺栓。
5）使用 TX40 套筒、接杆、扭力扳手组合工具紧固 7 颗油泵固定螺栓至规定力矩。
6）安装滑阀箱和油底壳，并用手旋入固定螺栓。
7）使用 TX30 套筒、接杆、棘轮扳手组合工具拧紧滑阀箱安装螺栓。
8）使用 TX30 套筒、接杆、扭力扳手组合工具紧固滑阀箱安装螺栓至规定力矩。
9）将电磁阀插头按规定位置进行铺设，并正确使用工具拧紧其安装螺栓。
10）使用 10mm 套筒、接杆、棘轮扳手组合工具拧紧电磁阀插头固定螺栓。
11）将自动变速器滤网压到滑阀箱上，安装油底壳及其密封垫。
12）使用 10mm 套筒、接杆、棘轮扳手组合工具拧紧油底壳固定螺栓。
13）使用 10mm 套筒、接杆、扭力扳手组合工具紧固油底壳固定螺栓至规定力矩。

五、整理清洁

按照 7S 管理标准，整理工具和场地。

任务练习

一、选择题

1. 以下零部件中（　　）不是自动变速器的零部件。
   A. 油泵　　　　B. 行星齿轮　　　　C. 液压油　　　　D. 液力变矩器
2. 以下零部件中（　　）不是变速操纵机构的零部件。
   A. 同步器　　　B. 换档拨叉　　　　C. 倒档锁装置　　D. 驻车锁
3. 多片湿式离合器通常由离合器毂、（　　）、回位弹簧、钢片、摩擦片和花键毂等组成。
   A. 离合器活塞　B. 倒档锁装置　　　C. 同步器　　　　D. 驻车锁

二、判断题

1. 变速传动机构的作用是改变速比和旋转方向。（　　）
2. 对于手动操纵式变速器，驾驶员只需操纵加速踏板即可控制车速。（　　）
3. 制动器的作用是固定行星齿轮机构中的基本元件，阻止其旋转。（　　）
4. 电力式无级变速器的变速传动部件为交流串励电机。（　　）
5. 单向离合器的作用是使某元件只能按一定方向旋转，而在另一方向上锁止。（　　）

三、简答题

简述齿轮变速机构在一档的动力传递路线。

任务三　液力变矩器维修

一辆行驶里程为 90000km 的比亚迪·秦混合动力汽车被送至 4S 店进行维修，车主反映该车在行驶过程中变速器异响且伴有顿挫现象。维修人员试车后，初步判定为自动变速器的双离合器故障，需要检修。请学习双离合器的相关知识，安全规范地完成检修任务。

学习目标

1）能准确说明液力变矩器的功能。
2）能准确列举液力变矩器的类型。
3）能准确描述典型液力变矩器的组成及特点。
4）能掌握液力变矩器检测与维修的要点，并规范地完成实训操作。

知识储备

一、液力变矩器

1. 液力变矩器的基本组成及工作原理

液力变矩器是另一种动力传递装置,由于其具有无级连续变速、延长传动系统使用寿命等优点而得到广泛的应用。它不仅能传递转矩,而且能在泵轮转矩不变的情况下,随着涡轮转速的不同,自动地改变涡轮所输出的转矩值。

（1）基本组成

常见的液力变矩器主要由泵轮、单向离合器、涡轮、导轮、变矩器壳体等部件组成,其结构如图 2-3-1 所示。它们都是由铝合金精密铸造或用钢板冲压而成,在它们的环状壳体中径向排列着许多叶片。

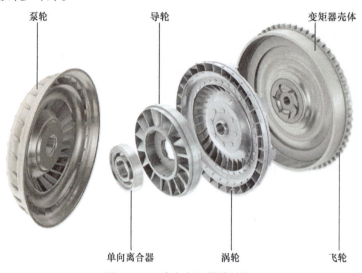

图 2-3-1 液力变矩器的结构

液力变矩器的三个工作轮都装于密闭的变矩器壳体中,壳体内充满了变速器油（ATF）。其中,泵轮由发动机驱动,涡轮固装在涡轮轴上,涡轮轴和变速器输入轴相连。导轮通过单向离合器固定在变速器外壳上且悬浮在泵轮与涡轮之间,它与泵轮、涡轮的叶片端面之间也留有一定的间隙。三个工作轮之间没有机械联系,为了保证变矩的性能和 ATF 的良好循环,泵轮、涡轮、导轮的叶片都弯曲成一定的弧度并径向倾斜排列。泵轮、涡轮和导轮装配好后,会形成断面为循环圆的环状体,在环形内腔中充满变速器油。泵轮、涡轮和导轮的外观如图 2-3-2 所示。

（2）工作原理

液力变矩器工作时壳体内充满液压油,发动机带动外壳旋转,外壳带动泵轮旋转,泵轮叶片间的液压油在离心力的作用下从内缘流向外缘。中低速时泵轮由离心力作用将油液冲击到涡轮,经涡轮的液体从中间流出,冲击在导轮正面,导轮单向锁止使液体产生折射,并具有方向性地返回泵轮使之加速。泵轮再将油液冲击到涡轮形成循环,使涡轮不断加速,如图2-3-3a所示。高速时液体从涡轮流出，液体冲击导轮背面，导轮转矩方向与泵轮转矩方向相反，使单向离合器超越导轮自由旋转，如图2-3-3b所示。

a）泵轮

b）涡轮

c）导轮

图 2-3-2　泵轮、涡轮和导轮的外观图

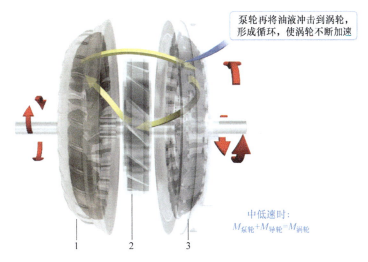

a）中低速时的工作原理

中低速时：
$M_{泵轮}+M_{导轮}=M_{涡轮}$

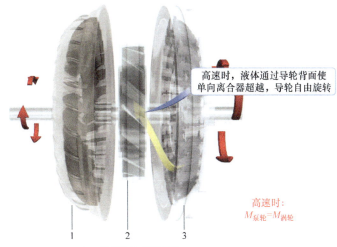

b）高速时的工作原理

高速时，液体通过导轮背面使单向离合器超越，导轮自由旋转

高速时：
$M_{泵轮}=M_{涡轮}$

图 2-3-3　液力变矩器的工作原理

1—泵轮　2—导轮　3—涡轮

2. 液力变矩器的类型

目前自动变速器应用较多的有三元件液力变矩器和带锁止离合器的液力变矩器。

（1）三元件液力变矩器

三元件液力变矩器的工作轮有 3 个，主要由泵轮、涡轮和导轮组成。它的特点是性能稳定、工作效率高，变矩比最高可达 1.9～2.5。此类型的变矩器主要应用于轿车、大型客车和工程车辆上。当涡轮转速较低、与泵轮转速差较大时，从涡轮出口处流出的液压油冲击导轮正面，导轮顺时针旋转，单向离合器锁止；当涡轮转速升高到一定值时液压油冲击导轮背面，导轮逆时针旋转，单向离合器分离。

（2）带锁止离合器的液力变矩器

带锁止离合器的液力变矩器由泵轮、单向离合器、涡轮、导轮、锁止离合器等组成，也称作四元件液力变矩器，其结构如图 2-3-4 所示。锁止离合器为湿式离合器，安装在涡轮与变矩器壳体前盖之间，由主动部件、从动部件和液压控制部件 3 部分组成。主动部件为压盘，与输入轴相连；从动部件为从动盘，可沿轴向移动。前盖后端面和锁止压盘前端面均粘有摩擦材料。锁止压盘和减振盘外缘用花键连接，减振盘和减振弹簧能够衰减离合器接合时的扭转振动。控制部件由锁止离合器控制电磁阀和锁止继动阀等组成。

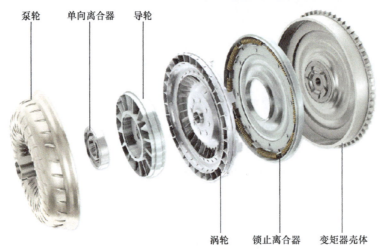

图 2-3-4　四元件液力变矩器的结构

当车辆低速行驶时，油液流至锁止离合器片的前端。锁止离合器片前端与后端压力相同，使锁止离合器处于分离状态，仍具有变矩和耦合两种工作情况；当车辆以中速至高速行驶时，油液流到锁止离合器后端，锁止离合器处于接合状态，离合器片与前盖一起转动，此时发动机功率经输入轴、液力变矩器壳体和锁止离合器直接传至涡轮输出轴，液力变矩器不起作用。由于锁止式液力变矩器既能自动适应汽车行驶的变化，又能提高传动效率，因此在汽车上普遍使用。

二、双离合器

双离合器安装在变速器壳体中，位于发动机与齿轮变速机构之间，是汽车传动系统中直接与发动机相连接的总成件，如图 2-3-5 所示。

1. 作用

离合器的主要作用是保证汽车能平稳起步，在变速换档时减轻变速齿轮的冲击载荷并防止传动系过载。汽车在行驶过程中，通过离合器的分离与接合，使发动机与变速器暂时分离或逐渐接合，以切断或传递发动机向变速器输入的动力。

双离合器有别于一般的自动变速器，除了拥有手动变速器的灵活性及自动变速器的舒适性外，还能提供无间断的动力输出。双离合器是由两个离合器相互配合工作，不仅可实现动力的切断或传递，同时还可以消除汽车在换档时，因离合器分离与接合操作产生的动力传递中断现象，使换档更加平顺，以提供无间断的动力输出。

图 2-3-5　双离合器安装位置

2. 类型

双离合器主要有两种类型，分别是湿式双离合器和干式双离合器。

湿式双离合器是由一大一小两组同轴安装在一起的多片离合器组成的。湿式是指双离合器安装于一个充满液压油的封闭油腔里。湿式离合器具有更好的调节能力和热容性，因此能够传递较大的转矩。

干式双离合器是由两个尺寸相近的离合器片同轴相叠安装而成。干式双离合器结构简单，效率更高。由于干式双离合器自身结构的固有特性，使之能够承受的最大转矩低于湿式双离合器。

3. 结构

双离合器主要由结合杆、离合器K1、主动盘、离合器K2、从动盘、输入毂、输入轴、驱动盘等部件组成，其结构如图 2-3-6 所示，剖面图如图 2-3-7 所示。其中输入毂与驱动盘焊接成一体，K1 外片支架、K2 外盘支架都与主毂焊接成一体，而驱动盘与K1 外片支架是刚性连接在一起的，因此它们始终处于刚性连接状态；离合器K1 处于外侧，K2 处于内侧。

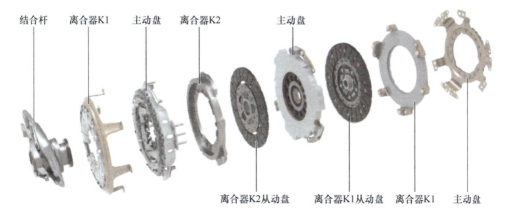

图 2-3-6　双离合器的结构

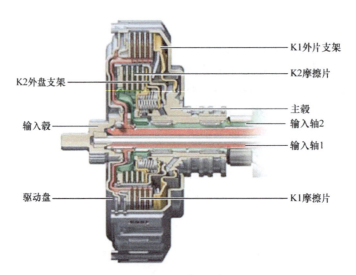

图 2-3-7　双离合器组件的剖面图

离合器 K1 是一个多片式离合器，它是外离合器，主要由 K1 外片支架、K1 内片支架、K1 摩擦片组、K1 活塞、蝶形弹簧等主要部件组成。K1 外片支架上有一圈内花键和油孔，同样 K1 内片支架上也有一圈内花键和油孔，如图 2-3-8 所示。

图 2-3-8　K1 内、外片支架

K1 摩擦片组是由钢制摩擦片和衬片组成的，如图 2-3-9 所示。

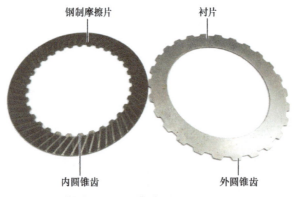

图 2-3-9　K1 摩擦片组的结构图

钢制摩擦片与衬片间隔布置，K1 钢制摩擦片的内圆锥齿与 K1 内片支架外花键槽相啮合，可轴向移动，K1 衬片的外圆锥齿与 K1 外片支架内花键槽相啮合，如图 2-3-10 所示。

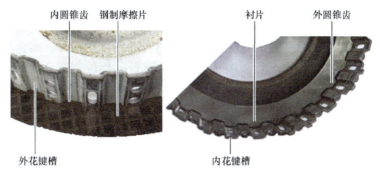

图 2-3-10　钢制摩擦片及衬片与其相应卡槽的位置关系图

离合器 K2 是一种内离合器也是多片式离合器，它位于 K1 内侧，其外观如图 2-3-11 所示。K2 主要由 K2 外盘支架、K2 内盘支架、K2 摩擦片组、K2 活塞、螺旋弹簧等主要部件组成，如图 2-3-12 所示。离合器 K2 的连接关系与离合器 K1 相同，但其支架和摩擦片组的外径比 K1 的小。

4. 工作过程

（1）动力传递过程

双离合器输入毂与双质量飞轮通过花键啮合，发动机转矩经双质量飞轮传递至离合器驱动盘，再经外支架传递到相应的离合器，离合器接合时转矩被传递到内支架，最后传递到相应的输入轴，如图 2-3-13 所示。

图 2-3-11　K2 离合器的外观

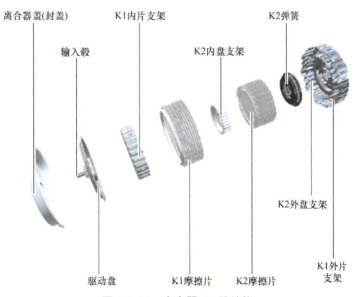

图 2-3-12　离合器 K2 的结构

当汽车正常行驶时，一个离合器与变速器中的某一档位相连，将发动机动力传递到驱动轮，ECU 根据车辆的行驶状态预见性地控制另一个离合器与相邻档位的齿轮组相连，但仅处于准备状态尚未与发动机动力相连。换档时先将当前档位的离合器断开，同时预选档位的离合器将所连齿轮组与发动机接合。除了空档之外一个离合器处于分离状态，另一个离合器则处于接合状态，始终保证有一个多片式离合器在传递动力。离合器 K1 主要负责 1 档、3 档、5 档和倒档，在汽车行驶中一旦用到上述任一档位，离合器 K1 接合，可将转矩传递到输入轴 1 上。离合器 K2 主要负责 2 档、4 档和 6 档，当使用其中任一档时离合器 K2 接合，将转矩传递到输入轴 2 上。

当 K1 的油压腔内压力升高时会推动 K1 活塞移动，进而把离合器 K1 的多个摩擦片压紧在一起，离合器 K1 接合，转矩通过内片支架的片组传递到输入轴 1 上，如图 2-3-14 所示。

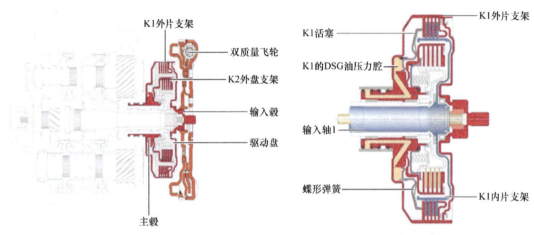

图 2-3-13　双离合器动力传递过程　　　　图 2-3-14　离合器 K1 接合状态

当 K1 的油压腔内的压力下降时蝶形弹簧将 K1 活塞推回初始位置，作用在离合器 K1 摩擦片上的压力随之消失，离合器 K1 分离，动力传递中断，如图 2-3-15 所示。

当 K2 的油压腔内压力升高时会推动 K2 活塞移动，进而把离合器 K2 的多个摩擦片压紧在一起，离合器 K2 接合，转矩通过内片支架的片组传递到输入轴 2 上，如图 2-3-16 所示。

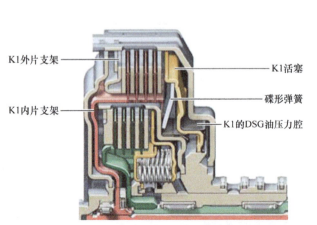
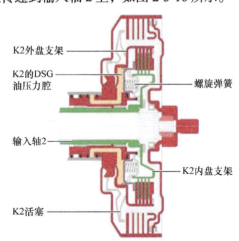

图 2-3-15　离合器 K1 分离状态　　　　图 2-3-16　离合器 K2 接合状态

当 K2 的油压腔内的压力下降时，螺旋弹簧将 K2 活塞推回初始位置，作用在离合器 K2 摩擦片上的压力随之消失，离合器 K2 分离，动力传递中断，如图 2-3-17 所示。

（2）动态压力平衡

在发动机转速较高时，由于旋转运动的作用，离合器压力腔内的双离合器油承受着较大的离心力作用。这一离心力会导致离合器压力腔内的压力沿半径最大方向递增，形成动态压力。这一动态压力会额外增大压紧力，使得压力腔内的压力无法按规定升、降。为保证离合器 K1 和 K2 能够按照

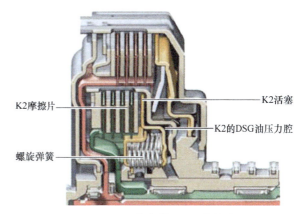

图 2-3-17　离合器 K2 分离状态

规定接合或断开，当发动机转速升高时，在各自的压力平衡腔内都会产生一个动态压力平衡过程，于是就可以精确控制换档过程，换档舒适性也得以提升。由于在发动机转速较高的情况下无法控制离合器的接合，所以压力平衡腔内的泄漏会导致离合器及同步机构损坏。

如图 2-3-18 所示，活塞的两面都有油压作用，压力平衡腔内的油压作用在活塞的另一侧。为此离合器 K2 就有一个挡板，该挡板与活塞 K2 就构成了压力平衡腔 K2。对于 K1 离合器来说，离合器 K2 的外盘支架同时起着挡板作用。压力平衡腔内充注的油液所受到的作用力与压力腔中的作用力是相同的，于是压力腔内的压紧压力就处于平衡状态了。

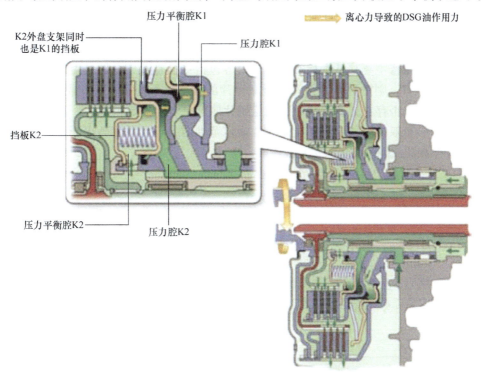

图 2-3-18　双离合器动态压力平衡

三、液力变矩器的检测维修

1. 液力变矩器的检修

（1）外观检查

1）目视检查液力变矩器的外部有无损坏和裂纹，是否由于高温而导致外表发蓝，是否有高温烧灼现象。

2）检查液力变矩器的连接螺纹是否损坏，检查传动轴是否光滑。

3）检查油泵驱动毂外径有无磨损、缺口有无损伤，若有，则需更换液力变矩器。

（2）内部检查

1）离合器外观检查：检查离合器表面是否磨损严重、变形，回位弹簧是否断裂、弹性不足，单向球阀是否密封良好等，若存在上述故障现象，需更换零部件或整体更换离合器。

2）离合器间隙检查：将专用工具插入液力变矩器毂缺口和单向离合器外座圈中，转动定子齿面，检查单向离合器是否正常。正常情况下单向离合器在逆时针方向转动时应锁止，在顺时针方向转动时应自由顺畅。

3）变矩器轴套偏摆量检查：将液力变矩器安装在发动机飞轮上，用千分表检查变矩器轴套的偏摆量。如果在飞轮转动一周的过程中千分表指针偏摆大于0.03mm，应转换一个角度重新安装并做好标记，以保证安装正确。若无法校正，应更换液力变矩器。

（3）液力变矩器清洗

若自动变速器出现过热现象或变速器油被污染后，应该清洗液力变矩器。清洗时可以采用专用的冲洗机，也可以手工清洗。方法是加入变速器油，用力摇晃、振荡液力变矩器，然后排净油液，重复此操作，直到排出的油液变干净为止。

2. 双离合器的检修

双离合器的检修主要是基本检查。具体内容包括：检查双离合器是否因撞击引起外壳变形或磨损，若有，则需更换新件；检查摩擦片的油槽是否磨平，若发现磨平必须更换；检查离合器钢片是否存在磨损、烧蚀，测量钢片厚度是否在规定范围内，若不符合规定则需更换新件；检查双离合器卡环厚度是否在规定范围内，卡环厚度磨损严重会引起轴向间隙过大，若存在此故障则需更换卡环。

实训演练

干式双离合器组件解体与组装

请扫描二维码，查看"干式双离合器组件解体与组装"技能视频，结合视频内容及相关资料，规范地完成干式双离合器组件解体与组装实训。

实训工具与准备：

1）工具：150件工具套件、扭力扳手、专用工具T10407、一字螺钉旋具。

2）设备：双离合变速器台架。
3）资料及耗材：大众帕萨特7速双离合变速器维修手册、教材及学习工作页、抹布等。

一、实训前准备

1）穿戴好个人防护用品。
2）铺设车内防护三件套。
3）铺设车外防护三件套。
4）检查确认车辆状态正常。

二、拆卸双离合器变速器的机械电子单元

1. 拆卸空气滤清器总成

1）选用棘轮扳手和T20套筒拆卸进气管固定螺栓，脱开空气滤清器空气管。
2）使用夹钳拖开空气滤清器空气管喉卡，如图2-3-19所示。
3）选用T30手柄拆卸空气滤清器固定螺栓，如图2-3-20所示。

图2-3-19　空气管喉卡拆除

图2-3-20　滤清器固定螺栓拆除

4）取下空气滤清器。

2. 拆卸蓄电池

1）取下蓄电池盖，选用棘轮扳手和10mm套筒拆卸蓄电池负极接头固定螺栓，将负极接线柱与蓄电池分离。
2）选用棘轮扳手和10mm套筒拆卸蓄电池正极接头固定螺栓，将正极接线柱与蓄电池分离。
3）选用棘轮扳手、接杆和13mm套筒拧松蓄电池固定支架螺栓，取下螺栓及支架，如图2-3-21所示。
4）取下防护棉，如图2-3-22所示。
5）取下蓄电池及蓄电池防护盖。
6）选用棘轮扳手和10mm套筒拧松蓄电池底座3颗固定螺栓，随后用手旋出固定螺栓。
7）取下蓄电池底座。

图 2-3-21　蓄电池固定支架螺栓拆除

图 2-3-22　防护棉拆除

3. 拆卸起动机线束连接

1）用手拔下起动机线束插接器，如图 2-3-23 所示。

2）选用 13mm 扳手拧松正极线供电线固定螺母并旋出螺母，取下供电线，如图 2-3-24 所示。

图 2-3-23　起动机线束插接器断开

图 2-3-24　供电线断开

4. 安装堵盖

1）拆卸变速器通风管后安装专用堵盖。

2）拆卸换档轴拨杆盖板通风盖后安装专用堵盖，如图 2-3-25 所示。

3）选用 10mm 扳手拧松换档轴拨杆连接变速器的固定螺栓，并旋出，如图 2-3-26 所示。

图 2-3-25　换档轴拨杆盖板通风盖安装堵盖

图 2-3-26　变速器固定螺栓拆卸

4）拆卸换档轴拨杆。

5. 排空变速器油

1）选用棘轮扳手和8号六角套筒，拧松放油螺塞，并排空油液。

2）旋入放油螺塞，选用棘轮扳手和8号六角套筒预紧螺栓，如图2-3-27所示。

3）使用扭力扳手和8号六角套筒紧固至30N·m，如图2-3-28所示。

图 2-3-27　预紧放油螺塞

图 2-3-28　放油螺塞紧固

6. 拆卸换档盖板

1）选用棘轮扳手、接杆和T30套筒，对角拧松换档盖板固定螺栓。

2）旋出固定螺栓，取下换档盖板。

3）选用一字螺钉旋具将档位调至空档。

注意事项：如档位不在空档位置，拆卸机械电子单元时可能会被卡住。

7. 拆卸变速器输入转速传感器

选用一字螺钉旋具松开变速器输入转速传感器与变速器的连接。

8. 分离分离杠杆与机械电子单元的活塞杆

在分离杠杆的右侧安装专用工具分离杆T10407，逆时针旋转分离杆T10407，使分离杠杆和活塞杆分离，必要时可用螺钉旋具顶住分离杆T10407。

注意事项：

① 按下双离合器的两根分离杠杆，使分离杠杆与机械电子单元的活塞杆分离；否则分离杠杆会卡住机械电子单元的活塞杆，从而无法拆下机械电子单元。

② 变速器壳体的凸筋与分离杆T10407的凹槽平齐，不要将分离杆T10407安装过深，且必须与变速器壳体紧密接触。

③ 旋转时，对分离杆T10407的头部稍微施加作用力，以防止旋转时分离杆T10407滑脱。

9. 拆卸双离合器变速器的机械电子单元J743的固定螺栓

选用棘轮扳手和T40套筒对角拧松7个固定螺栓，使用T40套筒旋出固定螺栓后取下机械电子单元。

三、分解机械电子单元

1. 排空机械电子单元油液

1）选用 5 号六角套筒拧松机械电子单元放油螺塞并旋出，如图 2-3-29 所示。

2）排空油液后旋入放油螺塞，使用扭力扳手和 5 号六角套筒紧固至 9N·m，如图 2-3-30 所示。

图 2-3-29　机械电子单元放油螺塞拆除　　　图 2-3-30　机械电子单元放油螺塞紧固

2. 拆卸机械电子单元盖板

1）选用 T15 套筒对角拧松机械电子单元盖板固定螺栓并旋出，取下盖板。

2）旋入固定螺栓并对角拧紧螺栓。

3. 拆卸机械电子单元电机

1）选用棘轮扳手、接杆和 T30 套筒拧松固定螺栓。

2）使用棘轮扳手、接杆和 10mm 套筒对角拧松固定螺栓并旋出 7 个固定螺栓。

3）选用棘轮扳手和 T30 套筒拧松电机线圈固定螺栓并旋出，如图 2-3-31 所示。

4）取下线圈，如图 2-3-32 所示。

图 2-3-31　线圈固定螺栓拆除　　　图 2-3-32　线圈拆除

6）选用棘轮扳手和 T30 套筒拧松电机固定螺栓并旋出，取下电机。

四、装复机械电子单元

1）安装电机时用手旋入两个固定螺栓，选用棘轮扳手和 T30 套筒紧固电机固定螺栓。

2）安装机械电子单元电机线圈，使用 T30 手柄旋入两颗固定螺栓。

3）选用棘轮扳手和 T30 套筒紧固电机线圈固定螺栓。

4）安装机械电子单元盖板，使用棘轮扳手、接杆和 10mm 套筒对角紧固螺栓。

五、安装双离合器变速器的机械电子单元

1. 检查拨叉档位

确保所有换档拨叉都处于空档位置，如不在空档位置则需要调整至空档位置，如图 2-3-33 所示。

2. 检查活塞长度

使用游标卡尺检查活塞凸出的长度，可调整活塞凸出的长度，活塞凸出的长度为 25mm，如图 2-3-34 所示。

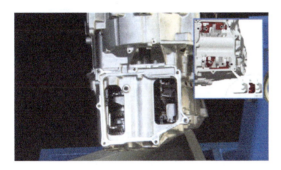
图 2-3-33　空档调节

图 2-3-34　活塞凸出长度检查

3. 安装双离合器变速器的机械电子单元 J743

1）将机械电子单元安装至变速器上，用手旋入新的固定螺栓。选用棘轮扳手、接杆和套筒对角交替拧紧机械电子单元 J743 的固定螺栓，如图 2-3-35 所示。

2）按照维修手册使用扭力扳手紧固至 10N·m，如图 2-3-36 所示。

图 2-3-35　机械电子单元安装

图 2-3-36　机械电子单元螺栓预紧并紧固

3）顺时针旋转并拆下分离杆 T10407。

4. 安装变速器输入转速传感器

安装变速器输入转速传感器至规定位置。

六、复原车辆

1. 安装换档轴拨杆

1）用手旋入固定螺栓,先后选用10mm扳手,棘轮扳手、接杆和10mm套筒对角紧固螺栓。

2）安装换档轴拨杆,选用10mm扳手紧固螺栓,如图2-3-37所示。

3）取下换档轴盖板上的堵盖,安装通气盖,如图2-3-38所示。

图2-3-37 换档轴拨杆安装

图2-3-38 堵盖替换

4）取下变速器上的另一个堵盖,安装通风管。

2. 安装起动机线束

1）安装正极电缆,用手旋入固定螺母。选用棘轮扳手和13mm套筒预紧固定螺母,然后根据维修手册,使用扭力扳手将固定螺母紧固至15N·m。

2）安装防护盖,连接线束插接器。

3. 安装蓄电池

1）安装蓄电池底座,用手旋入3颗固定螺母。选用棘轮扳手、接杆和13mm套筒预紧蓄电池固定支架螺栓,然后根据维修手册,使用扭力扳手将固定螺母紧固至4N·m。

2）依次安装蓄电池及防护棉、正极电缆、防护盖。

3）选用棘轮扳手和10mm套筒预紧蓄电池正、负极接头固定螺栓,然后根据维修手册,使用扭力扳手将固定螺栓紧固至6N·m。

4）安装蓄电池固定支架及螺栓,然后根据维修手册,使用扭力扳手将固定螺栓紧固至20N·m。

5）安装蓄电池盖罩。

6）整理变速器通风管。

4. 安装空气滤清器

1）将空气滤清器安装到车辆上。

2）安装空气滤清器固定螺栓。

3）使用夹钳安装空气滤清器空气管喉卡。

4）安装空气滤清器空气管。

5）选用棘轮扳手和T20套筒安装进气管固定螺栓。

5. 进行空档基础设定

1）选择 GET_02 后选择引导性功能，如图 2-3-39 所示。

2）选择空档基础设定后执行，如图 2-3-40 所示。

3）点击完成，根据诊断仪进行操作。

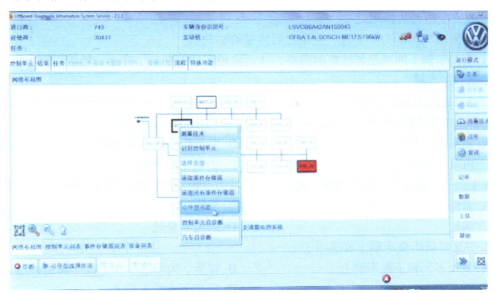

图 2-3-39　选择 GET_02 后选择引导性功能

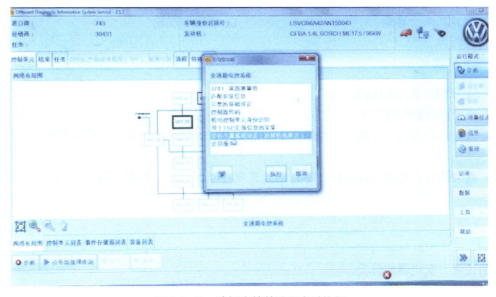

图 2-3-40　选择空档基础设定后执行

七、整理清洁

按照 7S 管理标准，整理工具和场地。

任务练习

一、选择题

1. 液力变矩器的作用是（　　）。
A. 将发动机的动力经变速、变矩之后传递给驱动桥
B. 实现车辆不同速度和转矩的需要，从而实现车辆的起步、变速、爬坡、倒车和停车
C. A、B 均是
D. A、B 均不是

2. 液力变矩器主要（　　）组成。
A. 由泵轮和导轮　　　　　　　　　　B. 由泵轮、涡轮和导轮
C. 由泵轮和涡轮　　　　　　　　　　D. 由涡轮和导轮

3. （　　）是液力变矩器的输入元件，位于液力变矩器的后端，与变矩器壳体刚性连接。
A. 泵轮　　　　　　　　　　　　　　B. 导轮
C. 涡轮　　　　　　　　　　　　　　D. 涡轮和泵轮

4. 三元件液力变矩器主要应用于（　　）。
A. 大型客车和工程车辆上　　　　　　B. 轿车、大型客车和工程车辆上
C. 轿车和大型客车　　　　　　　　　D. 轿车和工程车辆上

5. 四元件液力变矩器主要由（　　）组成。
A. 涡轮和两个导轮　　　　　　　　　B. 泵轮、涡轮和两个导轮
C. 泵轮和两个导轮　　　　　　　　　D. 泵轮和涡轮

二、判断题

1. 液力耦合器的壳体内没有液压油。　　　　　　　　　　　　　　　　　　　（　　）
2. 液力耦合器传递较大负荷时不会造成较大的滑动损失。　　　　　　　　　　（　　）
3. 液力耦合器的工作液在工作腔内做圆周运动，并随着工作轮一起绕轴线转动。
　　　　　　　　　　　　　　　　　　　　　　　　　　　　　　　　　　（　　）
4. 液力耦合器由液压油传递功率，因此速度控制不稳定，功率因数高，调速精度差。
　　　　　　　　　　　　　　　　　　　　　　　　　　　　　　　　　　（　　）

三、简答题

简述液力变矩器的分类。

项目三 新能源汽车驱动电机系统检测维修

驱动电机系统是新能源汽车的核心部件之一。与其他应用领域相比较,驱动电机系统在电动汽车上的应用工况极为严苛,它包括驱动电机、驱动电机控制器、驱动电机减速机构、驱动电机冷却系统四大部分。驱动电机是执行机构,其驱动特性决定了汽车行驶的主要性能指标,它是电动汽车的重要部件;驱动电机控制器是驾驶员与车辆连接的重要纽带,具有控制、检测、自检等功能;驱动电机减速机构可以在驾驶员的操控下,高效率地将动力电池的电能转换为车轮的机械能,从而驱动车辆行驶以及进行能量回收,以此达到节能减排的目的;驱动电机冷却系统是整个驱动电机系统的保护屏障,让驱动电机系统始终处于一个稳定且良性的工作环境。

任务一　驱动电机部件检测维修

一辆行驶 50000km 的比亚迪 e5 纯电动汽车被拖送至 4S 店进行维修，车主反映该车停放数周后无法起动。维修接待人员试车时发现汽车上电 OK 指示灯不亮、动力系统故障警告灯点亮，且仪表信息区域显示动力系统故障。维修技师分析后认为故障原因可能是驱动电机损坏，现需要检修。请你学习驱动电机相关知识之后，安全规范地完成检修任务。

学习目标

1）能准确描述驱动电机的类型。
2）能正确说出无刷直流电机、永磁同步电机、交流异步电机和开关磁阻电机的特点。
3）能列举无刷直流电机、永磁同步电机、交流异步电机和开关磁阻电机的组成。
4）能阐述永磁同步电机的工作原理。
5）能掌握驱动电机的拆装与检查要点，并规范地完成实训操作。

知识储备

驱动电机是汽车的动力源之一，其作用是向外输出转矩，驱动汽车前进后退；同时也可以作为发电机进行发电，将在滑行、制动过程中以及发动机输出的额外转矩的势能或者动能通过电机转化为电能存储。在混合动力汽车中驱动电机一般位于前机舱，与发动机、电机控制器相连。

一、驱动电机的类型

随着新能源汽车的蓬勃发展，作为核心部件之一的驱动电机也在迭代更新中，目前技术较完善且较常见的驱动电机分别是无刷直流电机、永磁同步电机、交流异步电机和开关磁阻电机，如图 3-1-1 所示。

1. 无刷直流电机

无刷直流电机是用电子换向装置代替了有刷直流电机的机械换向装置，它保留了有刷直流电机优良的调速性能，且体积小、质量轻、起动力矩大、再生制动效果好，是最理想的调速电机之一，广泛应用于高尔夫球车、观光游览车、巡逻车、送餐车、特种车、牵引车、叉车等。

2. 交流异步电机

交流异步电机是指电机的转动速度与供电电源的频率不同步，其转速始终低于同步转速的一类电机。根据供电方式的不同，交流异步电机主要分为单相交流异步电机和三相交流异步电机两种。它具有接近恒速的负载特性，且具有结构简单、制造、使用、维护方便、运行可靠性高等特点，但调速性能差。

开关磁阻电机

交流异步电机

永磁同步电机

无刷直流电机

图 3-1-1　驱动电机类型

3. 永磁同步电机

所谓永磁指的是在制造电机转子时加入永磁体，使电机的性能得到进一步地提升。而所谓同步则指的是转子的转速与定子绕组的电流频率始终保持一致。因此，通过控制电机定子绕组输入电流的频率，电动汽车的车速将最终被控制。永磁同步电机功率因数大，效率高，调速性能好，输出转矩大，并且驱动灵活可控性强。目前的新能源汽车大多采用的是永磁同步电机。

4. 开关磁阻电机

开关磁阻电机是一种新型调速电机，调速系统兼具直流、交流两类调速系统的优点，是继变频调速系统、无刷直流电机调速系统之后的最新一代无级调速系统。开关磁阻电机由双凸极的定子和转子组成，其定子、转子的凸极均由普通的硅钢片叠压而成。它具有可控参数多、调速性能好、结构简单、成本低、运转效率高、损耗小等优点，并且起动转矩大、起动电流小。但开关磁阻电机振动和噪声相对较大，控制复杂，目前主要应用于混合动力城市公交车。

二、驱动电机的结构原理

1. 无刷直流电机

无刷直流电机是永磁式同步电机的一种，并不是真正的直流电机，英文简称 BLDC。区别于有刷直流电机，无刷直流电机不使用机械的电刷装置，采用方波自控式永磁同步电机，以霍尔传感器取代电刷换向器，以钕铁硼作为转子的永磁材料，性能上相较一般的传统直流电机有更大的优势，是当今最理想的调速电机。

（1）无刷直流电机的结构

无刷直流电机主要由前端盖、弹性垫片、转轴、前轴承、定子、转子、后轴承、挡圈、霍尔元件及后端盖等部件组成，如图 3-1-2 所示。

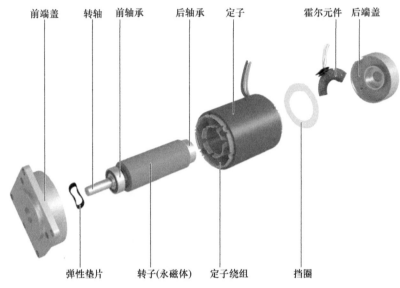

图 3-1-2　无刷直流电机的结构

1）壳体：壳体主要包括前端盖、弹性垫片、后端盖，既是电机磁路的组成部分，又起机械支撑和保护作用。这就要求壳体需具有良好的导磁性能和机械强度，因此它通常采用铸铁、铸钢或厚钢板焊接而成。壳体按照相关要求一般贴有驱动电机铭牌，方便购买者、维修者在后续使用或维修中做参考。各个厂家的编码方式和参数各有不同，但是主要参数的名称含义是相同的，主要包含以下几方面：

① 型号：表示电机的系列品种、性能、防护结构形式、转子类型等产品代号。

② 额定功率：电机在额定状态下运行时，其轴上所能输出的机械功率称为额定功率。

③ 额定速度：电机在额定电压、额定频率、额定负载下，电机每分钟的转数（r/min）为额定转速。

④ 额定电压：额定电压是电机在额定运行状态下，电机定子绕组上应加的线电压值。电机有三角形和星形接法，其接法应与电机铭牌规定的接法相符，以保证与额定电压相适应。

⑤ 额定电流：电机加以额定电压，在其轴上输出额定功率时，定子从电源取用的定子绕组线电流值称为额定电流。

⑥ 额定频率：电机在额定运行状态下，定子绕组所接电源的频率叫额定频率。我国规定的额定频率为 50Hz。

⑦ 工作定额：指电机运行的持续时间。

2）定子：定子由定子铁心和定子绕组组成，如图 3-1-3 所示。定子铁心一般用 0.5～1.5mm 的低碳钢板叠压铆紧而成。定子绕组用绝缘铜线绕制而成，套在定子铁心上用来产生磁场。

项目三 新能源汽车驱动电机系统检测维修

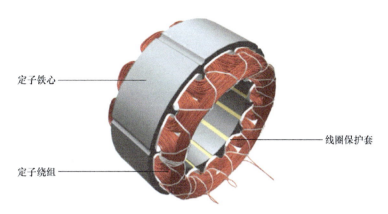

图 3-1-3 定子的组成

3）转子：转子也叫电枢，直流电机的转子（电枢）主要是由转子铁心、永磁体和转轴等部件组成，如图 3-1-4 所示。转子的主要结构是永磁体，因此不需要为转子供电，相较有刷电机省去了电刷和换向器。定子通电后，转子（电枢）在磁场中受力产生电磁转矩，用以带动转轴旋转。

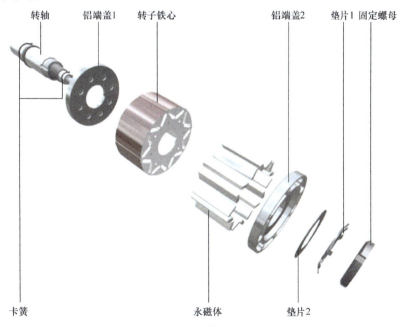

图 3-1-4 转子组成

4）霍尔传感器：霍尔传感器安装在驱动电机的输出端，如图 3-1-5 所示。在磁性传感器中利用霍尔效应的传感器称为霍尔传感器。霍尔传感器包括霍尔元件、霍尔 IC、线性霍尔 IC 几部分。

5）温度传感器：温度传感器安装在驱动电机的输出端，如图 3-1-6 所示。驱动电机中的温度传感器用来监测电机温度，并将监测到的温度发送给驱动电机控制器，最终控制电子水泵、电子节温器及电子风扇，给驱动电机降温。

图 3-1-5　霍尔传感器的位置　　　　　图 3-1-6　温度传感器的位置

（2）无刷直流电机的工作原理

无刷直流电机的定子是线圈绕组电枢，转子是永磁体。如果只给电机通以固定的直流电流，则电机只能产生不变的磁场，电机不能转动起来；只有实时检测电机转子的位置，再根据其位置的不同通以对应的电流，使定子产生方向均匀变化的旋转磁场，电机才可以跟着磁场转动起来。如图 3-1-7 所示，电机定子的线圈中心抽头接电机电源，各相的端点接功率场效应晶体管，位置传感器导通时使功率场效应晶体管的 G 极接 12V，功率场效应晶体管导通对应的相线圈被通电。由于三个位置传感器随着转子的转动会依次导通，使得对应的相线圈也依次通电，从而定子产生的磁场方向也不断地变化，电机转子也跟着转动起来，这就是无刷直流电机的基本转动原理。检测转子的位置，依次给各相通电，使定子产生的磁场方向连续均匀地变化。

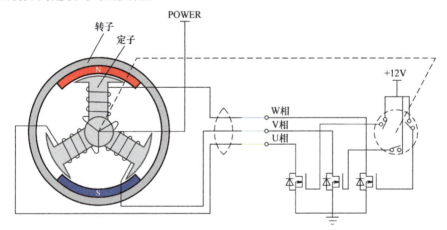

图 3-1-7　无刷直流电机工作原理示意图

2. 永磁同步电机

永磁同步电机是用永磁体取代绕线式同步电机转子中的励磁绕组，从而省去了励磁线圈、集电环和电刷。永磁同步电机具有高效、高控制精度、高转矩密度、良好的转矩平稳性及低振动噪声的特点，通过合理设计永磁磁路结构能获得较高的弱磁性能，在新能源汽车驱动方面具有很高的应用价值，受到国内外新能源汽车界的高度重视，是最具竞争力的新能源汽车驱动电机系统之一。

（1）永磁同步电机的类型

按照不同的分类标准，可将永磁同步电机分为不同的类型。并且根据永磁体材料种类、安置方式及永磁体充磁方向的不同，可以形成不同的磁路结构。按转子的磁钢形状来分，永磁同步电机可以分为正弦波和梯形波两种。按永磁体在转子上的位置不同来划分，永磁同步电机可以分为表面式和内置式两种。

（2）永磁同步电机的结构

永磁同步电机类型多样，这里主要是以常用的三相正弦波驱动的永磁同步电机为例，介绍永磁同步电机的结构组成。永磁同步电机与直流电机一样，也是由端盖、壳体、定子、转子、旋转变压器、温度传感器等构成，如图 3-1-8 所示。

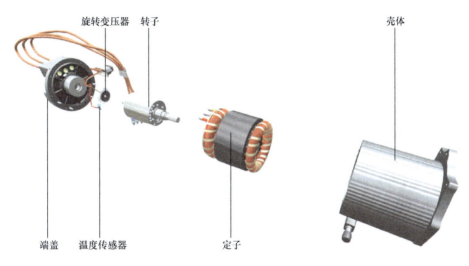

图 3-1-8　永磁同步电机的结构

1）壳体：永磁同步电机壳体材质一般为铝材质，其位置、作用、铭牌内容与无刷直流电机相似，此处不再赘述。

2）定子：永磁同步电机的定子是由导磁的定子铁心和导电的定子绕组等部件构成。其他部件是指固定定子铁心和定子绕组的一些部件，如绕组保护套等，如图 3-1-9 所示。

3）转子：永磁同步电机与其他电机最大的不同是转子的结构，转子上安装有永磁体磁极。因此，永磁同步电机的转子主要由永磁体、转子铁心和轴颈等部件构成，如图 3-1-10 所示。

4）旋转变压器：旋转变压器是纯电动汽车应用较多的信号检测装置，其主要用以检测驱动电机转子位置，并将其检测结果传输给电机控制器，经转换可获知电机转速信息，如图 3-1-11 所示。旋转变压器是一种输出电压随转子转角变化的信号装置，按照输出电压与转子转角间的关系，旋转变压器可以分为正余弦旋转变压器、线性旋转变压器和比例式旋转变压器；按照信号产生的原理，旋转变压器有电磁感应式和磁阻式。现代纯电动汽车的驱动电机上多采用的是磁阻式旋转变压器，其产生正余弦波形，所以也是正余弦旋转变压器。

图 3-1-9 定子的结构

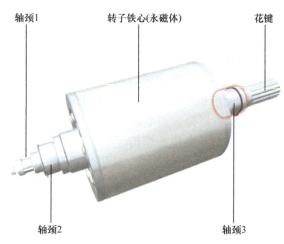

图 3-1-10 转子的结构

5）温度传感器：温度传感器安装在驱动电机的输出端，用来实时检测驱动电机的温度。

（3）永磁同步电机的工作原理

1）电机的工作原理。永磁同步电机是以磁场为媒介进行机械能和电能相互转换的电磁装置，其工作原理如图 3-1-12 所示。图中 n 为电机转速，n_0 为同步转速，T 为转矩，θ 为功率角。电机的转子是一个永磁体，N、S 极沿圆周方向交替排列，定子可以看成是一个以速度为 n_0 的旋转磁场。电机运行时定子存在旋转磁动势，转子像磁针在旋转磁场中旋转一样，随着定子的旋转磁场同步旋转。

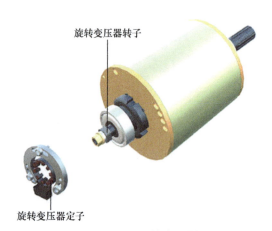

图 3-1-11 旋转变压器

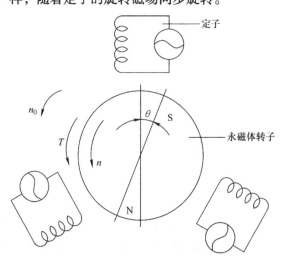

图 3-1-12 永磁同步电机的工作原理

永磁同步电机转速可表示为：$n = n_0 = \dfrac{60 f_s}{p_n}$

式中　f_s——电源频率；

　　　p_n——电机极对数。

永磁同步电机的定子是三相对称绕组，三相正弦波电压在定子三相绕组中产生对称三相正弦波电流，并在气隙中产生旋转磁场。旋转磁场与已充磁的磁极作用，带动转子与旋转磁场同步旋转并使定、转子磁场轴线对齐。当外加负载转矩后，转子磁场轴线将落后定子磁场轴线一个功率角，负载越大功率角也越大，直到一个极限角度，电机停止。由此可见，同步电机在运行中转速必须与频率严格成比例旋转，否则会失步停转。所以，它的转速与旋转磁场同步，其静态误差为零。在负载扰动下只是功率角变化，而不引起转速变化，它的响应时间是实时的。

2）电机控制系统的工作过程。电机控制系统由整流桥、三相逆变电路、控制电路、三相交流永磁电机和传感器组成，其工作过程如图 3-1-13 所示。电机控制系统将 50Hz 的市电整流后，由三相逆变器给电机的三相绕组供电，三相对称电流合成的旋转磁场与转子永磁体所产生的磁场相互作用产生转矩，拖动转子同步旋转，通过位置传感器时获取的转子位置，变换成电信号控制逆变器功率器件开关，调节电流频率和相位，使定子和转子磁势保持稳定的位置关系才能产生恒定的转矩，定子绕组中的电流大小是由负载决定的。定子绕组中三相电流的频率和相位随转子位置的变化而变化的，使三相电流合成一个与转子同步的旋转磁场，通过电力电子器件构成的逆变电路的开关变化实现三相电流的换相，代替了机械换向器。

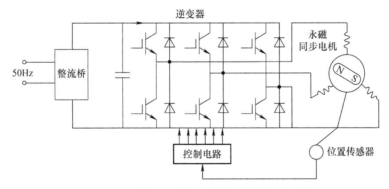

图 3-1-13　永磁同步电机控制系统的工作过程

3. 交流异步电机

交流感应电机又称异步电机，即转子置于旋转磁场中，在旋转磁场的作用下获得一个转动力矩，促使转子转动。从技术水平来看，交流感应电机驱动系统是新能源汽车的理想选择，尤其适用于功率需求较大的电动客车。

（1）交流异步电机的类型

交流感应电机的种类很多，最常见的是按转子结构和定子绕组相数进行分类。

1）按转子结构分类。按照转子结构来分，交流感应电机可分为笼型异步电机和绕线型异步电机，如图 3-1-14、图 3-1-15 所示。

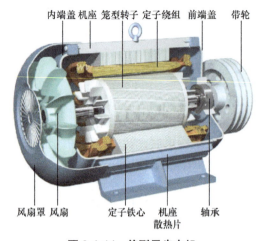

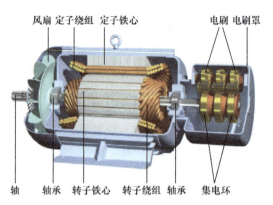

图 3-1-14 笼型异步电机

图 3-1-15 绕线型异步电机

2）按定子绕组相数分类。按照定子绕组相数来分，交流感应电机可分为单相异步电机和三相异步电机，如图 3-1-16、图 3-1-17 所示。

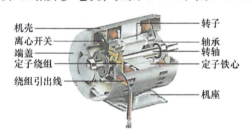

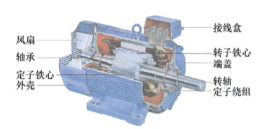

图 3-1-16 单相异步电机的结构

图 3-1-17 三相异步电机的结构

（2）交流异步电机的结构

交流异步电机种类很多，但各类交流异步电机的结构基本相同。交流异步电机主要由定子和转子两大部分组成，定子与转子之间有气隙，此外，还有端盖、轴承、风扇等部件，如图 3-1-18 所示。其中静止部分叫作定子，转动部分叫作转子。

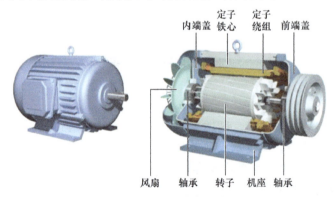

图 3-1-18 交流异步电机的结构

1）定子。定子是用于产生旋转磁场的，交流感应电机的定子由定子铁心、定子绕组和机座等部件组成，如图 3-1-19 所示。

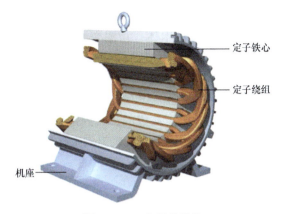

图 3-1-19　定子的结构

2）转子。交流感应电机的转子主要由转子铁心、转子绕组和转轴等部件组成，如图 3-1-20 所示。

图 3-1-20　转子的结构

（3）交流异步电机的工作原理

如图 3-1-21 所示为三相异步电机的工作原理示意图。三相异步电机的三相定子绕组通入三相交流电后，将产生一个旋转磁场，该旋转磁场切割转子绕组，从而在转子绕组中产生感应电动势，电动势的方向由右手定则来确定。由于转子绕组是闭合通路，转子中便有电流产生，电流方向与电动势方向相同，而载流的转子导体在定子旋转磁场作用下将产生电磁力，电磁力的方向可用左手定则确定。由电磁力进而产生电磁转矩，驱动电机旋转，并且电机旋转方向与旋转磁场方向相同。

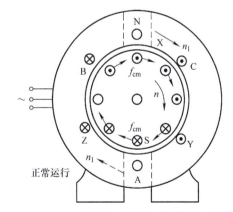

图 3-1-21　三相异步电机的工作原理示意图

三相异步电机的转子转速不等于定子旋转磁场的同步转速，这是三相异步电机的主要特点。

4. 开关磁阻电机

开关磁阻电机是一种新型调速电机，调速系统兼具直流、交流两类调速系统的优点。它的结构简单坚固，调速范围宽，调速性能优异，且在整个调速范围内都具有较高效率，系统可靠性高。

开关磁阻电机通常由开关磁阻电机本体、功率变换器、传感器和控制器四部分组成。开关磁阻电机本体起关键作用，其主要由双凸极的定子和转子组成，能将电能转换成机械能。

（1）定子

开关磁阻电机的定子是由硅钢片叠压而成的，其内部有凸出的定子凸极，也由硅钢片叠压而成，如图3-1-22所示。其主要作用是向电机提供工作磁场。

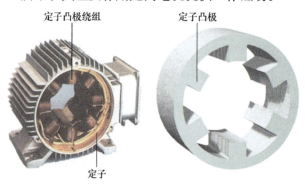

图 3-1-22　开关磁阻电机的定子结构

定子凸极采用集中绕组励磁，把沿径向相对的两个绕组串联成一个两级磁极，称为一相，图3-1-23所示的6/4极（表示6个定子凸极、4个转子凸极）结构共有三相绕组。

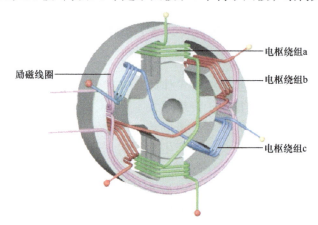

图 3-1-23　开关磁阻电机的定子极线圈绕组

（2）转子

开关磁阻电机的转子也由普通的硅钢片叠压而成，转子外周有转子凸极，如图3-1-24所示。但是开关磁阻的转子凸极上既无绕组也无永磁体，仅由硅钢片叠成，这也是开关磁阻电机的主要特点。

与其他电机一样，它的转子与定子间也有很小的气隙，保证转子可以在定子内自由转动，如图3-1-25所示。

开关磁阻电机的定子与转子相数不同，有多种不同的搭配，如单相、二相、四相及多相等。定子和转子极数组合方案见表3-1-1。

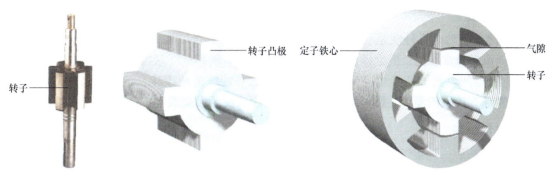

图 3-1-24　开关磁阻电机的转子结构　　　　图 3-1-25　开关磁阻电机的气隙

表 3-1-1　开关磁阻电机的极数组合

相数	定子极数	转子极数	步进角/(°)
3	6	4	30
4	8	6	15
5	10	8	9
6	12	10	9
7	14	12	4.25
8	16	14	3.21
9	18	16	2.5

（3）位置传感器

开关磁阻电机位置传感器的常见类型有霍尔式、电磁式、光电式和磁敏式多种，常布置在电机的非输出端。如图 3-1-26 所示为开关磁阻电机位置传感器的位置。

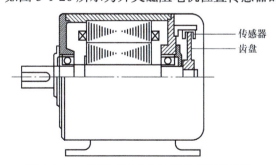

图 3-1-26　开关磁阻电机位置传感器的位置

三、驱动电机的检测

驱动电机的检测主要包括基本检查、在线检测、电气检测和机械检测等。

1. 基本检查

1）检查驱动电机外观是否有破损，各插接器连接是否可靠，线束是否有破损。若发现有破损或者异常状况，应立即停止车辆使用，并将车辆移至厂家指定维修站点。

2）通过闻电机的气味也能判断故障。若发现有特殊的油漆味，说明电机内部温度过高；若发现有较重的煳味，则可能是绝缘层被击穿或绕组已烧毁。

2. 在线检测

汽车起动后，连接诊断仪读取驱动电机的相关数据流，根据数据流分析驱动电机的工况，需要读取的主要数据有 MCU 使能命令、驱动电机工作模式命令、驱动电机转矩、转速指令方向命令、MCU 初始化状态、驱动电机当前状态、驱动电机当前工作模式、驱动电机当前旋转方向等。

3. 电气检测

驱动电机常见的电气故障有线路连接异常、电机绕组绝缘、短路、断路、断相运行等，可以借助万用表、兆欧表等检测工具进行检测。

1）检查驱动电机相关电气连接是否正常。

2）驱动电机绕组三线母线绝缘性检测：使用兆欧表或绝缘测试仪的 500V 档位，测量电机三相绕组引出线与机壳之间的绝缘电阻，当整体绝缘电阻大于 20MΩ，表明电机绝缘良好。

3）驱动电机定子绕组断路检测：使用万用表的 200Ω 档位，测量二相绕组 W 和 U 之间的电阻，正常情况下标准电阻值应小于 1Ω，若测量值大于标准值，则说明二相线圈断路损坏；交换绕组以同样方法测量其他绕组（W 和 V、U 和 V）之间的电阻。

4）驱动电机三相绕组均衡性检测：使用万用表的 200Ω 档位，测量二相绕组 W 和 U 之间的电阻，以同样方法测量其他绕组（W 和 V、U 和 V）之间的电阻，其三相绕组的两相之间的电阻值的差值在 5% 以内为正常。

5）电机旋转变压器检测：

①根据电气接口表定义，用万用表欧姆档检查旋转变压器励磁绕组的电阻值。

②根据电气接口表定义，用万用表欧姆档检查旋转变压器正弦绕组的电阻值。

③根据电气接口表定义，用万用表欧姆档检查旋转变压器余弦绕组的电阻值。

若检测数值为 ∞，表示元件已损坏，需更换旋转变压器。

4. 机械检测

驱动电机常见的机械故障主要有扫膛、振动、轴承过热、损坏等。轴承精度不合格及端盖内孔磨损或端盖止口与机壳止口磨损变形，使电机壳、端盖、转子三者不同轴心引起扫膛；转子动平衡不好、转轴转子弯曲，端盖、机壳与转子不同轴心，以及紧固件松动等会引起振动；轴承的配合太紧或太松会引起轴承过热，而使轴承损坏。在驱动电机解体的情况下，常做的检测如下：

1）轴承轴向和径向跳动量：用百分表测量转子轴承的径向跳动量和轴向跳动量，转子轴承径向跳动量小于 0.02mm，转子轴承轴向跳动量小于 0.05mm。

2）测量转子轴弯曲度：用高度游标卡尺等工具测量检测转轴的弯曲度，电机主轴的弯曲度不大于 0.01mm。

项目三　新能源汽车驱动电机系统检测维修

实 训 演 练

驱动电机的解体与检查

请扫描二维码，查看"驱动电机的解体与检查"技能视频，结合视频内容及相关资料，规范地完成驱动电机分解与组装实训。

实训工具与准备：

1）工具：安全吊绳、150件工具套装、扭力扳手。
2）设备：举升工位、比亚迪e5实训车辆、吊架、移动平板车。
3）资料及耗材：比亚迪e5维修手册、教材及学习工作页、抹布等。

一、实训前准备

1）穿戴好个人防护用品。
2）铺设车内防护三件套。
3）铺设车外防护三件套。
4）检查确认车辆状态正常。

二、分解驱动电机

1. 拆卸前准备

1）举升车辆，拆卸动力电池总成，如图3-1-27、图3-1-28所示。

图3-1-27　举升车辆

图3-1-28　动力电池总成拆卸

2）拆卸高压电控总成和车辆悬架，如图3-1-29、图3-1-30所示。
3）拆卸驱动桥总成，并放置于移动升降平板车上，如图3-1-31所示。
4）分离驱动电机与主减速器，吊装驱动电机总成，并确保其安放牢靠，如图3-1-32所示。

2. 分解驱动电机

1）两人合作完成实训操作，一人按住，使用8mm套筒、接杆和指针式扭力扳手预松驱动电机后端盖固定螺栓。随后使用 8mm 套筒和棘轮扳手组合工具拧松并取下驱动电机后端盖固定螺栓，如图 3-1-33 所示。

2）使用 8mm 套筒和棘轮扳手组合工具拆卸驱动电机线束支架固定螺栓，取下固定支架，如图 3-1-34 所示。

图 3-1-29　高压电控总成拆卸

图 3-1-30　悬架拆卸

图 3-1-31　驱动桥总成拆卸

图 3-1-32　驱动电机与主减速器分离

图 3-1-33　驱动电机后端盖固定螺栓拆除

图 3-1-34　固定支架螺栓拆除

3）使用 10mm 套筒、棘轮扳手组合工具拆卸驱动电机吊耳固定螺栓并取下吊耳，如图 3-1-35 所示。

4）使用橡胶锤轻击驱动电机后端盖至其松动，如图 3-1-36 所示。

5）使用一字螺钉旋具撬松驱动电机后端盖。

6）取下驱动电机后端盖，并妥善放置。

3. 检查驱动电机内部情况

检查驱动电机三相电缆有无老化、烧蚀、腐蚀现象；三相绕组是否固定牢固，有无绝缘损坏情况；检查驱动电机气隙是否正常，有无发生扫膛现象。

图 3-1-35　吊耳螺栓拆除　　　　　　　　图 3-1-36　后端盖松动

三、组装驱动电机

1）两人合作操作，一人扶稳驱动电机，另一人将驱动电机后端盖放置于驱动电机后部。

2）旋转驱动电机后端盖，对齐安装螺纹孔。使用橡胶锤轻击驱动电机后端盖表面，使其贴紧驱动电机后端盖，如图 3-1-37 所示。

3）安装驱动电机吊耳及其固定螺栓，使用 10mm 套筒、棘轮扳手组合工具旋入驱动电机吊耳固定螺栓并紧固，如图 3-1-38 所示。

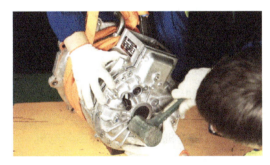 

图 3-1-37　后端盖紧固　　　　　　　　图 3-1-38　吊耳安装

4）安装驱动电机线束支架及其固定螺栓，使用 8mm 套筒、棘轮扳手组合工具旋入支架固定螺栓并紧固。

5）旋入驱动电机前端盖固定螺栓，使用 8mm 套筒、接杆、棘轮扳手组合工具旋紧前端盖固定螺栓，并使用扭力扳手按照对角线顺序紧固驱动电机前端盖固定螺栓（标准力矩为 30N·m）。

四、复位工作

1）组装驱动电机和减速器总成，如图 3-1-39 所示。

2）安装前驱动桥，如图 3-1-40 所示。

图 3-1-39　驱动电机和减速器总成组装

图 3-1-40　前驱动桥安装

3）安装动力电池总成，降低车辆至合适位置。
4）装复车辆，起动车辆，检查车辆情况。

五、整理清洁

按照 7S 管理标准，整理工具和场地。

任务练习

一、选择题

1. 无刷直流电机主要由壳体、定子、转子、（　　　）和温度传感器组成。
   A. 换向器　　　　　B. 主磁极　　　　　C. 电刷　　　　　D. 霍尔元件
2. 霍尔传感器包括（　　　）、霍尔 IC、线性霍尔 IC 几部分。
   A. 永磁体　　　　　B. 绕组　　　　　C. 旋转变压器　　　　　D. 霍尔元件
3. 新能源汽车驱动电机主要有直流电机、交流感应电机、永磁同步电机、开关磁阻电机几种类型，目前（　　　）在新能源汽车上的应用较为广泛。
   A. 直流电机　　　　B. 交流感应电机　　C. 永磁同步电机　　D. 开关磁阻电机
4. 新能源汽车所采用的驱动电机最高转速可以达到 8000～12000r/min，通过采用（　　　）作为电机外壳的途径可以减小驱动电机整体质量，在一定程度上能够延长车辆续驶里程。
   A. 铸铁　　　　　　B. ABS 工程塑料　　C. 铝合金　　　　　D. 高级铸铁

二、判断题

1. 在车辆驱动行驶时，驱动电机起到发电机的作用。　　　　　　　　　　　（　　）
2. 电机在额定状态下运行时，其轴上所能输出的机械功率称为额定功率。　（　　）
3. 驱动电机中的温度传感器用来监测电机温度，并将监测到的温度发送给驱动电机控制器，最终控制电子水泵、电子节温器及电子风扇，给驱动电机降温。　　　（　　）
4. 在车辆减速或制动时，驱动电机起到发电机的作用。　　　　　　　　　　（　　）

三、简答题

简述旋转变压器的作用。

任务二 电机控制器检测维修

一辆行驶 50000km 的比亚迪 e5 纯电动汽车被拖送至 4S 店进行维修，车主反映该车涉水后无法起动。维修接待人员试车后发现车辆上电指示灯不亮、动力系统故障警告灯点亮且仪表信息区域显示动力系统故障。维修技师分析后认为故障原因可能为电机控制器损坏，现需要检修。请你在学习电机控制器相关知识之后，安全规范地完成检修任务。

学习目标

1）能准确描述电机控制器的应用。
2）能准确列举电机控制器的组成部件并说出各部件的作用。
3）能准确说出电机控制器的工作原理。
4）能分析电机控制器常见故障的原因及检修方法。
5）能掌握电机控制器的检测要点，并规范地完成实训操作。

知识储备

电机控制器响应并反馈整车控制器根据驾驶员意图发出的各种指令，实时调整驱动电机输出以实现控制驱动电机的转速、转向和通断。电机控制器的另一个重要功能是通信和保护，实时进行状态和故障检测，保证驱动电机系统和整车安全可靠运行。电机控制器一般与驱动电机相连，安装在汽车的前机舱内。

一、电机控制器的应用

电机控制器与驱动电机必须配套使用，目前电机控制器对驱动电机的转矩主要通过电压和电流的调节实现；调速主要根据频率的改变实现，这主要取决于所选用的驱动电机的类型。

1）直流无刷电机驱动电机控制器：一般采用脉宽调制 PWM 斩波控制方式，控制技术简单成熟、成本低，但效率低、体积大。

2）交流感应电机驱动电机控制器：采用 PWM 方式实现高压直流到三相交流的电源变换，采用变频调速方式实现电机调速，通过矢量控制或直接转矩控制的策略来实现电机转矩控制的快速响应。

3）交流永磁电机驱动电机控制器：包括正弦波永磁同步电机驱动系统和梯形波直流

无刷电机驱动系统,其中正弦波永磁同步电机控制器采用PWM方式实现高压直流到三相交流的电源变换,采用变频调速方式实现电机调速;梯形波直流无刷电机控制通常采用弱磁调速方式实现电机的控制。由于正弦波永磁同步电机驱动系统低速转矩脉动小,且高速恒功率区调速更稳定,比梯形波直流无刷电机驱动系统具有更好的应用前景。

4)开关磁阻电机驱动电机控制器:一般采用模糊滑模控制方法。

二、电机控制器的组成

电机控制器主要由功率模块、驱动操作模块、中心操控模块、传感器、电子控制器组成。但不同车型搭载的电机控制器在结构组成上会有区别。

1. 功率模块

功率模块是一种起逆变和整流作用的变压器,它相当于逆变器和整流器的集成装置,其功能是接收动力电池输送过来的直流电电能,逆变成三相交流电给驱动电机提供相应的工作电源。功率模块中常选用的功率器材主要有MOSFET、GTO、IGBT等,其中,IGBT是目前使用较多的功率器材。

2. 驱动操作模块

驱动操作模块将中心操控模块的指令转换成对逆变器中可控的通断指令,并作为维护装置,具有过电压、过电流等异常情况的监测维护作用。

3. 中控模块（ECU）

中控模块包含PWM波生成电路、复位电路、传感器信号处理电路、交互电路等。中控模块对外经过接口得到整车上其他部件的指令和状况信息,对内把翻译过的指令传递给逆变器驱动电路,并起检测操控作用。比如中控模块中的泄放模块在整车或者控制器发生碰撞等异常紧急情况时,能够迅速地将储存高压器件的能量快速泄放（国标规定3s内）,以防止人员触电造成二次伤害等危险。

4. 传感器

电机控制器中应用到的传感器包括电流传感器、电压传感器、温度传感器、电机转轴角方位传感器等,根据规划要求增减。

5. 电子控制装置

电子控制装置主要通过电流传感器、电压传感器、温度传感器来监测和调整电机运行状态,并根据相应参数进行电压、电流的调整控制,以实现对驱动电机的转速、转矩和功率的控制。

三、电机控制器的工作原理

电机控制器的电子控制装置根据电流传感器、电压传感器、温度传感器来进行驱动电机运行状态的监测,并根据相应参数对驱动电机进行电压、电流的调整控制,以实现对驱动电机转矩、转速和方向的控制。电机控制器输出频率和幅值可变的三相交流电供给驱动电机定子绕组，形成磁场转动速度和磁场强度可变的旋转磁场。电机控制器还具有自诊断功能，当电机出现异常时将会激活一个错误代码并发送给整车控制器（VCU），并储存该故障码和相关数据。

1. 驱动过程中电机控制器的工作原理

当电机驱动车辆前行或倒退时，动力电池通过高压控制盒将高压直流电输送到电机控制器，电机控制器将动力电池的高压直流电逆变为三相交流电，供给驱动电机驱动车辆，如图 3-2-1 所示。

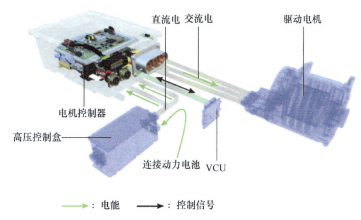

图 3-2-1　电机控制器的工作过程

在车辆驱动过程中，电机控制器主要起逆变作用，其逆变电路主要由动力电池、绝缘栅双极型晶体管 IGBT1~IGBT6、电机、整车控制器（VCU）等组成。其中，中控模块（ECU）控制 IGBT 的导通和截止。当 ECU 控制 IGBT3 和 IGBT5 导通时，动力电池电流从电池正极流经 IGBT3 到驱动电机，从 W 相进、从 V 相出，通过 IGBT5 回到动力电池负极形成回路，在驱动电机 W 相、V 相产生磁场，如图 3-2-2 所示（以比亚迪 e5 车型电路图为例）。

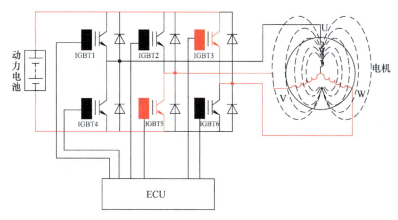

图 3-2-2　IGBT3 和 IGBT5 导通

当中 ECU 控制 IGBT1 和 IGBT6 导通时，动力电池电流从电池正极流经 IGBT1 到驱动电机，从 U 相进、从 W 相出，通过 IGBT6 回到动力电池负极形成回路，在驱动电机 U 相、W 相产生磁场，如图 3-2-3 所示。

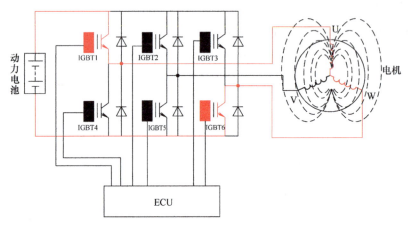

图 3-2-3　IGBT1 和 IGBT6 导通

当 ECU 控制 IGBT2 和 IGBT4 导通时，动力电池电流从电池正极流经 IGBT2 到驱动电机，从 V 相进、从 U 相出，通过 IGBT4 回到动力电池负极形成回路，在驱动电机 V 相、U 相产生磁场，如图 3-2-4 所示。

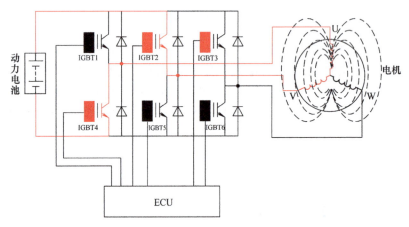

图 3-2-4　IGBT2 和 IGBT4 导通

如此连续不断的导通变化，在驱动电机绕组中形成连续的旋转磁场，根据电机原理，转子在旋转磁场作用下形成旋转转矩。此外，改变 IGBT1~IGBT6 的触发信号频率和时间，就能改变逆变器输入驱动电机定子绕组电流空间相量的相位和幅值，以适应驱动电机的驱动需要。

2. 能量回收过程中电机控制器的工作原理

当车辆减速或制动时，驱动电机转变为发电机，向电机控制器输送三相交流电，电机控制器将驱动电机输送过来的三相交流电整流成稳定的直流电，再通过高压控制盒输送到动力电池，为动力电池充电，如图 3-2-5 所示。

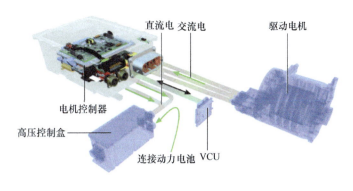

图 3-2-5　电机控制器的整流过程

在车辆能量回收过程中,电机控制器主要起整流作用,其整流电路主要由动力电池、二极管 IGBT1~IGBT6、电机、中控模块(ECU)等组成。电机控制器主要是利用其二极管的单向导电性能,将电机的三相交流电整流为直流电,如图 3-2-6 所示。

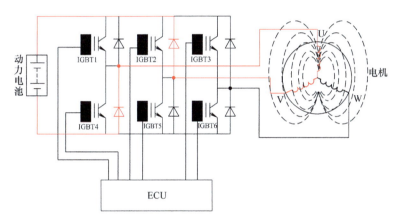

图 3-2-6　电机控制器的整流原理

3.电机状态监测

（1）温度监测

温度监测分为对电机的温度监测和对电机控制器的温度监测,并通过 CAN 总线与整车控制器通信。

驱动电机温度传感器检测到电机的绕组温度,并将温度信息传送给电机控制器,当控制器监测到驱动电机温度传感器显示温度范围为 120~140℃时,降功率运行；温度 ≥ 140℃时,功率降至 0,即停机。

电机控制器内部的温度传感器用以检测电机控制系统的工作温度。当控制器监测到电机控制器温度 ≥ 85℃时,执行超温保护,即停机。当控制器监测到电机控制器温度在 75~85℃之间时,降功率运行。

（2）电流监测

电机控制器通过其内部 4 个电流传感器,对驱动电机工作的实际电流进行监测（包括母线电流、三相交流电流），如图 3-2-7 所示。

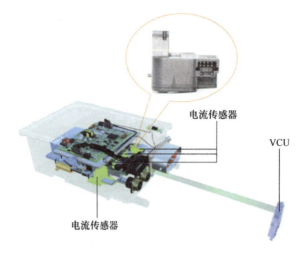

图 3-2-7　电机控制器的电流传感器

（3）电压监测

电机控制器内部的电压传感器，对电机控制器工作的实际电压进行监测（包括动力电池电压、低压蓄电池电压），如图 3-2-8 所示。

图 3-2-8　电机控制器的电压传感器

四、电机控制器的检修

1. 故障现象

电机控制器存在故障时会导致电机不能正常运转，使车辆失去动力；同时位于车辆仪表盘上的动力系统故障指示灯 将点亮。

2. 故障原因

电机控制器常见的故障原因是控制器本身的故障。

3. 检修方法

（1）外观检查

检查电机控制器外观是否破损，连接线束是否连接可靠。

（2）读取故障码

使用故障诊断仪读取故障码，电机控制器可能存在的故障码见表 3-2-1。

表 3-2-1 电机控制器相关的故障码

故障码（DTC）	故障描述	可能发生部位
PIB00-00	IPM 故障	电机控制器
PIB01-00	旋变故障	MG2 电机线束，插接件
PIB02-00	欠电压保护故障	电机控制器
PIB03-00	主接触器异常故障	电机控制器 动力电池管理器 高压配电箱
PIB04-00	过电压保护故障	电机控制器
PIB05-00	IPM 散热器过温故障	电机控制器
PIB06-00	档位故障	档位管理器 电机控制器/线束
PIB07-00	加速踏板异常故障	加速踏板深度传感器回路
PIB08-00	电机过温故障	制动踏板深度传感器回路
PIB09-00	驱动电机过温故障	MG2 电机
PIB0A-00	缺相故障	电机控制器、线束
PIB0B-00	EEPROM	

（3）故障检测

1）电机控制器与搭铁检测。电机控制器电路原理如图 3-2-9 所示。使用万用表测量线束端插接器各端子间的电压或电阻，当电压检测值在 11～14V 或线束端插接器各端子间的电阻小于 1，表明线束端插接器各端子良好。

2）电机控制器 CAN 通信电路检测。使用万用表测量 CAN-H 和 CAN-L 信号电压是否在正常范围内，并使用示波器读取 CAN 波形查看波形是否正常。

3）电机控制器绝缘检测。使用数字兆欧表检测电机控制器输入高压线束绝缘是否正常。

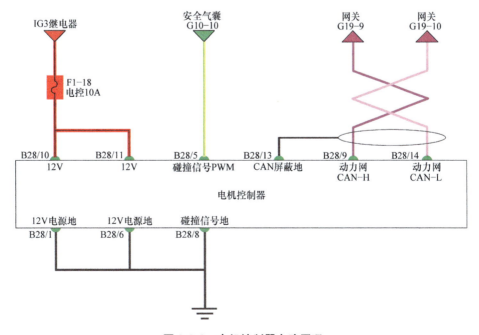

图 3-2-9 电机控制器电路原理

实训演练

电机控制器检测

请扫描二维码,查看"电机控制器检测"技能视频,结合视频内容及相关资料,规范地完成驱动电机控制器检测实训。

实训工具与准备:

1)工具:世达 68 件绝缘工具套件、世达 150 件工具套装、橡胶手套、万用表、兆欧表等。

2)设备:比亚迪 e5 整车。

3)资料及耗材:比亚迪 e5 维修手册、教材及学习工作页、抹布等。

一、实训前准备

1)铺设车内防护三件套。

2)铺设车外防护三件套。

二、电机控制器高压线束绝缘检测

1. 维修开关拆卸

1)断开低压蓄电池负极,如图 3-2-10 所示。

2)进入车内抬起中控储物盒盖板,使用十字螺钉旋具拆卸中控台储物盒 4 颗自攻螺钉,取出储物盒,断开储物盒线束插接器,取下储物盒,如图 3-2-11 所示。

图 3-2-10 断开蓄电池负极　　　　图 3-2-11 拆卸储物盒线束插接器

⚠ **注意事项**:拆卸低压蓄电池负极之后,需等待 15min,待车上电容元件放电完成才能进行后续操作。

3)佩戴绝缘手套,如图 3-2-12 所示。

4)松开动力电池维修开关,拔出维修开关,如图 3-2-13 所示。

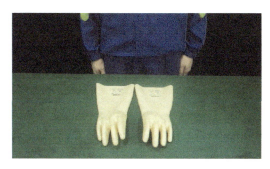
图 3-2-12　佩戴绝缘手套

图 3-2-13　断开维修开关

2. 高压验电盖拆卸

1）使用十字套筒、接杆、棘轮扳手组合工具拆卸充配电总成验电盖的 5 颗固定螺栓，如图 3-2-14 所示。

2）使用 TS25 内五角套筒、接杆、棘轮扳手组合工具拆卸充配电总成验电盖的 1 颗定位螺栓，如图 3-2-15 所示。

图 3-2-14　验电盖固定螺栓拆除

图 3-2-15　验电盖定位螺栓拆除

3）用手旋出验电盖 6 颗固定螺栓，取下验电盖。

3. 高压验电

1）取出万用表进行校表，确保万用表能正常使用。

2）将数字万用表调至直流电压档。

3）将万用表红黑表笔分别连接至充配电总成高压输出端子，检测充配电总成内部残余电量。若测量值大于 0V，应静止 15min 后再次测量，确认正负极端子之间电压值为 0V 才能进行下一步操作，如图 3-2-16、图 3-2-17 所示。

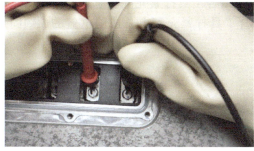
图 3-2-16　高压输出端子测量

图 3-2-17　高压输出端子电压读取

4. 电机控制器高压线束拆卸

1）先后使用 10mm 套筒、接杆、棘轮扳手组合工具拆卸电机控制器高压母线端子的 4 颗固定螺栓，并使用吸棒将其取出。

2）拔出正、负极电机控制器高压母线。

5. 电机控制器高压线束绝缘检测

1）取出数字兆欧表，将黑表笔夹至充配电总成搭铁线束，红表笔连接电机控制器高压线束正极端子，如图 3-2-18、图 3-2-19 所示。

图 3-2-18　数字兆欧表黑笔连接搭铁

图 3-2-19　数字兆欧表红笔连接正极

2）调整测试档位至 1000V 测试档，打开测试按钮开始测试，等待数值稳定后记录数值，若测量值与标准数值（>20MΩ）不符，则说明电机控制器存在绝缘故障，需进一步检修。

3）以同样方法检测电机控制器负极端子绝缘值。

6. 电机控制器高压线束安装

1）依次安装负、正极电机控制器高压母线至正确位置，如图 3-2-20 所示。

2）依次使用 10mm 套筒、接杆、棘轮扳手组合工具安装电机控制器高压母线端子的 4 颗固定螺栓。

7. 高压验电盖安装

1）安装充配电总成验电盖。

图 3-2-20　负、正极电机控制器高压母线安装

2）用手旋入充配电总成验电盖的 6 颗固定螺栓后使用 TS25 内五角套筒、接杆、棘轮扳手组合工具拧紧充配电总成验电盖的 1 颗定位螺栓，使用十字套筒、接杆、棘轮扳手组合工具拧紧充配电总成验电盖的 5 颗固定螺栓。

8. 维修开关安装

1）安装动力电池维修开关。

2）安装储物盒线束插接器，使用十字螺钉旋具安装中控台储物盒的 4 颗自攻螺钉。最后放下中控台储物盒盖板。

三、电机控制器低压电路检测

1. 电机控制器双路电电路检测

1)断开电机控制器低压线束插接器。

2)在打开车辆电源开关,取出万用表校表检查,确认万用表正常可用后将万用表调整至直流电压测试档。

3)将红表笔连接电机控制器 B28 的 10 号针脚,黑表笔连接车身搭铁,待万用表数值稳定后记录测得的电压值。若测量值与标准数值(11~14V)不符,则需进行线路导通性测试,确认是否存在断路故障,如图 3-2-21 所示。

4)以同样方法检测电机控制器 B28 的 11 号针脚,如图 3-2-22 所示。

图 3-2-21　连接 10 号针脚　　　　　　　图 3-2-22　连接 11 号针脚

2. 电机控制器动力 CAN 网检测

1)将红表笔连接电机控制器 B28 的 9 号针脚,黑表笔连接车身搭铁,测量其 CAN-H 电压值。等数值稳定后读取电压值,若电压值不在标准值范围(2.5~3.5V)内,需检测相关线路,如图 3-2-23 所示。

2)将万用表红表笔连接电机控制器 B28 的 14 号针脚,黑表笔连接车身搭铁,测量其 CAN-L 电压值。等数值稳定后读取电压值,若电压值不在标准值范围(1.5~2.5V)内,需检测相关线路,如图 3-2-24 所示。

图 3-2-23　连接 9 号针脚　　　　　　　图 3-2-24　连接 14 号针脚

3. 电机控制器碰撞信号电路检测

将红表笔连接电机控制器 B28 的 5 号针脚,黑表笔连接车身搭铁,待万用表数值稳定后记录测得的电压值。若测量值与标准数值（8V）不符，则需进行线路导通性测试，确认是否存在断路故障，如图 3-2-25 所示。

4. 电机控制器搭铁电路检测

1）关闭车辆电源开关后，将万用表调整至电阻测试档。

2）将红表笔连接电机控制器 B28 的 8 号针脚，黑表笔连接车身搭铁，待万用表数值稳定后记录测得的电阻值。若测量值与标准数值（<1Ω）不符，则说明存在搭铁断路故障，需进行维修，如图 3-2-26 所示。

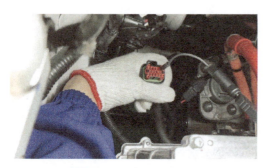

图 3-2-25 连接 5 号针脚

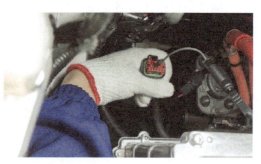

图 3-2-26 连接 8 号针脚

3）以同样方法依次将红表笔连接到电机控制器 B28 的 1 号和 6 号针脚，黑表笔始终与车身搭铁相连，分别记录测得的电阻值。若测量值与标准数值（<1Ω）不符，则说明存在搭铁断路故障，需进行维修。

4）依次安装电机控制器低压线束插接器和低压蓄电池负极。

四、整理清洁

按照 7S 管理标准，整理工具和场地。

任务练习

一、选择题

1.（　　）实现了交流电机磁通和转矩的解耦控制，使交流传动系统的动态特性有了显著的改善。

A. 矢量控制　　　　B. 自适应控制　　　　C. 效率优化控制　　　　D. 变极控制

2. 交流感应电机驱动电机控制器采用（　　）方式实现电机调速。

A. 脉宽调制 PWM 斩波控制　　　　B. 变频调速

C. 弱磁调速　　　　D. 以上都不是

3.（　　）是一种起逆变和整流作用的变压器，相当于逆变器和整流器的集成装置。

A. 功率模块　　　　B. 驱动操作模块　　　　C. 中控模块　　　　D. 电子控制装置

二、判断题

1. 当车辆减速或制动时，驱动电机转变为发电机。（   ）
2. 当控制器监测到驱动电机温度传感器显示温度≥140℃时，降功率运行。（   ）
3. 当电机驱动车辆前行或倒退时，动力电池通过高压控制盒将高压直流电流向电机控制器，电机控制器将动力电池的高压直流电逆变为三相交流电，供给驱动电机驱动车辆。
（   ）

三、简答题

简述驱动电机控制器的组成。

任务三　驱动电机减速机构检测维修

一辆行驶了 50000km 的比亚迪 e5 纯电动汽车被拖送至 4S 店进行维修，车主反映该车行驶过程中有异响。维修人员试车一段时间后发现减速器总成温度偏高，维修技师分析后认为可能是减速机构出现故障导致的，需要维修。请你学习驱动电机减速机构的相关知识，安全规范地完成检修任务。

学习目标

1）能准确说明减速机构的功能。
2）能准确列举减速机构的类型。
3）能准确描述典型减速机构的组成及特点。
4）能掌握驱动电机减速机构检测与维修的要点，并规范地完成实训操作。

知识储备

新能源汽车减速机构与驱动电机的输出端相连接，安装于驱动桥上，如图 3-3-1 所示。它可以将电机的驱动转矩传输给汽车的驱动轴，从而带动汽车车轮行驶。

一、驱动电机减速机构的功能

减速机构主要有三种功能，分别是动力合成、分解以及提高汽车的经济性能。

图 3-3-1　减速机构的安装位置

1. 动力合成功能

减速机构的动力合成功能要求能够有效地合成多个动力源输出，以满足汽车的电力动能与燃油动能的要求。因为电力动力与燃油动力的特征不同，在动力合成的过程中各个动力源不能相互干涉，并根据汽车的做功情况采用不同的驱动技术来输出动力。

2. 动力分解功能

新能源汽车在行驶的过程中，要能够自行对动力电池进行充电，在汽车行驶的过程中需要对动力进行分解，一部分用于发电机发电，给动力电池充电，一部分用于驱动车辆行驶。

3. 提高汽车的经济性能

减速机构能够控制发动机的负载和转速，使汽车能够保持均匀的动力，保证发动机在合理的区域工作，提高汽车的经济性能。

二、驱动电机减速机构的类型

根据新能源汽车的结构特点及工作特性，可以将减速机构分为齿轮式驱动电机减速机构、电磁式驱动电机减速机构和液压式驱动电机减速机构。

1. 齿轮式驱动电机减速机构

齿轮式驱动电机减速机构主要以齿轮式机械动力耦合为主，一般采用行星齿轮耦合机构。它主要有两个自由的旋转速度，太阳轮、行星轮以及齿圈在工作的过程中，能够以不同的速度旋转，以便于有效地对汽车的动力进行分配与汇聚，实现混合动力的节能效果。

随着科学技术的发展，齿轮式驱动电机减速机构从最早的单排行星齿轮减速机构逐步发展出现了双排双模、三排行星齿轮动力耦合技术，并在很多混合动力汽车上得到了应用。齿轮式驱动电机减速机构的系统结构比较复杂，在技术实现上控制难度较大，而且受机械加工工艺与制造精度的限制，以及新材料的研制与控制技术的落后等原因的影响，致使齿轮式驱动电机减速机构的应用存在瓶颈。

2. 电磁式驱动电机减速机构

电磁式驱动电机减速机构主要采用的是非接触式动力耦合技术，运用电磁力对动力系统进行耦合。根据其工作方式的不同，可以将电磁式驱动电机减速机构分为串联式电磁驱动电机减速机构与双转子电磁驱动电机减速机构。

3. 液压式驱动电机减速机构

液压式驱动电机减速机构由液压变量电机、液压变量泵、高压蓄能器等组件构成，此类型的减速机构具有良好的制动能量回收、发动机驱动等性能。在液压驱动电机减速机构中，液压油是液压混合动力的驱动介质，动力的聚合与分配是通过液压介质的控制来实现的。

三、典型驱动电机减速机构

虽然减速机构有多种类型，每种类型又具有各自的特点，但目前新能源汽车上较常使用的是齿轮式驱动电机减速机构，故本节重点介绍此类型的减速机构。按照布置形式的不同，齿轮式驱动电机减速机构可以分为平行轴式驱动电机减速机构、行星齿轮式驱动电机减速机构和纯电动汽车二级机械减速装置。

1. 平行轴式驱动电机减速机构

平行轴式驱动电机减速机构主要由左箱体、右箱体、主动齿轮、中间齿轮、从动齿轮、中间轴组件、输入轴组件和差速器组件组成，其结构如图3-3-2所示。

平行轴式齿轮减速机构一般为简单的两轴式，主要由输入轴组件和输出轴组件组成，主减速器总成主要由主减速器和差速器总成组成。一般左半轴齿轮与右半轴齿轮分别连接发电机与电动机，主减速器的主动齿轮固定在发动机的输出轴上，主减速器的从动齿轮与主减速器的主动齿轮

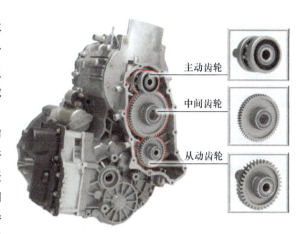

图3-3-2 平行轴式减速机构组成

啮合连接，且通过十字轴带动行星轮，电机连接驱动桥，驱动车轮行驶。

2. 行星齿轮式驱动电机减速机构

齿轮是减速机构的重要零部件之一，其主要作用用来传输转矩和动力，并改变车辆的速度和方向。它是传输或增加转矩的一种装置。

行星齿轮式驱动电机减速机构由单个行星齿轮机构或多个行星齿轮机构组成，每个行星齿轮机构主要由1个太阳轮、1个齿圈、1个行星架及支承在行星架上的几个行星轮组成，如图3-3-3所示。

图3-3-3 行星齿轮式减速机构的结构

行星齿轮机构中的太阳轮、齿圈及行星架有一个共同的固定轴线，行星轮固定于行星架的行星轮轴上，并同时与太阳轮和齿圈啮合。当行星齿轮机构运转时，空套在行星架上的行星轮轴上的几个行星轮一方面可以绕着自己的轴线旋转，另一方面又可以随着行星架一起绕着太阳轮回转，就像天上的行星那样运动，兼有自转和公转两种运动状态。在行星

排中具有固定轴线的太阳轮、齿圈和行星架称为行星排的 3 个基本元件。

（1）太阳轮

与太阳位于太阳系中心一样，太阳轮位于齿轮系的中心，其他齿轮围绕其旋转。太阳轮和行星轮常啮合，两个外齿轮啮合，旋转方向相反。

（2）行星架及行星轮

行星轮安装在行星架上，并围绕太阳轮旋转，类似于太阳系中行星围绕太阳运转。行星轮由行星架的固定轴支承，允许行星轮在支承轴上转动，行星轮和相邻的太阳轮、齿圈总是处于常啮合状态，通常都采用斜齿轮，以提高工作的平稳性。

（3）齿圈

齿圈环绕整个齿轮系，其齿轮在内部直径上切割而出，与行星轮处于常啮合状态。

3. 二级机械减速装置

纯电动汽车机械减速装置与驱动电机的输出端相连接，安装于驱动桥上。它可以将电机的驱动转矩传输给汽车的驱动轴，从而带动汽车车轮行驶。

（1）二级机械减速装置的组成

纯电动汽车的机械减速装置大多采用固定传动比的二级减速器，即主要由主减速器和差速器总成组成。主减速器和差速器总成的主要部件有箱体（左右箱体）、输入轴组件、中间轴组件、差速器组件等，如图 3-3-4 所示。

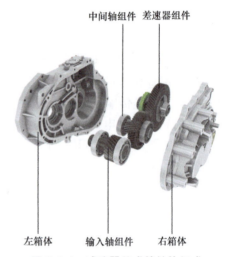

图 3-3-4　减速器总成的结构组成

（2）二级机械减速装置的作用

机械减速装置的作用主要体现在以下两方面：

1）将驱动电机的输出转速降低、转矩升高，并传递给汽车驱动轴，以实现整车对驱动系统的转矩、转速需求，最终带动车辆行驶。

2）通过齿轮改变转矩的传递方向，通过差速器实现两侧车轮转速差，保证内、外侧车轮以不同转速滚动而非滑动。

（3）二级机械减速装置的工作过程

在纯电动汽车工作过程中，主减速器和差速器总成的输入轴组件接收驱动电机的驱动力，经一级减速器将驱动力传递给中间轴组件，从中间轴组件经二级减速器传递给差速器，差速器将转速分配后传递给两侧车轮带动汽车行驶。

四、驱动电机减速机构的检测

驱动电机减速机构的检修主要包括基本检查和在线检测两种。

1. 基本检查

减速机构的基本检查主要包括外观检查，主、从动齿轮检查，轴承检查和变速器油检查。

（1）外观检查

举升车辆查看减速机构是否有漏油、裂纹及其他明显损伤，若有，应及时更换新件。

（2）主、从动齿轮检查

1）外观检查：检查主、从动齿轮前，需将齿轮表面清洁干净，再检查齿轮的磨损程度。若齿面有轻微擦伤或毛刺，可修磨后再使用；若主动齿轮表面过度磨损，应更换新件；若主动齿轮和从动齿轮疲劳性剥落，轮齿损坏超过齿长的1/5和齿高的1/3，主动齿轮和从动齿轮应成对更换，不可新旧搭配使用。

2）啮合印痕检查与调整：主、从动齿轮的啮合印痕大小和位置会影响主、从动齿轮传递的作用力和力矩，进而影响到减速机构的使用寿命。

检查主、从动齿轮的啮合印痕时需在齿轮每隔120°的3处齿面的正面薄涂一层红丹油。接着对从动齿轮稍加阻力并正、反向转动主动齿轮，观察从动齿轮的啮合印痕。正常的啮合印痕接触面应位于齿高的中部，并占齿宽60%以上。若接触面不良，则说明啮合印痕调整不当，要重新调整垫片厚度或调整螺母，使其达到正常标准。

3）间隙检查与调整：检查主、从动齿轮的间隙时，需将装有百分表的支架固定在主减速器箱体上，用百分表触针抵在从动齿轮正面处，沿圆周均布不少于4个齿进行测量，使百分表有一定的预压量。用手握住主动齿轮往复转动从动齿轮，此时百分表上显示的数值即主、从动齿轮的啮合间隙。

不同车型规定的正常啮合间隙不同，得到检测数据后需查阅相关资料。若啮合间隙不合规则需调整，可通过调整螺母或增减垫片使啮合间隙达到规定值。需要注意的是，调整时不能改变已调好的圆锥面轴承预紧度，两侧调整螺母或调整垫片需等量旋出或旋入。

（3）轴承检查

检查轴承内座圈、外座圈或滚柱是否有磨损，磨损间隙是否过大，若有磨损或磨损间隙过大，需更换新件。检查支架是否有裂纹、产生变形，若有，需更换新件。转动轴承，正常情况下轴承应转动自如，不应有受阻的感觉。若转动时有受阻感，需对轴承的预紧度进行调整，调整可通过调整垫片厚度或调整螺母进行。需要注意的是，在对减速机构进行检修、调整时，应首先检查、调整轴承的预紧度，再进行主、从动齿轮啮合印痕和啮合间隙的检查与调整。

2. 在线检测

汽车起动后连接诊断仪读取减速机构的相关数据流，根据数据流分析电机驱动系统的工况，需要读取的主要数据有节气门位置、当前档位、TCU计算车速、蓄电池电压、冷却液温度、发动机转速、离合器位置、促动器位置等。

实训演练

驱动电机减速机构检测维修

请扫描二维码，查看"驱动电机减速机构检测维修"技能视频，结合视频内容及相关资料，规范地完成驱动电机减速机构检测维修的检修实训。

> **实训工具与准备：**

1）工具：世达 100 件工具套装、钢直尺、清洁刷、润滑油、螺纹胶、游标卡尺等。
2）设备：比亚迪 e5 驱动电机及减速器台架。
3）资料及耗材：比亚迪 e5 维修手册、教材及学习工作页、抹布等。

一、实训前准备

1）穿戴好个人防护用品。
2）准备好实训所需设备及工具。

二、驱动电机减速机构拆卸

1. 差速器半轴、输入轴拆卸

1）使用头部包裹胶带的一字螺钉旋具依次拆卸差速器左侧半轴挡圈和密封圈。
2）将差速器左侧半轴用抹布包裹后，再使用管钳进行固定。
3）使用 6 号内六角套筒、接杆、棘轮扳手组合工具拆卸差速器半轴固定螺栓，如图 3-3-5 所示。
4）松开管钳，并取下抹布。
5）取下左侧差速器半轴，并放置于合适位置。
6）以同样方法拆卸右侧差速器半轴。
7）使用头部包裹胶带的一字螺钉旋具拆卸输入轴密封圈。
8）使用头部包裹胶带的一字螺钉旋具拆卸减速器与驱动电机结合密封圈，如图 3-3-6 所示。

图 3-3-5　拆卸差速器半轴固定螺栓　　　图 3-3-6　拆卸减速器与驱动电机结合密封圈

2. 减速器前后箱体分离

1）使用 10mm 套筒、接杆、指针式扭力扳手组合工具，按对角线顺序预松差速器的 6 颗固定螺母。
2）使用 10mm 套筒、接杆、棘轮扳手组合工具，按同样顺序拆卸差速器的 6 颗固定螺母。
3）取下差速器固定螺母，并妥善放置。

4)使用10mm套筒、接杆、指针式扭力扳手组合工具,按对角线顺序预松减速器内侧13颗固定螺栓。

5)使用10mm套筒、接杆、棘轮扳手组合工具,按同样顺序拆卸减速器内侧13颗固定螺栓。

6)取下减速器内侧13颗固定螺栓,并妥善放置。

7)使用10mm套筒、接杆、指针式扭力扳手组合工具,按对角线顺序预松减速器外侧5颗固定螺栓。

8)使用10mm套筒、接杆、棘轮扳手组合工具,按同样顺序拆卸减速器外侧5颗固定螺栓。

9)取下减速器外侧5颗固定螺栓,并妥善放置。

10)使用头部包裹胶带的一字螺钉旋具轻撬减速器壳体,如图3-3-7所示,将减速器前箱体与后箱体分离。

图3-3-7 轻撬减速器壳体

3.减速器齿轮传动机构拆卸

1)取出磁铁,并妥善放置。

2)取下差速器齿轮轴垫圈,如图3-3-8所示。

3)轻轻晃动,取下差速器齿轮轴,并妥善放置,如图3-3-9所示。

图3-3-8 取下差速器齿轮轴垫圈

图3-3-9 取下差速器齿轮轴

4)使用8mm套筒、接杆、指针式扭力扳手组合工具,预松中间轴的3颗固定螺栓。

5)使用8mm套筒、接杆、棘轮扳手组合工具,拆卸中间轴的3颗固定螺栓。

6)轻轻晃动,取出中间轴,并妥善放置,如图3-3-10所示。

7）使用8mm套筒、接杆、指针式扭力扳手组合工具，预松输入轴的6颗固定螺栓。

8）使用8mm套筒、接杆、棘轮扳手组合工具，拆卸输入轴的6颗固定螺栓。

9）轻轻晃动，取出输入轴，并妥善放置，如图3-3-11所示。

图3-3-10　取出中间轴

图3-3-11　取出输入轴

三、驱动电机减速机构的清洁与检查

1. 驱动电机减速机构的清洁

1）取出油盆和清洁刷。

2）使用清洁刷清洁输入轴，如图3-3-12所示。

3）使用清洁刷清洁中间轴。

4）使用清洁刷清洁差速器齿轮轴。

5）回收油盆和清洁刷。

6）使用铲刀铲除后箱体残余密封胶。

7）使用抹布清洁后箱体密封面。

8）使用铲刀铲除前箱体残余密封胶。

9）使用抹布清洁前箱体密封面。

2. 驱动电机减速机构检查

1）检查输入轴齿轮和轴承是否有缺齿、锈蚀和异常磨损等情况，若有，应更换新的输入轴齿轮，如图3-3-13所示。

图3-3-12　用清洁刷清洁输入轴

图3-3-13　检查输入轴齿轮等磨损情况

2）检查中间轴齿轮和轴承是否有缺齿、锈蚀和异常磨损等情况，若有，应更换新的中间轴齿轮。

3）检查差速器齿轮和轴承是否有缺齿、锈蚀和异常磨损等情况，若有，应更换新的差速器齿轮。

4）检查前箱体外观和轴承外圈是否有损伤，若有，应更换新的前箱体，如图 3-3-14 所示。

5）检查后箱体外观和轴承外圈是否有损伤，若有，应更换新的后箱体。

6）检查减速器与驱动电机结合密封圈是否老化、损坏，若有，应更换新的密封圈，如图 3-3-15 所示。

7）检查左右两侧半轴密封圈和挡圈是否变形、损坏，若有，应更换新的密封圈和挡圈。

8）检查输入轴密封圈是否老化、损坏，若有，应更换新的输入轴密封圈。

图 3-3-14　检查前箱体外观损伤情况

图 3-3-15　检查各密封圈老化情况

四、驱动电机减速机构安装

1. 减速器齿轮传动机构安装

1）在输入轴轴承和后箱体上涂抹润滑油，将输入轴齿轮安装至前箱体内，如图 3-3-16 所示。

2）在输入轴齿轮固定螺栓上涂抹螺纹胶，并用手旋入固定螺栓。

3）使用 8mm 套筒、接杆、棘轮扳手组合工具，安装输入轴齿轮的 6 颗固定螺栓。

4）使用 8mm 套筒、接杆、扭力扳手组合工具，紧固输入轴齿轮的 6 颗固定螺栓至规定力矩。

5）在中间轴轴承和后箱体上涂抹润滑油，将中间轴齿轮安装至前箱体内。

6）在中间轴齿轮固定螺栓上涂抹螺纹胶，并用手旋入固定螺栓。

7）使用 8mm 套筒、接杆、棘轮扳手组合工具，安装中间轴齿轮的 3 颗固定螺栓。

8）使用 8mm 套筒、接杆、扭力扳手组合工具，紧固中间轴齿轮的 3 颗固定螺栓至规定力矩。

9）在差速器齿轮轴轴承和后箱体上涂抹润滑油，将差速器齿轮轴安装至前箱体内。

10）转动齿轮传动机构，如图 3-3-17 所示，检查各齿轮是否啮合到位。

图 3-3-16　输入轴轴承上涂抹润滑油　　　　图 3-3-17　转动齿轮传动机构

2. 驱动电机减速机构的测量调整

（1）测量前箱体结合面至差速器轴承座安装端面的深度

1）将直尺放置于前箱体结合面上，将游标卡尺放置于直尺上，使用游标卡尺深度测量尺测量前箱体结合面至差速器轴承座安装端面的深度，并记录测量数值，如图 3-3-18 所示。

图 3-3-18　测量前箱体结合面至差速器轴承座安装端面的深度

2）调整直尺的位置，使用同样的方式测量前箱体结合面至差速器轴承座安装端面的深度。

3）再次调整直尺的位置，使用同样的方式测量前箱体结合面至差速器轴承座安装端面的深度。

4）确认 3 次测量结果是否偏差在 0.05mm 以内，若是，说明轴承良好；若大于 0.05mm，则需更换轴承。

5）计算出 3 次测量的平均值并记录。

（2）测量差速器齿轮轴至后箱体结合面的高度

1）以同样方法测量差速器齿轮轴至后箱体结合面的高度。

2）确认 3 次测量结果是否偏差在 0.05mm 以内，若是，说明轴承良好；若大于 0.05mm，则需更换轴承。

3）计算出 3 次测量的平均值并记录。

（3）确认差速器轴调整垫片的厚度

使用测量的前箱体结合面至差速器轴承座安装端面的深度，减去差速器齿轮轴至后箱体结合面的高度，所得数值即为差速器轴调整垫片的厚度，标准见表 3-3-1。

表 3-3-1　调整垫片规格对照表

标记	厚度 /mm	标记	厚度 /mm
7	0.90	13	1.20
8	0.95	14	1.25
9	1.00	15	1.30
10	1.05	16	1.35
11	1.10	17	1.40
12	1.15	18	1.45

3. 减速器前后箱体安装

1）在减速器箱体结合面均匀涂抹密封胶。

2）将磁铁安装至后箱体上。

3）安装合适厚度的差速器齿轮轴垫圈。

4）将减速器前后箱体合在一起。

5）使用橡胶锤轻轻敲击使箱体结合紧密。

6）用手旋入减速器外侧 5 颗固定螺栓。

7）使用 10mm 套筒、接杆、棘轮扳手组合工具，按对角线顺序拧紧减速器外侧 5 颗固定螺栓。

8）使用 10mm 套筒、接杆、扭力扳手组合工具，紧固减速器外侧 5 颗固定螺栓至规定力矩。

9）用手旋入减速器内侧 13 颗固定螺栓。

10）使用 10mm 套筒、接杆、棘轮扳手组合工具，按对角线顺序拧紧减速器内侧 13 颗固定螺栓。

11）使用 10mm 套筒、接杆、扭力扳手组合工具，紧固减速器内侧 13 颗固定螺栓至规定力矩。

12）用手旋入差速器齿轮轴的 6 颗固定螺栓。

13）使用 10mm 套筒、接杆、棘轮扳手组合工具，拧紧差速器齿轮轴的 6 颗固定螺栓。

14）使用 10mm 套筒、接杆、扭力扳手组合工具，紧固差速器齿轮轴的 6 颗固定螺栓至规定力矩。

4. 差速器半轴安装

1）将左侧差速器半轴安装至差速器上。

2）将差速器左侧半轴用抹布包裹后，再使用管钳进行固定。

3）使用 6mm 内六角套筒、接杆、棘轮扳手组合工具，安装差速器半轴固定螺栓。

4）松开管钳，并取下抹布。

5）安装输入轴密封圈。
6）安装输入轴限位卡簧。
7）以同样的方法安装右侧差速器半轴。

五、整理清洁

按照 7S 管理标准，整理工具和场地。

任务练习

一、选择题

1. 驱动电机减速机构的功能是（　　）。
A. 动力合成　　　　B. 动力分解　　　　C. 提高汽车的经济性　　　　D. 以上都是
2. 根据新能源汽车的结构特点及工作特性，可以将减速机构分为（　　）。
A. 齿轮式驱动电机减速机构　　　　B. 电磁式驱动电机减速机构
C. 液压式驱动电机减速机构　　　　D. 以上都是
3. 纯电动汽车的机械减速装置大多采用（　　）。
A. 固定传动比的二级减速器　　　　B. 手动变速器
C. 主减速器　　　　D. 差速器

二、判断题

1. 减速机构主要有三种功能，分别是动力合成、分解以及提高汽车的经济性能。（　　）
2. 齿轮式驱动电机减速机构目前在新能源汽车上应用较少。（　　）
3. 电磁式驱动电机减速机构主要以齿轮式机械动力耦合为主，一般采用的是行星齿轮耦合机构。（　　）
4. 液压式驱动电机减速机构具有良好的制动能量回收、发动机驱动等性能。（　　）
5. 行星齿轮式驱动电机减速机构的齿轮主要作用是用来传输转矩和动力，并改变车辆的速度和方向。它是传输或增加转矩的一种装置。（　　）

三、简答题

简述二级机械减速装置的作用。

任务四　驱动电机冷却系统检测维修

一辆行驶了 50000km 的比亚迪 e5 纯电动汽车被送至 4S 店进行维修，车主反映该车行驶过程中仪表盘上出现了驱动电机过热的符号。维修人员试车后发现故障确实如此，且冷却风扇高速运转。维修技师分析后认为可能为驱动电机冷却系统出现故障，需要维修。请你学习驱动电机冷却系统的相关知识，安全规范地完成检修任务。

学习目标

1）能准确列举驱动电机冷却系统的类型。
2）能说出驱动电机冷却系统的组成部件及各自的作用。
3）能准确描述驱动电机冷却系统的工作原理。
4）能分析驱动电机冷却系统的检修方法。
5）能掌握冷却系统的检漏、排放及加注要点，并规范地完成实训操作。

知识储备

驱动电机在运行过程中会产生热量而使其温度上升，当温度上升到一定程度时，驱动电机的绝缘材料会发生本质的变化，最终使其失去绝缘能力，同时也会使驱动电机中的金属构件强度和硬度逐渐下降。而且，电机控制器在工作过程中也会产生大量的热使其升温，如果温度过高会导致驱动电机控制器中的半导体结点烧坏、电路损坏，甚至烧坏元器件从而引起电机控制器失效。为了避免新能源汽车驱动系统相关部件因过热而损坏，需要冷却系统对其工作温度进行控制。冷却系统分布在汽车前机舱，通过管路与驱动电机、电机控制器相连，如图 3-4-1 所示。

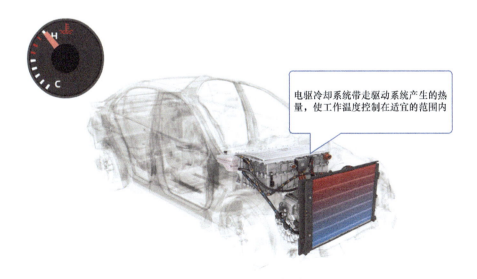

图 3-4-1　冷却系统的位置及作用

一、驱动电机冷却系统的类型

驱动电机在工作时有一部分损耗转变为热量,该热量必须通过电机外壳和周围介质不断地散发出去,散发热量的过程即冷却。驱动电机的冷却方式主要有空气冷却和水冷却两种。

1. 空气冷却

空气冷却是采用空气作为冷却介质的冷却系统,这种冷却系统利用吸入或者压入的冷空气和电机的发热部分接触,进行热交换带走电机的热量实现冷却。空气冷却系统结构简单、费用低廉、维护方便,但是会造成电机的磨损消耗,使电机的效率降低。

2. 水冷却

水冷却是采用冷却液作为冷却介质的冷却系统,这种冷却系统的冷却液在电机内的闭合回路循环,循环的冷却液和电机的发热部分或者机壳接触,把机壳的热量带走,机壳表面可以是光滑的或带肋的,也可以带外罩以改善热传递效果。

水冷却系统冷却效果好、运行噪声低。但其结构复杂、维护复杂,且使用过程中容易产生水垢,空心铜线氧化产生的物质沉积容易造成水路堵塞,使得局部绕组不能得到良好冷却造成过热而烧毁;同时水接头和密封的泄漏也带来了短路和漏电等安全隐患,因此水冷电机的管路堵塞和泄漏成为其致命的弱点。纯电动汽车大多采用水冷却。

二、驱动电机冷却系统的组成

驱动电机冷却系统通常由电子水泵(电动水泵)、节温器、散热器、冷却风扇、储液罐和冷却管路组成,如图 3-4-2 所示。其中有些冷却循环管路要经过电机控制器底部和驱动电机壳体,以便于冷却电机控制器和驱动电机。

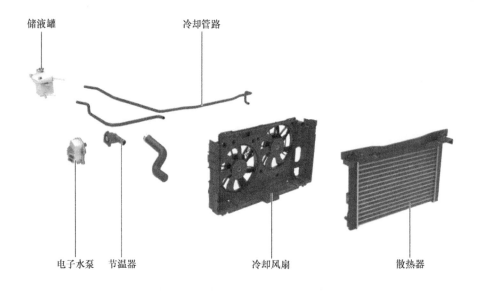

图 3-4-2　冷却系统的组成

1. 电动水泵

电动水泵的作用是对冷却液加压，保证其在冷却系统中循环流动，其结构如图 3-4-3 所示。水泵是整个冷却系统唯一的动力元件，负责为冷却液的循环提供机械能。根据控制方式的不同，电动水泵主要有电磁离合器式电动水泵和电子控制式电动水泵，纯电动汽车上多使用的是电子控制式电动水泵。

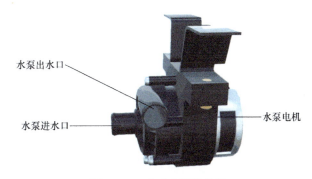

图 3-4-3　电动水泵的结构

2. 散热器

散热器主要由左储水室、右储水室、散热器翼片、散热器芯、进水管接口、出水管接口、放水螺塞以及溢流管接口等部件组成，如图 3-4-4 所示。

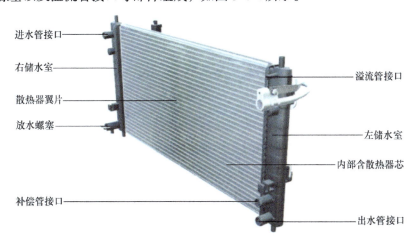

图 3-4-4　散热器结构

按照散热器中冷却液流动的方向不同，可将散热器分为纵流式散热器和横流式散热器两种，如图 3-4-5 所示。

1）纵流式散热器：纵流式散热器的散热器芯垂直布置，芯子上下分别布置了上水室和下水室，因而高度尺寸比较大，在发动机舱盖较低的轿车上布置比较困难。一般货车上多采用纵流式散热器。

2）横流式散热器：横流式散热器的散热器芯水平布置，用左右两侧的水室代替传统的上下水室，冷却液左右流动。这种散热器宽度尺寸较大，芯子正面有效面积增加 10%，从而加大风扇尺寸，得到更多迎风面积，使气流更为流畅。大部分轿车都采用横流式散热器。

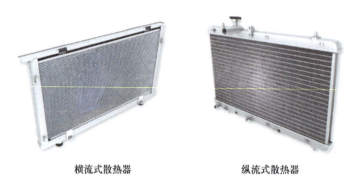

横流式散热器　　　　　　纵流式散热器

图 3-4-5　散热器类型

3. 电动风扇

电动风扇组件位于散热器的内侧，主要由导热罩、电机、冷却风扇等部件组成，如图 3-4-6 所示。电动风扇的作用是提高通过散热器芯的空气流速与流量，增强散热器的散热能力，加速冷却液的冷却。风扇按其结构原理和驱动方式分可分为轴流式电动风扇、离心式电动风扇、机械式风扇和电机驱动式电动风扇。

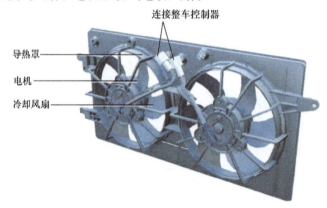

图 3-4-6　电动风扇

4. 储液罐

冷却液储液罐采用特殊塑料制成，有极好的耐化学性、耐腐蚀性，用来储存冷却系统由于热膨胀而多余的冷却液，并在系统工作之初补充冷却液。

5. 冷却循环管路

冷却循环管路多用橡胶制成，可承受 0.3MPa 以上的压力，用以连接冷却系统各部件。

三、驱动电机冷却系统的工作原理

驱动电机系统的冷却系统是先冷却电机控制器再冷却驱动电机，经散热器和相关的冷却循环管路回到储液罐中。一般电机控制器的温度不超过 80℃，驱动电机的温度不超过 120℃。驱动电机冷却系统采用的是强制循环式水冷却，其使用电动水泵提高冷却液的压力，强制冷却液在电动水泵、驱动电机、电机控制器、散热器之间循环流动，通过热交换来降低驱动电机系统主要部件的温度。

具体工作过程如下：电子水泵将储液罐中的冷却液泵入电机控制器；电机控制器对冷却液进行冷却后，冷却液从出水口流入电机外壳水套，吸收电机的热量后冷却液随之升温；随后冷却液从电机的出水口流出经过冷却管路流入散热器，在散热器中冷却液通过流经散热器周围的空气散热而降温；最后冷却液经散热器出水管返回电动水泵，如此往复循环，如图 3-4-7 所示。

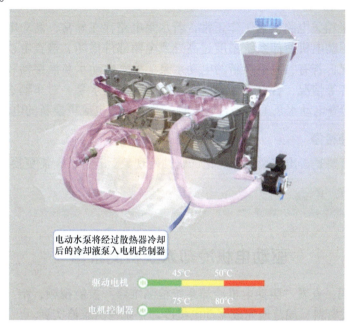

图 3-4-7　驱动电机冷却系统冷却液循环路线

四、驱动电机冷却系统的检测

驱动电机冷却系统的检测主要包括冷却液检查、散热器检修、电动水泵检修和冷却液管路检修。

1. 冷却液检查

（1）检查冷却液液位

正常冷却液液位应位于储液罐的上、下刻度线之间。冷却液过高时应排放出多余的冷却液，过少时应补加相同型号的冷却液。一般不允许将不同型号的冷却液混合使用，以免因加注的冷却液化学成分不同引起不良化学反应，导致冷却液严重变质。

（2）检查冷却液品质

打开储液罐检查冷却液表面是否有油脂、污垢沉淀或是否生锈。检查软管出口是否有腐蚀过后呈现的白色沉积物。若有，则说明需要更换冷却液。

2. 散热器检修

（1）检查散热器的密封性

将散热器测压器加装在储液罐上检测其压力，一般压力值要达到 98kPa，并且压力能够保持 1~2min。若压力达不到要求或压力值虽然能达到要求但立即下降，说明散热器有漏气现象。对于漏气不严重的，可利用锡焊焊修，漏气严重则需更换新件。

（2）检查散热片

检查散热片是否变形，若散热片变形严重会影响散热效果。需用细木棒削成一字形，给变形的散热片整形。

3. 电动水泵检修

检查电动水泵相关电路是否工作正常，若水泵电路存在异常，需对电动水泵相关电路进行检修，以免驱动电机冷却系统温度过高导致电驱部件损坏。检查电动水泵本体是否有裂纹、损坏等情况，若有，应更换新的电动水泵。检查电动水泵插接器和管路接口是否有漏液、插接器损坏等情况，若有损坏应及时更换新的电动水泵。对车辆进行上电，等待电动水泵工作之后检查电动水泵工作是否有异响，若有异响也应更换新的电动水泵。

4. 冷却液管路检修

检查冷却液管路是否出现裂纹、老化、腐蚀等现象。若存在，需更换冷却液管路。

实训演练

驱动电机冷却系统检测维修

请扫描二维码，查看"驱动电机冷却系统检测维修"技能视频，结合视频内容及相关资料，规范地完成驱动电机冷却系统检测维修实训。

实训工具与准备：

1）工具：世达100件工具套装、劳保手套、冰点测试仪、压力测试仪、万用表、水管钳等。

2）设备：比亚迪·秦整车。

3）资料及耗材：比亚迪·秦维修手册、教材及学习工作页、抹布等。

一、实训前准备

1）穿戴好个人防护用品。

2）铺设车内防护三件套。

3）铺设车外防护三件套。

4）检查确认车辆状态正常。

二、驱动电机冷却系统的基本检查

1. 冷却液液位及相关部件检查

1）观察储液罐中冷却液液位，确认液位处于MAX液位和MIN液位之间，若低于最低值，需及时添加冷却液。

2）检查冷却系统相关管路是否有破损，如图 3-4-8 所示。
3）检查冷却水泵及连接管路是否有泄漏、外观损伤现象。
4）转动散热风扇，检查散热风扇是否有卡滞，如图 3-4-9 所示。

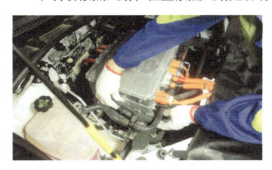

图 3-4-8　检查冷却系统相关管路

图 3-4-9　检查散热风扇

2. 冷却液冰点检测

（1）冰点测试仪校准

1）取出冰点测试仪，并目视检查冰点检测仪外观是否良好。
2）用棉布清洁冰点测试仪折光棱镜。
3）用吸管吸取少量纯净水滴于折光棱镜上，如图 3-4-10 所示，盖上盖板并轻轻按压平，并确保没有气泡。
4）用眼睛在观测口直接观察纯净水的冰点，如图 3-4-11 所示，看其是否正常，若观察口显示的水的冰点与标准值不一致，则需要更换新的冰点检测仪。

图 3-4-10　滴纯净水于折光棱镜上

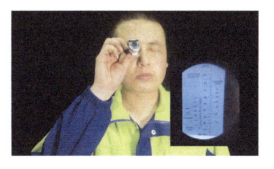

图 3-4-11　盖上盖板并轻轻按压平

注意事项：观测口内部有明显的蓝白分界线，上部为蓝色，下部为白色，冰点的测量结果为分界线对应的刻度。

5）用棉布清洁冰点测试仪折光棱镜上的水，并放回原位。

（2）冷却液冰点检测

1）打开储液罐盖。
2）取出冰点测试仪并清洁，用吸管吸取少量冷却液滴于折光棱镜上，盖上盖板并轻轻按压平，并确保没有气泡。
3）用眼睛在观测口直接观察冷却液的冰点，冷却液的冰点为 −25℃，看其是否符合正常值。若冷却液的冰点不能满足使用要求，则需要及时更换新冷却液。

4）用棉布清洁冰点测试仪，并将其妥善放置，最后安装储液罐盖。

3. 密封性检测

1）打开储液罐盖，安装压力测试仪快速接头，将压力测试仪软管连接至快速接头上，如图 3-4-12 所示。

2）使用压力测试仪缓慢打压，直至压力达到 15～45kPa 之间，如图 3-4-13 所示，停止打压，同时观察压力测试仪上的压力能否保持不变。

图 3-4-12　压力测试仪软管连接至快速接头上

图 3-4-13　用压力测试仪缓慢打压

3）若测试仪上的压力值有下降，则说明冷却系统存在泄漏情况，需及时检修。

4）按压压力测试仪放气阀，待压力测试仪指针归零后，取下压力测试仪软管。

5）拆卸压力测试仪快速接头，安装储液罐盖。

三、电动水泵电路检测

由驱动电机水泵电路图可知，F1 的 19 号熔丝为电动水泵供电；电动水泵线束插接器 B43 有两个针脚，其中 B43 的 1 号针脚为供电端，3 号针脚为搭铁端。

1. 电动水泵熔丝检测

1）打开熔丝盒盖，打开车辆电源开关。

2）取出数字万用表并校准，确保万用表正常可用。

3）将数字万用表调至电压测试档，将红表笔接 F1 的 19 号熔丝的进端，如图 3-4-14 所示，黑表笔接蓄电池负极，测量供电电压，待万用表数值稳定后读取并记录万用表数值。

4）若检测值与标准值不符，则需要进一步检修熔丝到蓄电池之间的电路。

5）以同样方法检测 F1 的 19 号熔丝出端电压。

6）若检测的进端电压与出端电压不一致，说明熔丝损坏，需及时更换。

7）安装熔丝盒盖，关闭车辆电源开关。

2. 电动水泵搭铁线路检测

1）断开低压蓄电池负极，断开电动水泵线束插接器。

2）取出万用表，将数字万用表调至电阻档，选用合适的跨接线连接至电动水泵线束插接器 B43 的 3 号针脚，如图 3-4-15 所示，红表笔接跨接线另一端的鳄鱼夹，黑表笔接车身搭铁，测量搭铁电路电阻，等数值稳定后读取万用表数值。

图 3-4-14　红表笔接 F1 的 19 号熔丝的进端

图 3-4-15　水泵线束插接器 B43 的 3 号针脚

3）若检测值与标准值不符，需检修电动水泵搭铁电路。

3. 电动水泵供电线路检测

1）安装低压蓄电池负极。

2）将数字万用表调至直流电压档，选用合适的跨接线连接至电动水泵线束插接器 B43 的 1 号针脚，如图 3-4-16 所示。红表笔接跨接线另一端的鳄鱼夹，黑表笔接车身搭铁，如图 3-4-17 所示。测量供电电路电压，等数值稳定后读取万用表数值。

图 3-4-16　水泵线束插接器 B43 的 1 号针脚

图 3-4-17　黑表笔接车身搭铁

3）若检测值不在标准值范围内，则需检修电动水泵供电电路。

四、冷却风扇调速模块电路检测

由电路图可知，冷却风扇调速控制模块插接器 B14 的 1 号针脚为搭铁端，2 号针脚为风扇供电端，3 号针脚为与整车控制器相连的控制信号端，5 号针脚为检测信号端。

1. 冷却风扇调速模块供电电路检测

1）断开冷却风扇调速模块线束插接器，打开车辆电源开关。

2）取出数字万用表并校准，确保万用表正常可用。

3）将数字万用表调至直流电压档，选用合适的跨接线连接至冷却风扇调速模块线束插接器 B14 的 2 号针脚，如图 3-4-18 所示，将万用表的红表笔接跨接线另一端的鳄鱼夹，黑表笔接低压蓄电池负极，测量供电电压，等数值稳定后读取万用表数值。

4）若检测值与标准值不符，需检修风扇调速模块的供电电路。

2. 冷却风扇调速模块信号电路检测

1）将合适的跨接线连接至冷却风扇调速模块线束插接器 B14 的 5 号针脚，如图 3-4-19 所示，将万用表的红表笔接跨接线另一端的鳄鱼夹，黑表笔接低压蓄电池负极，测量信号电压，等数值稳定后读取万用表数值。

图 3-4-18　连接插接器 B14 的 2 号针脚　　　图 3-4-19　连接插接器 B14 的 5 号针脚

2）若检测值与标准值不符，需检修风扇调速模块的检测信号电路。

3. 冷却风扇调速模块搭铁电路检测

1）关闭车辆电源开关，断开低压蓄电池负极。

2）将合适的跨接线连接至冷却风扇调速模块线束插接器 B14 的 1 号针脚，如图 3-4-20 所示，将万用表的红表笔接跨接线另一端的鳄鱼夹，黑表笔接低压蓄电池负极，测量信号电压，等数值稳定后读取万用表数值。

3）若检测值与标准值不符，需检修风扇调速模块的搭铁电路，安装冷却风扇线束插接器。

五、冷却液排放

1）打开储液罐盖，举升车辆至合适位置。

2）使用 10mm 套筒、接杆、棘轮扳手组合工具，拆卸机舱底部护板的 4 颗固定螺栓，如图 3-4-21 所示。用手旋出 4 颗固定螺栓。

3）使用卡扣拆卸工具拆卸机舱底部护板固定卡扣，如图 3-4-22 所示。取下机舱底部护板。

4）将废油收集器放置在机舱底部合适位置。

图 3-4-20　连接插接器 B14 的 1 号针脚　　　图 3-4-21　拆卸机舱底部护板固定螺栓

5）使用尖嘴钳拧松放水阀，如图3-4-23所示。排放冷却液，待冷却液排净后用手旋紧散热器放水阀，并使用尖嘴钳拧紧。

6）推走废油收集器，降下车辆。

图3-4-22　拆卸机舱底部护板固定卡扣

图3-4-23　用尖嘴钳拧松放水阀

六、电动水泵拆装与检测

1. 电动水泵拆卸

1）使用水管钳松开电动水泵出水管紧固卡箍，如图3-4-24所示，断开电动水泵出水管。

2）举升车辆至合适位置。

3）使用水管钳松开电动水泵进水管紧固卡箍，断开电动水泵进水管。

4）从支架胶套中拆下电动水泵，如图3-4-25所示。

图3-4-24　用水管钳松开紧固卡箍

图3-4-25　拆下电动水泵

2. 电动水泵检测

1）目视检查电动水泵外观有无变形、破损。

2）将数字万用表调至电阻档并校表。

3）用合适的跨接线连接至电动水泵插接器的两端子，如图3-4-26所示。将万用表红黑表笔分别连接至跨接线的另一端，测量水泵电阻，等数值稳定后读取万用表数值。

4）若测量值与标准值不符，需要更换电动水泵

3. 电动水泵安装

1）将电动水泵安装至支架胶套中，如图 3-4-27 所示，安装电动水泵进水管，使用水管钳安装进水管固定卡箍。

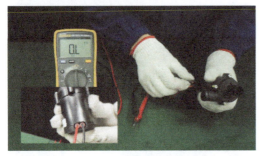

图 3-4-26　连接至电动水泵插接器的两端子

图 3-4-27　将电动水泵安装至支架胶套中

2）安装电动水泵出水管，使用水管钳安装进出水管固定卡箍。

3）安装电动水泵线束插接器。

七、散热器总成拆装与检测

1. 散热器附件拆卸

（1）护板和保险杠拆卸

1）使用 10mm 套筒、接杆、棘轮扳手组合工具，拆卸机舱底部前护板与保险杠总成连接的 6 颗固定螺栓，如图 3-4-28 所示，用手旋出 6 颗固定螺栓。

2）使用 10mm 套筒、接杆、棘轮扳手组合工具，拆卸机舱底部前护板与车架连接的 2 颗固定螺栓，用手旋出 2 颗固定螺栓，取下机舱底部前护板。

3）降下车辆至车轮着地。

4）取下车外防护三件套。

5）两人配合操作拆卸前保险杠总成，并妥善放置。

（2）散热器上横梁拆卸

1）抽出充电口罩盖拉索，放置在合适位置。

2）断开前机舱盖锁总成线束插接器，取下前机舱盖开启拉索。

3）使用卡扣拆卸工具拆卸前照灯总成相关线束的 5 个固定卡扣，如图 3-4-29 所示。拆下充电口总成，将其放置在合适位置。

图 3-4-28　拆卸前护板与保险杠总成连接固定螺栓

图 3-4-29　拆卸前照灯总成线束固定卡扣

4）使用卡扣拆卸工具拆卸散热器上护板 3 个固定卡扣，调整护板至合适位置。

5）使用 10mm 套筒、接杆、棘轮扳手组合工具，拆卸散热器上横梁的 4 颗固定螺栓，并将其旋出。

6）取下散热器上横梁。

7）取下散热器上护板。

2. 散热器总成拆卸

1）使用水管钳拆卸与散热器总成连接的上水管固定卡箍，如图 3-4-30 所示，断开散热器总成上水管。

2）以同样方法拆卸散热器总成的剩余 3 根水管，断开散热器总成冷却风扇线束插接器。

3）用手旋出冷凝器左侧护板 2 个固定螺母，取出冷凝器左侧护板。

4）将散热器总成向上提起，使其露出底部的 2 颗固定螺栓。

5）使用 10mm 套筒、接杆、棘轮扳手组合工具拆卸散热器与空调冷凝器连接的 4 颗固定螺栓，如图 3-4-31 所示，用手旋出 4 颗固定螺栓。

图 3-4-30　拆卸水管固定卡箍

图 3-4-31　拆卸散热器与空调冷凝器连接的固定螺栓

6）垂直取出散热器总成。

3. 散热器总成解体检测与组装

（1）冷却风扇拆卸

1）使用 10mm 套筒、接杆、棘轮扳手组合工具，拆卸冷却风扇与散热器支架连接的 3 颗固定螺栓，如图 3-4-32 所示，用手旋出 3 颗固定螺栓。

2）将冷却风扇从散热气总成上取下。

（2）散热器检查

1）目视检查散热器表面有无灰尘，杂物。

2）检查散热片是否有弯曲、变形，若有，需及时更换。

3）检查管路接口是否有堵塞，若有，需及时清理。

（3）冷却风扇检查

1）手动旋转冷却风扇，检查其是否有卡滞，若有，请更换冷却风扇。

2）检查冷却风扇叶片是否有损坏，并确认冷却风扇上面的平衡块是否有缺失，若有，请更换冷却风扇。

3）取出万用表并校表，将万用表的红黑表笔分别连接冷却风扇两端子，如图3-4-33所示，等数值稳定后读取万用表数值。

图3-4-32　拆卸冷却风扇与散热器支架固定螺栓

图3-4-33　红黑表笔分别连接冷却风扇两端子

（4）冷却风扇安装

1）将冷却风扇的定位卡扣与散热器定位孔对齐装入散热器上，确保冷却风扇与散热器安装到位。

2）用手旋入冷却风扇与散热器支架连接的3颗固定螺栓。

3）使用10mm套筒、接杆、棘轮扳手组合工具拧紧3颗固定螺栓。

4. 散热器总成安装

1）将散热器总成安装至合适位置。

2）将空调冷凝器与散热器总成螺栓孔对齐，用手旋入冷凝器与散热器总成连接的4颗固定螺栓。

3）使用10mm套筒、接杆、棘轮扳手组合工具，拧紧散热器与空调冷凝器连接的4颗固定螺栓。

4）将散热器总成安装至规定位置，安装冷凝器左侧护板至规定位置，用手旋入冷凝器左侧护板的2个固定螺母。

5）安装散热器总成下水管，使用水管钳安装散热器总成下水管固定卡箍。

6）以同样方法安装散热器的剩余3根水管，安装散热器总成冷却风扇线束插接器。

5. 散热器附件安装

（1）散热器上横梁安装

1）安装散热器上护板，安装散热器上横梁，确认其安装到位，旋入散热器上横梁的4颗固定螺栓。

2）使用10mm套筒、接杆、棘轮扳手组合工具拧紧散热器上横梁的4颗固定螺栓。

3）安装散热器上护板的3个固定卡扣。

4）安装充电口总成及相关线束。

5）安装前照灯总成相关线束的5个固定卡扣。

6）安装前机舱盖开启拉索。

7）安装前机舱盖锁总成线束插接器。

8）安装充电口罩盖拉索至原来位置。

（2）保险杠与底板安装

1）两人配合操作，安装前保险杠总成。

2）安装车外防护三件套，举升车辆至合适位置，并锁紧举升机保险装置。

3）安装机舱底部前护板，用手旋入2颗固定螺栓。

4）使用10mm套筒、接杆、棘轮扳手组合工具，拧紧2颗固定螺栓。

5）用手旋入机舱底部前护板与保险杠总成连接的6颗固定螺栓。

6）使用10mm套筒、接杆、棘轮扳手组合工具，拧紧机舱底部前护板与保险杠总成连接的6颗固定螺栓。

7）安装机舱底部护板至合适位置，安装机舱底部护板固定卡扣，用手旋入机舱底部护板的4颗固定螺栓。

8）使用10mm套筒、接杆、棘轮扳手组合工具拧紧4颗固定螺栓。

八、冷却液加注

1）降下车辆至车轮着地。

2）将指定的冷却液倒入储液罐，如图3-4-34所示，安装储液罐盖并拧紧，查看加注后的冷却液液位是否正常，如图3-4-35所示。

图3-4-34　将指定的冷却液倒入储液罐

图3-4-35　查看冷却液液位

3）安装低压蓄电池负极。

4）打开车辆电源开关，让水泵运转约5min后关闭。

5）待电机和储液罐等冷却后，检查冷却液液位。

6）打开储液罐盖，再次添加冷却液至储液罐上的MAX标记。

7）安装储液罐盖并拧紧。

8）多次重复起动车辆5min后，检查液位和添加冷却液，直至不需要添加冷却液为止。

 注意事项：冷却系统中冷却液的容量约为6.1L。

九、整理清洁

按照7S管理标准，整理工具和场地。

冷却系统的检漏、排放及加注

请扫描二维码，查看"冷却系统的检漏、排放及加注"技能视频，结合视频内容及相关资料，规范地完成冷却系统的检漏、排放及加注的检修实训。

实训工具与准备：

1）工具：世达100件工具套装、劳保手套、冷却液真空加注仪、压力表等。

2）设备：比亚迪·秦整车、车辆举升机。

3）资料及耗材：比亚迪·秦维修手册、教材及学习工作页、抹布等。

一、实训前准备

1）穿戴好个人防护用品。
2）铺设车内防护三件套。
3）检查确认车辆状态正常。
4）铺设车外防护三件套。

二、冷却系统检漏

1）检查冷却系统储液罐内液位是否在MAX标记处，若不在MAX标记处则需往储液罐内添加符合厂家标准的冷却液，直至MAX标记处。

2）待驱动电机系统处于冷却状态后，旋下储液罐盖。

3）选用合适的储液罐转接头，并顺时针旋入储液罐上，如图3-4-36所示。

图3-4-36　旋入合适的转接头

图3-4-37　加压至15～45kPa

4）将手压泵接头连接至储液罐转接头，使用手压泵，加压至压力表读数达到15～45kPa，如图3-4-37所示。

5）保压2min，若压力表指针维持不变，则说明驱动电机冷却系统无泄漏；若压力表指针下降表示冷却系统存在泄漏情况，则需要对冷却系统进一步检修，确保冷却系统无渗漏。

6）检测完成后按下泄压阀，释放压力。

7）取下手压泵，拆下储液罐转接头。
8）安装储液罐盖。
9）以同样方法检测动力电池冷却系统是否泄漏。

三、冷却液排放

1. 驱动电机系统冷却液排放

1）打开车辆电源开关让电动水泵运行约 5min，然后断电，重复 2~3 次。
2）待冷却系统冷却后，逆时针旋下驱动电机系统冷却液储液罐盖和动力电池冷却液储液罐盖。
3）举升车辆至合适位置。
4）使用棘轮扳手、接杆、10mm 套筒组合工具，拆卸前机舱底部护板的 4 颗固定螺栓并取下。
5）使用卡扣拆卸工具拆下 7 个护板卡扣并取下，随后取下前机舱底部护板。
6）将油液收集器放置于驱动系统放水阀下方，使用尖嘴钳逆时针拧松放水阀，排放冷却液至油液收集器。
7）等待放水阀不再有冷却液排出后，推出油液收集器。
8）在驱动系统放水阀下方放置合适的容器。
9）降低车辆至合适位置。
10）选用合适的驱动系统冷却液储液罐转接头，顺时针旋入储液罐上，然后将手压泵接头连接至储液罐转接头上。
11）使用手压泵往冷却系统中施加压力，将残余冷却液排放出。
12）等待放水阀不再有冷却液排出，然后取下手压泵，拆卸储液罐转接头。
13）再次举升车辆至合适的位置。
14）取出冷却液收集容器。
15）使用尖嘴钳顺时针拧紧放水阀。

2. 动力电池冷却液排放

1）将油液收集器放置于动力电池冷却液排水管下方后，按压排水管锁舌，如图 3-4-38 所示，断开冷却水管，排放冷却液至油液收集器内。
2）等待排水管处不再有冷却液排出，推出油液收集器。
3）在动力电池冷却液排水管下方放置合适的容器。
4）降低车辆至合适的位置。
5）选用合适的动力电池冷却液储液罐转接头，并顺时针旋入储液罐上。
6）将手压泵接头连接至动力电池冷却液储液罐转接头上。
7）使用手压泵往冷却系统中施加压力，如图 3-4-39 所示，将残余冷却液排放出来。
8）待排水管处不再有冷却液排出后，取下手压泵，拆卸动力电池冷却液储液罐转接头。
9）再次举升车辆至合适位置。
10）取出冷却液收集容器。
11）安装动力电池冷却水管至动力电池总成上。

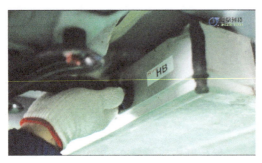 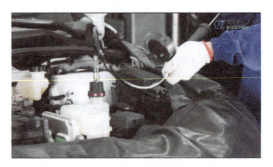

图 3-4-38　按压动力电池冷却液排水管锁舌　　　图 3-4-39　手压泵往冷却系统中施加压力

12）安装前机舱底部护板，并安装护板的 7 颗固定卡扣。

13）使用棘轮扳手、接杆、10mm 套筒组合工具，安装前机舱底部护板的 4 颗固定螺栓。

14）降下车辆至轮胎着地。

四、冷却液加注

1）选用合适的动力电池冷却液储液罐转接头，顺时针旋入储液罐上。

2）将冷却液真空加注仪连接至动力电池冷却液储液罐转接头上，然后将冷却液软管连接至冷却液真空加注仪上，再将压缩空气连接至冷却液真空加注仪上。

3）将厂家规定的冷却液放置到合适的位置，再旋开储液罐盖，将冷却液软管放置于冷却液中。

4）按压开关按钮，打开冷却液真空加注仪转换开关，对冷却系统管路进行抽真空操作。

5）等待压力测试表指针指向 -10～-15PSI（PSI 即 lbf/in^2，$1lbf/in^2$=6894.76Pa）时，关闭冷却液真空加注仪转换开关。

6）打开冷却液真空加注仪加注开关，等待冷却液添加完毕，若添加后未达到正常液位冷却系统就已无真空，则需重新对冷却系统进行抽真空操作。

7）关闭冷却液真空加注仪开关。

8）取下冷却液真空加注仪各管路连接，并放回原位。

9）取下动力电池冷却液储液罐转接头。

10）盖上动力电池冷却液储液罐盖并拧紧。

11）打开车辆电源开关，让电动水泵运转约 5min，然后将其断电。

12）待冷却系统冷却后取下动力电池冷却液储液罐盖，添加厂家规定的冷却液至储液罐内，直至液面达到注入口颈部的上端。

13）盖上储液罐盖，并拧紧。

14）再次打开车辆电源开关，让电动水泵运转约 5min，然后将其断电。

15）待电机和散热器已冷却后取下储液罐盖，然后添加达到厂家要求的冷却液至储液罐内，使其液面达到冷却液上限标记处。

16）重复以上步骤直至不需要添加冷却液为止，冷却系统容量约为 6.1L。

17）盖上储液罐盖，并拧紧。

18）以同样方法加注驱动电机系统冷却液。

五、整理清洁

按照 7S 管理标准，整理工具和场地。

任务练习

一、选择题

1. 驱动电机冷却系统通常由（　　）组成。
A. 电动水泵、散热器、储液罐和冷却循环管路
B. 电动水泵、散热器、电动风扇、储液罐和冷却循环管路
C. 电动水泵、电动风扇、储液罐和冷却循环管路
D. 散热器、电动风扇、储液罐和冷却循环管路

2. 散热器主要由（　　）等部件组成。
A. 左储水室、右储水室、散热器翼片、散热器芯、进水管接口、出水管接口、放水螺塞以及溢流管接口
B. 左储水室、右储水室、进水管接口、出水管接口、放水螺塞以及溢流管接口
C. 左储水室、右储水室、散热器翼片、散热器芯、进水管接口及溢流管接口
D. 左储水室、右储水室、散热器翼片、散热器芯、进水管接口、出水管接口

3. 冷却循环管路多用橡胶制成，可承受（　　）以上的压力，用以连接冷却系统各部件。
A. 10N　　　　　B. 3N　　　　　C. 1MPa　　　　　D. 0.3MPa

二、判断题

1. 按照散热器中冷却液流动的方向，可将散热器分为直流式散热器和横流式散热器两种。　　　　　　　　　　　　　　　　　　　　　　　　　　　　　　（　　）
2. 空气冷却系统冷却效果好、运行噪声低，但是结构复杂、维护复杂。　（　　）
3. 冷却液储液罐采用特殊塑料制成，有极好的耐化学性、耐腐蚀性，用来储存冷却系统由于热膨胀而多余的冷却液，并在系统工作之初补充冷却液。　　　　　（　　）
4. 正常冷却液液位应位于上、下刻度线之间。　　　　　　　　　　　（　　）

三、简答题

分析驱动电机与控制器冷却液循环路线。

项目四 新能源汽车动力电池系统检测维修

动力电池作为新能源汽车重要的动力源之一，可以将动力电池输出的电能传递给驱动电机产生转矩，经过驱动系统的机械传动装置将驱动力传递给车辆，从而带动车辆行驶。动力电池系统在新能源汽车行驶过程中为整车提供持续、稳定的电能并检测动力电池的运行状态、测量动力电池的剩余容量，适时地对动力电池进行充电保护或能量回收，从而使电机处于最佳的工作状态，为新能源汽车的工作提供充足的能量。

然而，作为新能源汽车三大关键技术之一的动力电池，在能量密度、安全性、寿命、价格等方面仍存在诸多不足，现阶段仍然是制约新能源汽车发展的主要因素。

本项目主要通过对动力电池、电池管理系统、车载充电系统、逆变转换系统等的学习，让学习者对新能源汽车动力电池系统有一个比较全面的认知。

任务一　动力电池检测维修

一辆行驶了 60000km 的比亚迪 e5 纯电动汽车被拖送至 4S 店进行维修，车主反映该车一周前进行过动力电池维护，现无法起动。维修接待人员试车后发现汽车上电指示灯不亮、动力电池故障警告灯点亮，且仪表信息区域显示动力电池故障。维修技师诊断后将故障原因指向动力电池内部，需要针对此故障进行维修。请你学习动力电池相关知识，安全规范地完成分派的检修任务。

学习目标

1）能准确描述不同类型的动力电池。
2）能正确说出各类动力电池的结构及工作原理。
3）能初步了解新能源汽车的动力电池性能要求。
4）能掌握动力电池组的性能检测方法。
5）能掌握动力电池组的拆装与检查要点，并规范地完成实训操作。

知识储备

一、动力电池的类型

按电池的工作性质及使用特征分类，电池一般可分为一次电池（原电池）、二次电池（蓄电池）、储备电池和燃料电池四类。按电池的反应原理，可以将电池分为化学电池、物理电池和生物电池三大类。2006 年颁布的汽车行业标准中将动力电池按照其应用分为能量型电池和功率型电池两种类型，如图 4-1-1 所示。按电池所用正负极材料，可以将电池分为锌系列电池、镍系列电池、铅系列电池、锂系列电池、二氧化锰系列电池和空气（氧气）系列电池。

a）能量型动力电池　　　　b）功率型动力电池

图 4-1-1　动力电池的类型

二、动力电池的结构组成

动力电池是电能装置的核心部件，主要由动力电池模组、动力电池箱、动力电池辅助加热装置和维修开关等部件组成。

1. 动力电池模组

新能源汽车常用的动力电池为锂离子蓄电池（常简称为锂电池），本节以锂离子蓄电池为例来讲述动力电池组的结构。锂离子蓄电池的动力电池组主要由电池模组组成，每个电池模组主要由多个电池模块组成，每个电池模块又由多个单体电池组成。动力电池组中把多个电池模块串联可以提高电池的电压；把多个单体电池并联可以提高动力电池的容量和供电电流。新能源汽车为了达到高电压高容量的标准，一般使用串联和并联这两种方法组合连接。具体如下：

动力电池额定电压 = 单体电池额定电压 × 单体电池串联数

动力电池容量 = 单体电池额定电压 × 单体电池并联数

动力电池总能量 = 动力电池系统额定电压 × 动力电池系统容量

如：一个36V 10A·h电动车的电池是把50节2000mA·h的3.6V锂离子电池并联起来，这样容量就可以达到10A·h；然后再把10组并联的电池串联在一起；串联起来后电池的电压就可以达到36V。

动力电池组主要由多个电池模块串联而成，如图4-1-2所示。电池模块是单体电池在物理结构和电路上连接起来的最小分组，每一个电池模块由多个并联的单体电池组合而成，是单体电池的并联集成体；单体电池是构成动力电池模块的最小单元，如图4-1-3所示。相邻单体电池之间用绝缘板隔开，电池模组是由电池模块串联而成的单元，动力电池包是对外输出电能量的电源体，由若干电池模组串联而成。

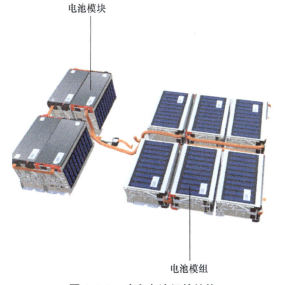

图 4-1-2 动力电池组的结构

图 4-1-3 单体电池

（1）单体电池的组成

单体电池一般由正极、负极、电解质（电解液）、隔膜及外壳等构成，如图4-1-4所示，可实现电能与化学能之间的直接转换。常见的磷酸铁锂单体电池电压为3.2V。

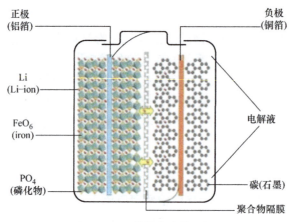

图 4-1-4 单体电池的结构

（2）单体电池的工作原理

单体电池的工作原理以磷酸铁锂动力电池为例介绍。磷酸铁锂动力电池的充放电原理是在 LiFePO$_4$ 和 FePO$_4$ 两者之间进行的，如图 4-1-5 所示。当对动力电池进行充电时，电池的正极上有锂离子脱出，脱出的锂离子经过电解质运动到负极。因负极的碳呈层状结构有很多微孔，到达负极的锂离子就会嵌入到碳层的微孔中生成 FePO$_4$，嵌入的锂离子越多充电容量就会越高，即：

$$LiFePO_4 - xLi^+ - xe^- \rightarrow (1-x)LiFePO_4 + xFePO_4$$

而放电时则正好相反：当动力电池放电时，负极板上的锂离子从碳层中脱出，使得负极板处于富锂状态，脱出的锂离子通过电解质运动到正极，与正极板上 FePO$_4$ 反应生成 LiFePO$_4$，移动至正极板的锂离子越多，动力电池的电量越低，即：

$$FePO_4 + xLi^+ + xe^- \rightarrow xLiFePO_4 + (1-x)FePO_4$$

需要注意的是磷酸铁锂电池在工作过程中既不能过充也不能过放，否则会影响电池的使用寿命。

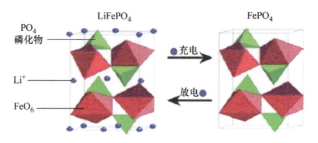

图 4-1-5 磷酸铁锂电池的充放电原理

2. 动力电池冷却系统

动力电池在充放电过程中会散发热量，为了保证其正常工作，一般纯电动汽车的动力电池系统专门设置了单独的冷却系统，从而使动力电池的温度始终保持在正常的范围内，如图 4-1-6 所示。

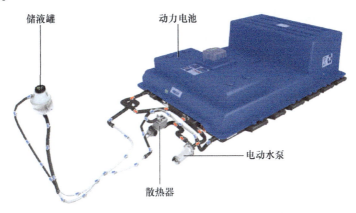

图 4-1-6　动力电池冷却系统

（1）动力电池冷却系统的类型

目前，纯电动汽车动力电池冷却系统有空调循环冷却式、水冷式和风冷式三种类型。

1）空调循环冷却式。在动力电池内部有与空调系统连通的制冷剂循环回路，动力电池直接通过冷却液进行冷却，冷却液循环回路与制冷剂循环回路通过冷却液热交换器连接。采用空调循环方式电池冷却系统的电动汽车有宝马 i3、特斯拉等。

2）水冷式。水冷式动力电池冷却系统是使用特殊的冷却液在动力电池内部的冷却液管路中流动，将动力电池产生的热量传递给冷却液，从而降低动力电池的温度。

3）风冷式。风冷式动力电池冷却系统是利用散热风扇将来自车厢内部的空气吸入动力电池箱，以冷却动力电池以及动力电池控制单元等部件。丰田普锐斯、凯美瑞（混动版）、卡罗拉双擎、雷凌双擎等车型都是采用的风冷式电池冷却系统。

（2）水冷式动力电池冷却系统的组成

水冷式动力电池冷却系统主要由电动水泵、散热器、冷却水管、储液罐等部件组成，如图 4-1-7 所示。

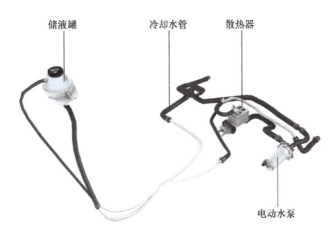

图 4-1-7　水冷式电池冷却系统结构

（3）水冷式动力电池冷却系统的工作原理

当控制单元接收到动力电池内的温度传感器信号后，电动水泵旋转将动力电池中温度较高的冷却液输送至散热器进行冷却；在电动水泵的作用力下经散热之后的冷却液进入到动力电池对其进行冷却。冷却过程中若冷却液不足则由储液罐进行补偿，并且部分高温冷却液以水蒸气形式返回储液罐以平衡整个管路系统的压力。在电动水泵的作用下如此循环达到冷却目的，如图4-1-8所示。

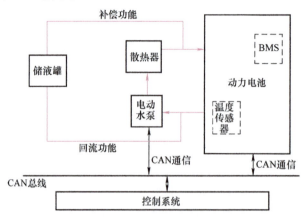

图4-1-8　水冷式动力电池冷却系统工作原理

3. 动力电池箱

动力电池箱是支承、固定、包围动力电池的组件，动力电池箱有承载及保护动力电池组及电气元件的作用。动力电池箱主要由动力电池箱体的上盖和下托盘、辅助元器件等组成，如图4-1-9所示。辅助元器件包括过渡件、护板、螺栓等。动力电池箱体通过螺栓连接在车身地板下方，其防护等级一般为IP67。电池箱体的外表面颜色要求为银灰色、黑色或亚光色，并且外表面还包含有产品铭牌、动力电池包序号、出货检测标签、物料追溯编码以及高压警告标识。

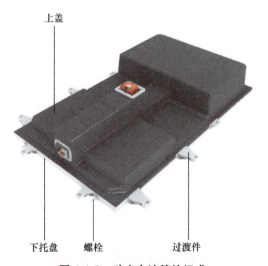

图4-1-9　动力电池箱的组成

4. 维修开关

新能源汽车上的维修开关可以为新能源汽车的高压电力系统在维修时提供安全的维修环境，也可以对电力系统起到安全保护的功能。一般在新能源汽车保养及维修时，都要先断开高压维修开关，可以在维修时起到防短路的保护作用，如图 4-1-10 所示。

图 4-1-10　高压维修开关

三、动力电池的工作原理

在动力电池工作时，发生在两极板上的化学反应只有当所产生的电子能够从连接两电极的外电路中通过时才可以持续进行。单体电池中两极板表面所发生的化学反应产生源源不断的电子，这个过程一般称为氧化还原反应，单体电池正是利用正负极之间的氧化还原反应来完成充放电的。当电池放电时，正极从外部电路获得电子发生还原反应；负极向外电路释放电子发生氧化反应。若给动力电池提供高于电池端电压的电源，使电流能够反向流入电池中，就完成了给电池充电的过程。当电池充电时正极向外电路释放电子，发生氧化反应；负极从外电路获得电子发生还原反应。

在电动汽车中，动力电池的工作模式是当能量从电池供应到电机产生驱动力时电池放电；当能量从外部电源存储到电池时电池充电。

四、动力电池的基本参数与基本要求

1. 基本参数

化学电池品类繁多，性能各异，用来表征其性能的指标有电性能、机械性能、储存性能等，有时还包括使用性能和经济成本。

（1）电压

电池的电压分为电动势、端电压、终止电压、开路电压、工作电压、额定电压、充电电压等。

1）电动势。电池的电动势又称电池标准电压或理论电压，为电池断路时正负两极间的电位差。电池的电动势可以从电池体系热力学函数自由能的变化计算而得。

2）端电压和终止电压。电池的端电压是指电池接通负载后两电极之间的有效电压，用 V_t 表示。当电池充满电时端电压达到最大值，记为 V_{FC}，然后随着放电过程的进行，电池的端电压不断下降。电池必须停止放电的电压值称为终止电压，记为 V_{cut}。电池的端电压与放电状态之间的关系如图 4-1-11 所示。

3）开路电压。电池的开路电压是在开路状态下电池两电极之间的内电压。开路电压不等于电池的电动势。电池的电动势是从热力学

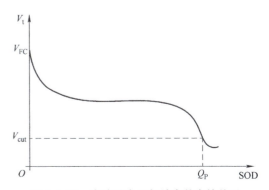

图 4-1-11　电池端电压与放电状态的关系

函数计算而得到的,而开路电压则是实际测量出来的,取决于电池的荷电状态、温度、以往充放电历史(记忆效应)等。

4)工作电压。工作电压是指电池在某负载下实际的放电电压,通常是一个电压范围。例如,铅酸电池的工作电压在1.8～2.0V,镍氢电池的工作电压在1.1～1.5V,锂离子电池的工作电压在2.75～3.60V。

5)额定电压。额定电压(或公称电压),是指该电化学体系的电池工作时公认的标准电压。例如,锌锰干电池为1.5V,镍镉电池为1.2V,铅酸电池为2V。

6)充电电压。充电电压是指外电路直流电压对电池充电的电压。一般充电电压要大于电池的开路电压,且通常在一定的范围内。例如,镍镉电池的充电电压为1.45～1.50V,锂离子电池的充电电压为4.10～4.20V,铅酸电池的充电电压为2.25～2.50V。

7)电压效率。电压效率是指电池的实际输出电压与电动势的比值,由于电动势只是从热力学角度考虑而获得的一个理论电压值,而电池的实际输出电压涉及反应体系的动力学性质,因此电压效率低于电动势。电压降低的多少由电极反应的电化学极化、浓差极化及体系的欧姆极化所决定。要获得较高的电压效率必须选择具有高电化学活性的物质作为电极活性材料,并发展与之适配的具有高电导率特征的电解质体系,同时尽量减小体系的固相电阻及接触电阻。

(2)内阻

电池的内阻是指电流通过电池内部时所受到的阻力。充电电池的内阻很小,需要用专门的仪器才能测量到比较准确的结果。一般所说的内阻是指充电态内阻及电池满电时的内阻。由于电池内阻的作用,电池放电时端电压低于电动势和开路电压,充电时充电的端电压高于电动势和开路电压。电池内阻是化学电源的一个极为重要的参数,它直接影响电池的工作电压、工作电流、输出能量与功率等。对于一个实用的化学电源其内阻越小越好,因为电池的内阻越大电池自身消耗的能量越多,电池的使用效率就越低。

(3)容量和容量密度

1)容量。电池完全放电的过程中,电极的通电材料所能释放出的电荷数量称为电池容量,用符号 C 表示,其单位为 $A \cdot h$。电池的容量与放电电流的大小和充电放电截止电压有关。

2)容量密度。容量密度是指单位质量或单位体积的电池所能给出的电量,相应地称为质量容量密度或体积容量密度。这一概念便于对不同系列电池的性能进行比较。

(4)能量和能量密度

1)能量。电池的能量是指电池在一定放电条件下,对外做功所能输出的电能,通常用 $W \cdot h$ 表示,它等于电池的放电容量和电池平均工作电压的乘积。电池的能量反映了电池做功能力的大小,也是电池放电过程中能量转换的量度,会对电动汽车的行驶距离产生影响。

2)能量密度。能量密度是指单位质量或单位体积的电池所能输出的能量,相应地称为质量能量密度($W \cdot h/kg$)或体积能量密度($W \cdot h/L$)。在电动汽车应用方面,动力电池的质量能量密度影响电动汽车的整车质量和续驶里程,而体积能量密度影响动力电池的布置空间。因而,能量密度是评价动力电池能否满足电动汽车应用需要的重要指标,同时能量密度也是比较不同种类和类型电池性能的一项重要指标。

(5) 电能效率

电能效率是指电池的能量输出效率,是电池放电时输出的能量与充电时输入的能量之比。影响能量效率的因素是电池的内阻,它使电池充电电压增加,放电电压下降,造成电池能量的损耗。电池及电池组的内阻越小,无用的热耗就越小,输出效率就越大。

(6) 功率和功率密度

电池的功率是指在一定的放电条件下,电池在单位时间内所输出的能量。单位是瓦(W)或千瓦(kW)。电池的单位质量或单位体积的功率称为电池的功率密度,它的单位是W/kg 或 W/L。如果一个电池的功率密度较大,则表明在单位时间内,单位质量或单位体积中给出的能量较多,即表示此电池能用较大的电流放电。因此,电池的功率密度也是评价电池性能优劣的重要指标之一。

(7) 荷电

荷电状态又称剩余电量,是指电池当前还有多少电量。常取其与额定容量或实际容量的比值称荷电程度,是人们在使用中最关心的,也是最不易获得的参数。人们试图通过测量内阻、电压、电流的变化等推算荷电量,并做了许多研究工作,但直到目前任何公式和算法都不能得到统计数据的有效支持,指示的荷电程度总是非线性变化。

(8) 储存性能

电池的储存性能是指电池在开路时,一定条件下(如湿度、温度等)储存一定时间后主要性能参数的变化,包括容量的下降、外观情况有无变化或渗液现象。

(9) 寿命

电池的寿命分为储存寿命、使用寿命和循环寿命。

1) 储存寿命。储存寿命指从电池制成到开始使用之间允许存放的最长时间,以年为单位。包括储存期和使用期在内的总期限称电池的有效期。在目前常用的电池中,镍镉电池湿搁置使用寿命为 2~3 年,铅酸电池为 3~5 年,锂离子电池为 5~8 年,锌银电池最短,只有 1 年左右。

2) 使用寿命与循环寿命。使用寿命是指电池实际使用的时间长短。对二次电池而言,电池的寿命分充放电循环寿命和湿搁置使用寿命两种。充放电循环寿命是衡量二次电池性能的一个重要参数。经受一次充电和放电,称为一次循环(或一个周期)。在一定的充放电制度下电池容量降至某一规定值之前,电池能耐受的充放电次数,称为二次电池的充放电循环寿命。充放电循环寿命越长电池的性能越好。在目前常用的二次电池中,镍镉电池的充放电循环寿命为 500~800 次,铅酸电池为 200~500 次,锂离子电池为 600~1000 次,锌银电池很短,约 100 次。二次电池的充放电循环寿命与放电深度、温度、充放电制度等条件有关。所谓放电深度是指电池放出的容量占额定容量的百分数。减少放电深度即"浅放电",可以大大延长二次电池的充放电循环寿命。

(10) 不一致性

动力电池的不一致性是指同一规格、同一型号的单体电池组成电池组后,在电压、内阻及其变化率、荷电量、容量、充电接受能力、循环寿命、温度影响、自放电率等参数方面存在的差别。电池的不一致性会导致动力电池组在电动汽车上使用的性能指标达不到单体电池的原有水平,使用寿命可能缩短至几分之一甚至十几分之一,严重影响电动汽车的性能和应用。制造过程中的工艺和材质不均匀的问题以及装车使用时动力电池组中各个单体电池的温度、通风条件、自放电程度、电解液密度等方面的差别都会造成电池的不一致性。

2. 基本要求

（1）能量密度高

为了提高电动汽车的续驶里程，要求电动汽车上的动力电池应尽可能地储存较多的能量，但是鉴于电动汽车的质量和空间，要求动力电池具有较高的质量能量密度和体积能量密度。

（2）功率密度大

为了使电动汽车在加速性能、爬坡能力和负载行驶等方面能与燃油汽车竞争，要求电池具有较高的功率密度。

（3）充电技术成熟、时间短

充电技术要有通用性，能够实现多种充电方式；在充电时间上能够实现快速充电。

（4）连续放电率高、自放电率低

电池能够适应快速放电的要求，自放电率要低，电池能够长期存放。

（5）适应车辆运行环境

电池能够在常温条件下正常稳定地工作，不受环境温度的影响，不需要特殊的加热、保温系统，能够适应电动汽车行驶时的振动。

（6）安全可靠

电池应干燥、洁净，电解质不会渗漏腐蚀接线柱、外壳；不会引起自燃或者燃烧，在发生碰撞等事故时不会对乘员造成损伤。废电池能够回收处理和再生利用，电池中的有害金属能够集中回收处理。电池组可以采用机械装置进行整体快速更换，线路连接方便。

（7）寿命长，免维护

电池的循环寿命不应低于1000次，在使用寿命限定时间内不需要进行维护和修理。美国能源部（DOE）/新生代汽车联合体（PNGV）对混合动力车用动力电池的性能要求见表 4-1-1。

表 4-1-1　美国能源部（DOE）/新生代汽车联合体（PNGV）对混合动力车用动力电池的性能要求

性能	并联式（最小值）	串联式（最小值）
放电脉冲功率（18s）/kW	25	65
充电脉冲功率（10s）/kW	30	70
总能量/（kW·h）	0.3	3.0
最低效率/%	90	95
使用年限	10	10
最大质量/kg	40	65[+10kg/（kW·h）超过3kW·h]
操作电压范围/V	300～100	300～100
操作温度范围/℃	-40～52	-40～52

五、动力电池的检修方法

1. 动力电池基本检查

检查动力电池外观是否有破损，各插接器连接是否可靠，线束是否有破损。若发现有破损或者是异常状况，应立即停止车辆使用，并将车辆移至厂家指定维修站点。

2. 动力电池在线检测

在汽车起动以后连接诊断仪读取电源系统的相关数据流，根据数据流分析电源系统的工况，需要读取的主要数据有动力电池组当前总电压、电池组当前总电流、最低单体电池电压、最高单体电池电压、高压系统、高压互锁和主控制器状态等。

3. 动力电池外部电气测量

1）动力电池绝缘检测：使用兆欧表的 1000V 档位，分别测量动力电池正极输出端子和动力电池负极输出端子与车身搭铁的电阻值，标准绝缘电阻值应大于 20MΩ，若测量值不符合标准值需要进行检修。

2）动力电池连接线束绝缘检测：使用兆欧表的 1000V 档位，分别测量动力电池高压线束的正极端子和动力电池高压线束的负极端子与车身搭铁的电阻值，标准绝缘电阻值应大于 20MΩ，若测量值不符合标准值需要进行检修。

3）动力电池高压互锁检测：选用万用表适当的电阻量程，将红、黑表笔分别接动力电池互锁两个针脚测量电阻，标准电阻值应小于 0.5Ω，若测量电阻值不在标准范围内需要进行检修。

4）动力电池 CAN 网络中端的电阻：选用万用表的适当量程，将万用表的红、黑表笔接动力电池网络的两个端子测量电阻，标准电阻值应在 120Ω 左右，若测量电阻值不在标准范围内需要进行检修。

4. 动力电池电压检测

1）整体电压检测：打开动力电池箱体，并将动力电池内部接触器盒盖打开，露出动力电池组的正极和负极连接条，用万用表的适当量程检测动力电池电压，正常电压值应在 528V 左右，若不正常需要进一步检测。

2）模组电压检测：拆下每个模组的正极和负极盖板，选择万用表的合适量程检测电压，正常的电池模组电压有两种，分别为 45V 左右和 58V 左右，若不正常需要进一步检测。

3）模块电压检测：拆下模块的盖板，用万用表的合适量程检测模块电压，电压应为 3.2V 左右，若不正常，需要更换。

实训演练

动力电池拆解

请扫描二维码，查看"动力电池拆解"技能视频，结合视频内容及相关资料，规范的完成电池包的解体检测实训。

> **实训工具与准备：**

1）工具：工作服、手套、高压绝缘手套、车内外防护三件套、绝缘工具套件、常用拆装工具套装、万用表、密封胶、防冻液等。

2）设备：举升工位、比亚迪e5实训车辆、移动升降平板车。

3）资料及耗材：教材及学习工作页、抹布等。

一、实训前准备

1）穿戴好个人防护用品。

2）铺设车内防护三件套。

3）铺设车外防护三件套。

4）检查确认车辆状态正常。

二、动力电池拆卸

1. 拆卸前准备

1）打开低压蓄电池负极电缆保护盖，拆下负极电缆，进行绝缘处理。

注意事项：拆卸负极之后需等待10min，待车上电容元件放电完成，才能进行后续操作。

2）进入车内，使用十字螺钉旋具拆卸中控台储物盒的固定螺栓。

3）拆卸储物盒线束插接器，取下储物盒，如图4-1-12所示。

4）松开动力电池维修开关，拆卸维修开关，如图4-1-13所示。

图4-1-12　取下储物盒

图4-1-13　拆卸维修开关

2. 拆卸动力电池相关连接件

1）拧开动力电池冷却液储液罐盖。

2）举升车辆至合适的位置，并锁止举升机。

3）将废液回收器放置到合适的位置。

4）按压进水管紧固锁舌，拆卸进水管，如图4-1-14所示，排放冷却液。

5）以同样方法拆卸出水管。

6）解除动力电池插接器锁紧开关，并断开低压插接器。

7）解除动力电池输出高压电缆母线插接器锁紧开关，断开高压电缆母线，如图4-1-15所示。

图4-1-14　拆卸进水管　　　　　图4-1-15　断开高压电缆母线

注意事项：断开动力电池高压电缆母线后，需要使用万用表测量动力电池电压值，测量值应小于1V。

3.拆卸动力电池

1）将移动平板车推至合适位置后，升起平板至其接触动力电池下部。

2）使用13mm套筒、接杆、指针式扭力扳手组合工具，预松动力电池托架上的10颗固定螺栓。

3）使用13mm套筒、接杆、棘轮扳手组合工具，拧下动力电池托架上的10颗固定螺栓。

4）操作泄压把手缓慢降低平板高度，将动力电池与车辆分离。

5）将平板降低至合适位置后，推离车辆底部并妥善安置。

三、动力电池分解

1.拆卸动力电池上部罩盖

1）用刀片割断动力电池上部罩盖密封胶。

2）分离动力电池上部罩盖边缘，掀开动力电池上部罩盖。

3）取下动力电池上部罩盖及隔热棉。

2.拆卸动力电池组

1）拆卸动力电池信息采集器插接器，如图4-1-16所示。

2）拆卸动力电池串联导线绝缘罩。

3）使用10mm高压绝缘套筒、绝缘棘轮扳手，依次拆卸动力电池串联导线连接螺栓和动力电池组固定螺栓，然后取下动力电池组，如图4-1-17所示。

图 4-1-16　拆卸信息采集器插接器

图 4-1-17　使用 10mm 高压绝缘套筒、绝缘棘轮扳手拆卸动力电池组固定螺栓

四、动力电池组装

1. 安装动力电池组

1）使用 10mm 高压绝缘套筒、绝缘棘轮扳手安装动力电池组固定螺栓并紧固。
2）安装动力电池串联导线。
3）使用 10mm 高压绝缘套筒、绝缘棘轮扳手安装动力电池串联导线连接螺栓，并紧固。
4）安装动力电池信息采集器插接器。

2. 安装动力电池上部罩盖

1）安装动力电池串联导线绝缘罩。
2）安装动力电池隔热棉。
3）使用密封胶涂抹动力电池壳体密封边缘。
4）两人合作安装动力电池上部罩盖。
5）按压动力电池上部罩盖边缘，使密封胶均匀布满密封面。
6）待密封胶彻底凝固后，将动力电池装复到车辆上。

五、动力电池装复

1. 装复动力电池

1）将移动平板车推至合适的位置后，缓慢升起平板至其接触动力电池下部。
2）将动力电池装复至车辆上，降下车辆。
3）对齐螺纹孔，用手拧入动力电池托架固定螺栓。
4）使用 13mm 套筒、接杆、棘轮扳手组合工具拧紧安装动力电池托架固定螺栓。
5）使用扭力扳手紧固动力电池托架固定螺栓至 135N·m。

2. 安装动力电池相关连接件

1）安装动力电池低压插接器，并锁止开关锁舌。
2）安装动力电池高压电缆母线插接器，并锁止开关锁舌。
3）清洁动力电池冷却液出水口及水管接头。

4）安装出水口水管，晃动出水口水管，检查其安装牢固程度。

5）以同样的方法安装动力电池冷却液进水口水管。

6）降低车辆至合适的位置。

7）安装动力电池负极电缆，并紧固。

8）加注动力电池冷却系统冷却液至 MAX 位置。

六、整理清洁

按照 7S 管理标准，整理工具和场地。

任务练习

一、选择题

1. 按电池的反应原理，可以将电池分为（　　）。
A. 化学电池、物理电池和生物电池
B. 一次电池、二次电池、储备电池和燃料电池
C. 能量型电池和功率型电池
D. 铅酸电池、锂离子电池、干电池

2. 关于蓄电池的检测，下列说法正确的是（　　）。
A. 外观检查时，只检查蓄电池接线柱、电缆和托架固定架是否有腐蚀即可
B. 外观检查时，只检查蓄电池周围有无漏液，壳体和桩柱有无破损裂纹即可
C. 用万用表检测蓄电池电压，只要在 12.6V 以上就一定可以用
D. 万用表检测的蓄电池端电压，只能作为检测的参考因素

3. 新能源汽车常用的动力电池为（　　）。
A. 锂离子电池　　　B. 氢能源电池
C. 太阳能电池　　　D. 铅酸电池

4. 磷酸铁锂单体电池电压为（　　）。
A. 3.2V　　　　　　B. 3.7V
C. 3V　　　　　　　D. 220V

5. 动力电池系统的额定电压 =（　　）。
A. 单体电池额定电压 × 单体电池串联数
B. 单体电池容量 × 单体电池并联数量
C. 动力电池系统的额定电压 × 动力电池系统的容量
D. 动力电池系统总能量 : 动力电池系统质量

二、判断题

1. 纯电动汽车动力电池冷却系统有空调循环冷却式、水冷式和风冷式三种类型。
（　　）

2. 电池的寿命分为储存寿命、使用寿命和循环寿命。　　　　　　　（　　）
3. 单体电池一般由正极、负极、电解质（电解液）、隔膜及外壳等构成。（　　）
4. 动力电池不是电能装置的核心部件，主要由动力电池模组、动力电池箱、动力电池辅助加热装置和维修开关等组成。　　　　　　　　　　　　　（　　）

三、简答题

简述动力电池的工作原理。

任务二　电池管理系统检测维修

一辆行驶了 60000km 的比亚迪 e5 纯电动汽车被拖送至 4S 店进行维修，车主反映该车无法上电、挂档不走，且仪表显示"请检查动力电池"。维修人员试车后发现故障确实如此，接诊断仪检测电机控制器无故障码，检测电池管理器报 0～9 号信息采集器信号异常。维修技师分析后认为属于电池管理系统故障，需要检修。请你学习电池管理系统相关知识，安全规范地完成分派的检修任务。

学习目标

1）能正确描述电池管理系统的功能。
2）能正确说出电池管理系统的结构组成。
3）能初步掌握电池管理系统的原理。
4）能规范完成电池管理系统的检测操作。

知识储备

电池管理系统（BMS）作为动力电池必需的配套部件，具有一定的核心位置。电池单体容量过大，容易产生高温，诱发不安全因素，因此大容量电池必须通过串并联的方式形成电池组。而单体电池本身的不一致性和使用环境的细微差别均会造成电池寿命的差别，大大影响整个电池组的寿命和性能。电池管理系统是一套保护动力电池使用安全的控制系统，时刻监控电池的使用状态，通过必备措施缓解电池组的不一致性。

一、电池管理系统的功能

在功能上，电池管理系统主要包括数据采集、电池状态计算、能量管理、安全管理、热管理、均衡控制、通信功能和人机接口等，如图 4-2-1 所示。

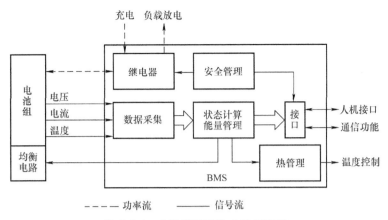

图 4-2-1　电池管理系统功能示意图

1. 数据采集

电池管理系统的所有算法都是以采集的动力电池数据作为输入，采样速率、精度和前置滤波特性是影响电池系统性能的重要指标。电动汽车电池管理系统的采样速率一般要求大于 200Hz（50ms）。

2. 电池状态计算

电池状态计算包括电池组荷电状态（SOC）和电池组健康状态（SOH）两方面。SOC 用来提示动力电池组剩余电量，是计算和估计电动汽车续驶里程的基础；SOH 是用来提示电池技术状态、预计可用寿命等健康状态的参数。

3. 能量管理

能量管理主要包括两个部分：以电流、电压、温度、SOC 和 SOH 为输入进行充电过程控制；以 SOC、SOH 和温度等参数为条件进行放电功率控制。

4. 安全管理

安全管理是监视动力电池电压、电流、温度是否超过正常范围，防止电池组过充、过放。在对电池组进行整组监控的同时，多数电池管理系统也会对单体电池进行过充电、过放电、过热等安全状态管理。电池管理系统还会实时监测动力电池组的绝缘状态和高压互锁的连接状态，若绝缘电阻存在异常或高压互锁不正常，电池管理系统会第一时间切断高压电输出，防止高压电对人员造成伤害。

5. 热管理

热管理是在动力电池工作温度过高时进行冷却，低于适宜工作温度下限时进行电池加热，使电池处于适宜的工作温度范围内，并在动力电池工作过程中总保持单体电池间温度均衡。对于大功率放电和高温条件下使用的动力电池，电池的热管理功能尤为必要。

6. 均衡控制

由于电池的一致性差异导致电池组的工作状态是由最差单体电池决定的，在电池组各个单体电池之间设置均衡电路，实施均衡控制是为了使各单体电池充放电的工作情况尽量一致，提高整体电池组的工作性能。

7. 通信功能

通过电池管理系统实现电池参数、信息与车载设备或非车载设备的通信，为充放电控制、整车控制提供数据依据，是电池管理系统的重要功能之一。根据应用需要，数据交换可采用不同的通信接口，如模拟信号、PWM 信号、CAN 总线或串行接口。人机接口根据设计的需要，设置显示信息以及控制按键、旋钮等。

电池管理系统最基本的功能是监控与动力电池自身安全运行相关的状态参数，如动力电池的电压、电流和温度等，预测动力电池系统优化控制有关的运行状态参数（SOC、SOH）和相应的剩余行驶里程，以及进行与工作环境适应性有关的热管理等，通过动力电池管理，避免出现过放电、过充电、过热和单体电池之间电压严重不平衡现象，最大限度地利用动力电池存储能力和循环寿命。

二、电池管理系统的组成

电池管理系统（BMS）一般不独立存在，而是与电动汽车的动力电池紧密结合在一起，它通过各种传感器对动力电池的电压、电流和温度等进行实时检测，同时还进行漏电检测、热管理、电池均衡管理、报警提醒，计算剩余容量 SOC、放电功率，报告电池劣化程度 SOH 和剩余容量 SOC 状态。电池管理系统会根据动力电池的电压、电流及温度用算法控制动力电池的最大输出功率，以此获得电动汽车的最大行驶里程，以及用算法控制充电机进行最佳电流的充电，通过 CAN 总线接口与车载总控制器、电机控制器、能量控制系统、车载显示系统等进行实时通信。

电池管理系统主要由数据检测模块、中央处理器、显示单元模块和控制部件等组成，采用内部 CAN 总线技术实现模块之间的数据信息通信，如图 4-2-2 所示。

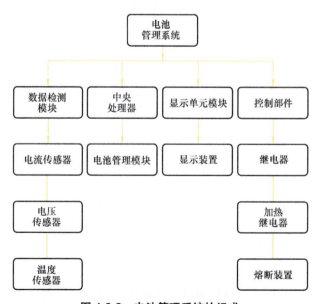

图 4-2-2　电池管理系统的组成

数据检测模块主要进行数据采集，包括电流传感器、电压传感器、温度传感器等，通过各类传感器的数据采集，能够实时检测电池的电压、电流、温度等外部特性参数，使用适当的算法实现电池内部状态（如容量和荷电状态等）估算和检测，是电池管理系统有效运行的基础和关键。中央处理器指电池管理模块，主要与整车系统进行通信，控制充电机等。显示单元模块主要指显示装置，可以进行数据呈现，实现人机交互。控制部件主要是指继电器、加热继电器及熔断装置等。BMS 的主要任务及相应的传感器输入输出控制见表 4-2-1。

表 4-2-1　BMS 的主要任务及相应的传感器输入输出控制

任务	传感器输入信号	执行器件
防止过充	动力电池电压、电流和温度	充电器
避免深放	动力电池电压、电流和温度	电机控制器
温度控制	动力电池温度	热管理系统
动力电池组件电压和温度的均衡	动力电池电压和温度	均衡装置
预测动力电池的 SOC 和剩余行驶里程	动力电池电压、电流和温度	显示装置
动力电池诊断	动力电池电压、电流和温度	非在线分析装置

三、电池管理系统的工作原理

电池管理系统工作时，信息采集器 BIC 实时收集电池模组和单体电池的电压、温度等信号，整合分析后通过 BIC CAN 传递给电池管理器。电池管理模块（BMC）根据电池信息采集器（BIC）的电压、温度、电流等信息和整车控制器传输过来的车辆操作信号，判定动力电池的状态和车辆工况，在动力电池正常的情况下控制主正和主负接触器接通，控制动力电池的充放电。电池管理系统工作原理示意图如图 4-2-3 所示。

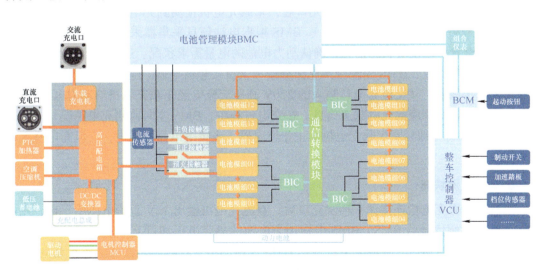

图 4-2-3　电池管理系统工作原理示意图

1. 车辆上电

当车辆上电时，车身控制模块（BCM）将车辆的上电请求信号通过 CAN 和网关控制器传输给整车控制器（VCU），电池管理器（BMC）和整车控制器（VCU）供电电路接通，进入工作状态。整车控制器（VCU）根据车辆制动开关、碰撞信号等信息确认车辆状况正常，向电池管理模块（BMC）和电机控制模块（MCU）发出高压上电的准备信号。BMC 和 MCU 根据这个信号进行动力电池状态、驱动电机状态和高压部件连接是否正常的检测，同时检测 BMC、MCU 当前状态是否正常。若正常且上一次上下电过程中整车无严重故障，BMC 先控制预充接触器和主负接触器导通，紧接着接通主正接触器并且断开预充接触器，动力电池为整车高压部件提供高压直流电。上电成功后车身控制模块 BCM 控制 READY 灯点亮。

2. 车辆驱动

当车辆驱动时，电池管理系统（BMS）根据整车控制器传输过来的驾驶员操作信号和 BIC CAN 收集到的电池模组电压、电池模组温度、单体电池温度、单体电池电量等信号，进行分析处理，判定动力电池状态和车辆驾驶意图。动力电池正常的情况下，BMS 先控制预充接触器和主负接触器导通，紧接着接通主正接触器并且断开预充接触器，动力电池为整车提供高压直流电，经过充配电总成内部的高压配电箱将高压电输送至电机控制器，电机控制器将高压直流电逆变成三相交流电，并输送给驱动电机驱动车辆行驶。

3. 车辆能量回收

当车辆减速或制动时驱动电机处于发电模式，将车辆的动能转换成电能。整车控制器对车速、档位、制动踏板位置、动力电池状态等信息进行分析处理，判定是否能进行能量回收以及能量回收的强度。能量回收信息确认后，整车控制器控制电机控制器将驱动电机发出的三相交流电整流成高压直流电，经充配电总成传输至动力电池进行能量的回收。

4. 车辆交流慢充

当交流慢充充电枪连接到车辆慢充口后，车载充电机检测到充电连接确认信号，发送允许充电信号给电池管理系统（BMS）。BMS 根据电池信息采集器采集到的动力电池的电压、电流、电量、温度等状态信息，确认动力电池的电量需求状况。通过 CAN 通信向车载充电机发送充电指令，BMS 先控制预充接触器和主负接触器导通，随后接通主正接触器并断开预充电接触器，从交流充电口输入的 220V 高压交流电经车载充电机给动力电池充电，同时在仪表上显示相应的充电状态信息。在充电过程中，BMS 实时监测充电情况，一旦出现异常，BMS 将立即切断车载充电机、主正继电器、主负继电器的供电，交流充电系统停止工作。

5. 车辆直流快充

当直流快充充电枪连接到车辆快充口后，直流充电桩输出 12V 直流电压给车辆，用电器发送充电唤醒信号给 BMS，BMS 根据动力电池的额定电压和可充电功率等参数，向直流充电桩发送充电请求，直流充电桩根据 BMS 反馈的信息及时调整充电电压和充电电流，对车辆进行充电。同时，BMS 先控制预充接触器和主负接触器导通，随后接通主正接触器并断开预充接触器,直流充电系统将充配电总成内的直流充电接触器闭合,从直流充电桩输入高压直流电经充配电总成内部的直流接触器给动力电池充电,同时,在仪表上显示相应的充电状态信息。在充电过程中,BMS 实时监测充电情况,一旦出现异常,BMS 立即将异常状况反馈给直流充电桩,直流充电桩紧急控制充电停止,并在仪表上显示相应的充电故障信息。

6. 车辆电池热管理

为了保证动力电池充、放电过程中,动力电池处于良好的工作状态,电池管理系统(BMS)实时监测动力电池包的温度信号。当动力电池温度超过设定值时,BMS 控制电池热管理系统的电动水泵工作,将动力电池的温度控制在正常的温度范围内,使动力电池具有最佳的工作状态。

四、电池管理系统的检修方法

电池管理系统的检测主要包括外观检查、电池管理模块各端子电阻及电压检测、电池管理模块及电缆检测、电池管理系统通信波形检测等。

1. 电池管理模块外观检查

电池管理模块外观为包含多个外接端口的盒体,当我们检测电池管理模块时可以通过眼睛进行观察,检查其外壳是否有外伤、变形、腐蚀等情况;检查各个外接端口是否存在破损、变形、腐蚀等情况;检查每根端子是否出现断裂、损坏、缺失等情况。

2. 电池管理模块各端子电阻、电压检测

电池管理模块的内部组件通过外接端口与相应电池组相连进行电池管理工作,因此我们通过检测各个端子的电阻值来确保各插接器端子是否完好。将万用表调至电阻档,然后使用红黑表笔测量电池管理模块外部插接器的端子之间的电阻值。

3. 电池管理模块及电缆检测

电池管理系统电缆接头接触不良、线束腐蚀、断裂或外部屏蔽损坏都会导致电池管理模块无法正常工作,需要对电缆进行更换,若发现有破损或者是异常状况应立即停止车辆使用,并将车辆移至厂家指定维修站点。

若电缆及其插头皆无外部损伤,需要使用数字万用表调至直流电压档,测量其电压值是否符合标准值,若出现异常数值,请及时更换电缆。

4. 电池管理系统通信波形检测

通常我们使用手持示波仪对电池管理系统的通信波形进行检测。在进行通信波形检测时,先将手持示波器的第一通道的红色测量端子接 CAN-H 线,黑色测量端子接搭铁;另一个通道的红色测量端子接 CAN-L 线,黑色测量端子接搭铁。然后,在示波器中合理调整波形的位置与单位便于波形的读取,最后查看电池管理系统高压互锁输出 PWM 波形是否正常。若测量波形为方波且规则,说明高压互锁系统工作正常;若测量波形变形或有干扰,则说明高压互锁系统存在故障。

实训演练

电池管理系统检测维修

请扫描二维码,查看"电池管理系统检测维修"技能视频,结合视频内容及相关资料,规范地完成电池管理系统的检修实训。

实训工具与准备:

1)工具:世达 100 件工具套装、劳保手套、车辆专用诊断仪、万用表 208 接线盒等。

2)设备:比亚迪 e5 整车。

3)资料及耗材:比亚迪 e5 维修手册、教材及学习工作页、抹布等。

一、实训前准备

1)穿戴好个人防护用品。

2)铺设车内防护三件套。

3)铺设车外防护三件套。

4)检查确认车辆状态正常。

二、电池管理系统在线检测

1)组装诊断仪套件,连接诊断仪至车辆诊断接口上,如图 4-2-4 所示,打开车辆电源开关。

2)打开诊断仪选择车型诊断,点击汽车诊断选择比亚迪 e5,点击按系统测试选择动力网,选择电池管理系统。

3)待车辆通信完成后,读取电池管理系统相关故障码,如图 4-2-5 所示。

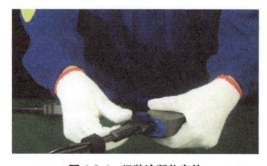

图 4-2-4 组装诊断仪套件

图 4-2-5 读取故障码

4)为确保读取的为当前故障码,需清除后再次读取,从而确认电池管理系统有无故障码存在。

5)读取电池管理系统相关数据流,判断动力电池电压、电流、绝缘、温度等相关数据是否正常。

6)退出诊断仪界面,关闭诊断仪,关闭车辆电源开关。

7)拔下诊断接口,取下诊断仪套件。

三、电池管理模块拆检

根据电路图可知熔丝 F1/7 和 F1/18 为电池管理模块供电;电池管理模块 BK45(A)的 28 号针脚、BK45(B)的 1 号针脚、BK45(B)的 8 号针脚都为供电端;BK45(A)的 2 号针脚、BK45(B)的 21 号针脚都为搭铁端。

1. 电池管理模块熔丝检测

1)打开熔丝盒盖,找到 F1 的 7 号熔丝。

2)取出数字万用表,并校准,确保万用表可用。

3)将数字万用表调至电压测试档,红表笔接 F1/7 熔丝输入端,如图 4-2-6 所示,黑表笔接低压蓄电池负极,如图 4-2-7 所示,测量其电压值。

图 4-2-6 红表笔接熔丝输入端

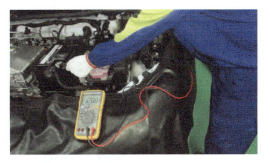

图 4-2-7 黑表笔接低压蓄电池负极

4)红表笔接 F1/7 熔丝输出端,黑表笔接低压蓄电池负极,测量其电压值。

5)若测得熔丝一端有电压,而另一端无电压,则需更换熔丝。

6)打开车辆电源开关。

7)以同样的方法检测熔丝 F1/18。

8)安装熔丝盒盖,关闭车辆电源开关。

2. 电池管理模块拆卸

1)断开低压蓄电池负极电缆。

2)使用 10mm 套筒、棘轮扳手组合工具拆卸电池管理模块的 1 颗固定螺栓,用手取下电池管理模块的 1 颗固定螺栓。

3)以同样方法拆卸电池管理模块另外 2 颗固定螺栓。

4)依次断开电池管理模块 2 个线束插接器。

5)取下电池管理模块,并妥善放置。

3. 电池管理模块供电电路检测

电池管理模块 BK45(A)的 28 号针脚、BK45(B)的 1 号针脚、BK45(B)的 8 号

针脚都为供电端。

1）安装低压蓄电池负极电缆。

2）取出数字万用表，并校准，确保万用表可用。

3）将数字万用表调至直流电压档，红表笔接插接器 BK45（A）的 28 号针脚，图 4-2-8 所示，黑表笔接车身搭铁，测量其电压值。

4）等数值稳定后读取并记录万用表数值，标准值为 11～14V，若检测值与标准值不符，则需要进一步检修供电电路。

5）使用同样的方法检测 BK45（B）的 1 号针脚电压值。

6）打开车辆电源开关。

7）红表笔接插接器 BK45（B）的 8 号针脚，黑表笔接车身搭铁，测量供电电路电压。

8）等数值稳定后读取并记录万用表数值，标准值为 11～14V，若检测值与标准值不符，则需要进一步检修供电电路。

4. 电池管理模块搭铁电路检测

1）关闭车辆电源开关，断开低压蓄电池负极电缆。

2）将数字万用表调至电阻档，红表笔接插接器 BK45（B）的 2 号针脚，如图 4-2-9 所示，黑表笔接车身搭铁，测量其电阻值。

3）等数值稳定后读取电阻值，若测量值与标准值不符，请检修搭铁线路。

4）以同样的方法检测 BK45（B）的 21 号针脚与车身之间的电阻值。

图 4-2-8　红表笔接插接器 BK45（A）的 28 号针脚　　图 4-2-9　红表笔接插接器 BK45（B）的 2 号针脚

四、电池管理系统 CAN 信号电路检测

根据电路图可知，电池管理系统分别有 3 组通信电路分别为动力 CAN，BK45（B）的 16 针脚为 CAN-H 端、BK45（B）的 17 号针脚为 CAN-L 端；电池子网 CAN，BK45（A）的 1 号针脚为 CAN-H 端、BK45（A）的 10 号针脚为 CAN-L 端；充电网 CAN，BK45（B）的 24 号针脚为 CAN-H 端、BK45（B）的 25 号针脚为 CAN-L 端。

1）安装低压蓄电池负极电缆，打开车辆电源开关。

2）将数字万用表调至直流电压档，红表笔接插接器 BK45（B）的 16 号针脚，黑表笔接车身，测量其 CAN-H 电压值。

3）等数值稳定后读取电压值，若电压值不在标准值范围内，需检测相关线路。

4）将数字万用表调至直流电压档，红表笔接插接器 BK45（B）的 17 号针脚，黑表笔接车身，测量其 CAN-L 电压值。

5）等数值稳定后读取电压值，若电压值不在标准值范围内，需检测相关线路。

6）关闭车辆电源开关，断开低压蓄电池负极。

五、电池管理系统互锁检测

根据电路图可知，电池管理系统有 2 组互锁电路，第一组互锁 BK45（B）的 4 号针脚和 BK45（B）的 5 号针脚，第二组互锁 BK45（B）的 10 号针脚和 BK45（B）的 11 号针脚。

1）取出数字万用表，并校准，确保万用表可用。

2）将万用表红黑表笔分别连接至两根跨接线的另一端，测量电池管理系统第一组互锁电路电阻，如图 4-2-10 所示。

3）等数值稳定后读取电阻值，若电阻值大于 1Ω，请检查互锁相关线路。

4）将万用表红黑表笔分别连接至两根跨接线的另一端，测量电池管理系统第二组互锁电路电阻，如图 4-2-11 所示。

图 4-2-10　连接 BK45（B）4、5 号针脚　　图 4-2-11　连接 BK45（B）10、11 号针脚

5）等数值稳定后读取电阻值，若电阻值大于 1Ω，请检查互锁相关线路。

六、电池管理系统动力 CAN 波形检测

1）安装低压蓄电池负极，打开车辆电源开关。

2）组装示波器测试线束，将示波器测试线束连接至示波器的两个测试通道上。

3）将示波器第一通道表笔连接线束插接器 BK45（B）的 16 号针脚，将第二通道表笔连接线束插接器 BK45（B）的 17 号针脚，如图 4-2-12 所示。

4）将测试线的黑夹子夹至低压蓄电池负极。

5）打开示波器电源开关，待稳定后观察示波器显示的动力电池网的 CAN-H 和 CAN-L 的波形。

6）进一步调节示波器波形脉宽和频率，分析动力电池网 CAN-H 和 CAN-L 的波形，如图 4-2-13 所示。

7）正常波形应该为矩形数字方波，无明显的突变，若有明显突变说明有强烈干扰，可能存在故障。

图 4-2-12　完成两通道线束插接器连接　　图 4-2-13　CAN-H 和 CAN-L 的波形

七、电池管理模块检测与安装

1. 外观检查

1）目视检查电池管理模块外观是否有损坏等不正常现象。

2）检查电池管理模块针脚是否有弯曲、变形等不正常现象。

2. 电池子网 CAN 终端电阻检测

1）取出数字万用表并校准，确保万用表可用。

2）红表笔和黑表笔分别接电池管理模块 BK45（A）的 10 号端子和 BK45（A）的 1 号端子，测量其电阻值，等数值稳定后读取电阻值，如图 4-2-14 所示。

3）若测得的数值与标准值差异很大，需更换电池管理模块。

3. 充电网 CAN 终端电阻检测

1）红表笔和黑表笔分别接电池管理模块 BK45（B）的 25 号端子和 BK45（B）的 24 端子，测量其电阻值，等数值稳定后读取电阻值，如图 4-2-15 所示。

2）若测得的数值与标准值差异很大，需更换电池管理模块。

图 4-2-14　连接 BK45（A）的 10 号和 1 号端子　　图 4-2-15　连接 BK45（B）的 25 号和 24 号端子

4. 电池管理模块安装

1）依次安装电池管理模块两个线束插接器。

2）用手旋入电池管理模块 3 颗固定螺栓，使用 10mm 套筒、棘轮扳手组合工具拧紧电池管理模块的 3 颗固定螺栓。

3）安装低压蓄电池负极。

八、电池管理系统复检

1）再次使用诊断仪进入电池管理系统。
2）查看电池管理系统相关故障码，并确认无电池管理系统相关故障码存在。
3）若有相关故障码存在，需根据故障码进行相关系统检修。

九、整理清洁

按照 7S 管理标准，整理工具和场地。

任务练习

一、选择题

1. 电池状态计算包括（　　）。
A. 电池组荷电状态和电池组健康状态　　B. 电池组荷电状态
C. 电池组健康状态　　D. 以上都不是
2. 电池的安全管理是指监视电池电压、电流、温度是否超过正常范围，防止电池组（　　）。
A. 被盗　　B. 缺电
C. 过充、过放　　D. 以上都不是
3. 锂离子单体电池的工作电压是（　　）。
A. 1.8～2V　　B. 2.75～3.6V
C. 1.5～1.8V　　D. 12～15V

二、判断题

1. 电池管理系统的所有算法都是以采集的动力电池数据作为输出，采样速率、精度和前置滤波特性是影响电池系统性能的重要指标。（　　）
2. 实施均衡控制是为了使各单体电池充放电的工作情况尽量一致，提高整体电池组的工作性能。（　　）
3. 电流传感器是接触器盒中的一个电子元件。（　　）
4. 电池管理系统主要的功能就是数据采集。（　　）
5. 电池管理系统（BMS）是一套保护动力电池使用安全的控制系统，时刻监控电池的使用状态，通过必备措施缓解电池组的不一致性。（　　）
6. 通过电池放电系统实现电池参数、信息与车载设备或非车载设备的通信，为充放电控制、整车控制提供数据依据是电池放电系统的重要功能之一。（　　）

三、简答题

简述电池管理模块外观检查的内容。

任务三　车载充电系统检测维修

一辆行驶了 50000km 的比亚迪 e5 纯电动汽车被送至 4S 店进行维修，车主反映该车无法使用交流充电桩充电。维修人员试车后发现充电时交流充电桩指示灯亮，充电器电源工作灯亮但是车辆无法充电。维修技师分析后认为可能是充电系统存在故障，需要检修。请你学习充电系统相关知识，安全规范地完成分派的检修任务。

学习目标

1）能正确描述车载充电系统的含义及功能。
2）能掌握车载充电系统的各个组成部分。
3）能正确说出车载充电系统的工作原理。
4）能根据实际故障分析总结出车载充电系统的检修方法。
5）能规范完成车载充电系统的检测实训。

知识储备

一、充电系统类型

1. 按照输入电能的供给方式分类

在对电动汽车进行充电时，根据输入的充电电流的不同，充电系统可分为交流充电系统和直流充电系统两种。两种不同的充电方式，充电速度不一样。

（1）交流充电系统

所谓交流充电系统就是使用交流电网与车载充电机连接，对新能源电动汽车进行充电。将电动汽车和交流电网相连时，可以采用下述 3 种方式中的一种或多种。

1）将电动车辆和交流电网相连时，使用和电动车辆连在一起的供电电缆和插头。
2）将电动车辆和交流电源连接时，使用带有电动车辆连接器和电源连接器的独立活动电缆。如图 4-3-1 所示。
3）将电动车辆和交流电源连接时，使用和交流电网连在一起的供电电缆和连接器。如图 4-3-2 所示。

图 4-3-1　带有车辆及电源连接器的独立活动电缆

图 4-3-2　供电电缆及连接器与交流电网连在一起

（2）直流充电系统

所谓直流充电系统是指采用直流电给新能源汽车进行充电的系统。一般电动汽车采用直流电是在对交流电源进行整流后得到的，但这种充电系统需要单独设置整流装置或直流电源。

2. 按充电时长分类

按照充电时间的不同，电动汽车的充电系统可分为快充充电系统和慢充充电系统两种。

（1）快充充电系统

快充充电系统可以不用车载充电机而完成电动汽车的充电，所以快充充电系统可以用于没有车载充电机的充电系统。根据电动汽车动力电池性能的不同，充电电流一般在 $0.2C$～$1C$，少数动力电池的充电电流可达到 $3C$。C 为放电倍率，等于充放电电流与额定容量的比值。根据电动汽车动力电池剩余容量和充电电流大小的不同,一般快充充电时间在20~60min。

(2)慢充充电系统

慢充充电系统主要用于将220V交流电转化为直流电,以实现动力电池的电能补给。慢充充电系统一般采用交流充电桩进行交流充电,适用于具有车载充电机的电动乘用车。充电电流相对较小,输出功率通常不超过7kW。根据车载充电机功率的不同,一般慢充电模式充电时间为3~5h,部分车辆长达8~9h。由于充电时间较长,通常不用于车辆紧急充电。

慢充系统使用的交流充电桩成本较低且安装比较简单,可建在停车场、住宅小区等场所,充分利用停车时间特别是夜间等用电负荷低谷时段对车辆进行充电,充电成本相对较低。

总体来说,快充充电系统的充电机通常固定安装在地面上,输入侧的交流电经过电能变换后转变为直流输出,并给电动汽车的动力电池充电,因此也称为直流充电;慢充充电系统的整流等电能变换环节都在电动汽车内完成,车外仅需要一个交流输入供电电源,因此也称为交流充电。

二、充电系统的组成

新能源汽车充电系统主要由车载充电机、充电口、DC/DC变换器等部分组成,并辅以正负极母线接触器(继电器)、预充接触器和预充电阻等辅助装置,如图4-3-3所示。

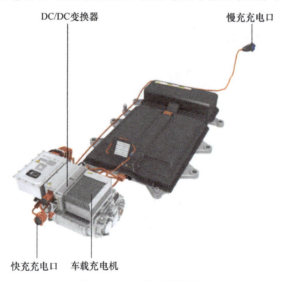

图4-3-3 充电系统组成

1.车载充电机

(1)车载充电机的作用

车载充电机是充电系统的主要装置,它以受控的方式将220V交流电转化成相应的高压直流电,传输到纯电动汽车或插电式混合动力汽车车载储能装置,从而实现补充电力,如图 4-3-4 所示。

图 4-3-4　充电机作用

充电机工作过程需协调 BMS 等部件进行充电综合管理，由 BMS 通过 CAN 通信控制车载充电机的工作状态，当监测到车载充电机温度高于 75℃时，充电机的输出电流变小；若温度高于 80℃时，车载充电机将切断供电，停止输出电能。电池管理系统（BMS）为车载充电机提供过电压、欠电压、过电流、欠电流等多种保护措施。若充电系统出现异常，电池管理系统会及时采取应对措施甚至切断供电。

（2）电动汽车充电机的组成

电动汽车充电机主要由散热风扇组、低压通信端、直流输出端、交流输入端等组成，如图 4-3-5 所示。

1）散热风扇组在充电机工作温度超过预设温度范围后工作，用于充电机的散热。

2）低压通信端主要实现车载充电机与慢充充电枪以及车上其他控制单元之间进行信息交互等功能。输出端口包括新能源 CAN-H、新能源 CAN-L 信号传输、互锁输出（到高压控制盒低压插件）、CC 信号输出（到集成控制器）、互锁输入（到空调压缩机低压插件）、12V+ 输入、慢充唤醒（到集成控制器）。

3）直流输出端与高压控制盒相连，将车载充电机转换的直流高压电输出至高压控制盒。

4）交流输入端与慢充口相连，将 220V 交流电输入至车载充电机中。

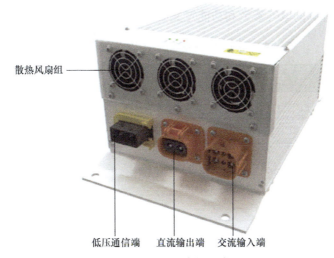

图 4-3-5　充电机组成

2. 充电口

充电口是指用于连接活动电缆和电动汽车的充电部件，新能源汽车的充电口有快充充电口和慢充充电口两种。它相当于充电插座，用于与充电插头结构和电气进行耦合，是充电系统的主要充电部件。

（1）慢充充电口

慢充充电口是完成慢速（交流）充电的接口，适用于电动汽车交流充电使用。慢充充电口为7孔式，各个针脚含义分别为控制连接确认（CP）、充电连接确认（CC）、交流电源零线（N）、交流电源火线（L）、备用连接2(NC2)、备用连接1(NC1)以及车身地（PE），如图4-3-6所示。

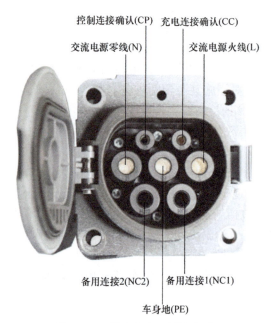

图4-3-6 慢充充电口针脚名称

慢充充电口各针脚的电气参数和功能定义见表4-3-1。

表4-3-1 慢充充电口针脚定义及参数

触头编号/标识	额定电压和额定电流	功能定义
L	250V	交流电源
NC1	—	备用触头
NC2	—	备用触头
N	250V 16A/32A	中性线
PE	—	保护接地PE，连接供电设备地线和车辆底盘搭铁线
CC	30V 2A	充电连接确认
CP	30V 2A	控制连接确认

（2）快充充电口

快充充电口是与快充充电桩上的快充充电枪进行物理连接的部件，负责完成充电和控制引导。快充充电口为 9 孔式，其针脚布置形式如图 4-3-7 所示。

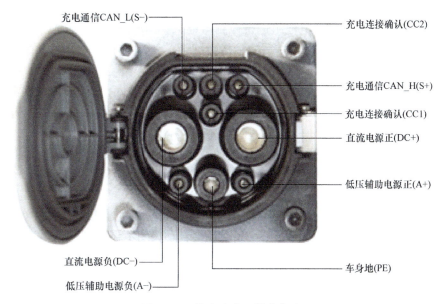

图 4-3-7　快充充电口针脚名称

快充充电口各针脚功能定义及参数见表 4-3-2。

表 4-3-2　快充充电口针脚定义及参数

触头编号 / 标识	额定电压和额定电流	功能定义
DC+	750V 125A/250A	直流电源正，连接直流电源正与电池正极
DC−	750V 125A/250A	直流电源负，连接直流电源负与电池负极
PE	—	保护接地（PE），连接供电设备地线和车辆底盘搭铁线
S+	30V 2A	充电通信 CAN-H，连接非车载充电机与电动汽车的通信线
S−	30V 2A	充电通信 CAN-L，连接非车载充电机与电动汽车的通信线
CC1	30V 2A	充电连接确认 1
CC2	30V 2A	充电连接确认 2
A+	30V 20A	低压辅助电源正，连接非车载充电机为电动汽车提供的低压辅助电源
A−	30V 20A	低压辅助电源负，连接非车载充电机为电动汽车提供的低压辅助电源

注：非车载充电机控制装置和车辆控制装置应用 CAN 总线终端电阻，建议为 120Ω。通信线宜采用屏蔽双绞线，非车载充电机端屏蔽层搭铁。

3. DC/DC 变换器

DC/DC 变换器是为转变输入电压后有效输出固定电压的电压变换器，又称为直流变换器。DC/DC 变换器分为三类：升压型 DC/DC 变换器、降压型 DC/DC 变换器以及升降压型

DC/DC 变换器。DC/DC 变换器主要由控制芯片、电感线圈、二极管、晶体管、电容器等构成。DC/DC 变换器主要有输入低压保护、输入反接保护、输出短路保护、温度过高保护四个功能。

（1）输入低压保护功能

当 DC/DC 变换器的输入电压低于 220V 时，其就会锁死输出，同时故障指示灯点亮提示输入电压过低，需要对动力电池组进行检测与维护。当电压高于 220V 时，DC/DC 变换器自动解除输出闭锁，恢复正常工作后故障指示灯灭。

（2）输入反接保护功能

若 DC/DC 变换器输入端接反，其便进入反接保护锁死输入，DC/DC 变换器不会损坏。反接消除后，DC/DC 变换器恢复正常。

（3）输出短路保护功能

在输出端的负载存在短路时，DC/DC 变换器会自动进入断路保护状态，不再向外输出电量。当短路故障排除后，DC/DC 变换器会自动恢复输出功能。

（4）温度过高保护功能

DC/DC 变换器工作温度不允许超过 363K。在工作温度超过 353K 时，DC/DC 变换器首先自动降低功率进行自身降温；达到 363K 时就会自动关闭不再工作；当温度降到 353K 时，DC/DC 变换器又恢复工作。

4. 正负极母线接触器（继电器）

正负极母线接触器也称为主继电器，主要包含正极母线接触器和负极母线接触器。在部分新能源汽车动力电池系统中，高压正极母线接触器由 BMS 控制，负极母线接触器由整车控制器控制。

5. 预充接触器（继电器）

预充继电器与预充电阻在充电初期需要闭合预充继电器进行预充电，以防止汽车电路中出现过大的初始充电电流从而击穿电容。如充电初期需要给各单体电池进行预充电，确定单体电池有无短路；充放电初期需要低压、小电流给各控制器电容充电，当电容两端的电压接近动力电池总电压时断开预充继电器，闭合高压正极继电器，从而防止电容初充电流过大而被击穿。

三、充电系统的工作过程

1. 慢充充电系统工作过程

慢充充电系统控制电路如图 4-3-8 所示。充电桩中的供电控制装置通过检测 CC 连接确认信号后，把 S1 开关从 12V 端切换到 PWM 端；当检测点 1 电压降到 6V 时，充电桩控制 K1、K2 开关闭合，输出电流。

充电过程大致分为以下几个步骤：

1）CC 充电连接确认。当充电插头与车身交流充电口完全连接后，充电桩中供电控制装置通过检测点 4 检查到端子 CC 连接确认信号后，将 S1 开关从 +12V 档切换至 PWM 信号（脉冲宽度调制信号）。

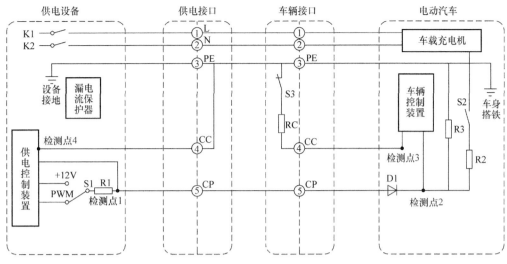

图 4-3-8 慢充充电系统控制电路

2）CP 控制确认。S1 开关切换至 PWM 档后，供电控制装置同时进行 PWM 信号的发送和检测点 1 电压的测量，以此来确认充电线路连接情况；车辆控制装置凭借对检测点 2 上接收到的 PWM 信号的监测，来判断供电设备的供电能力，并完成充电装置完全连接的确认。

3）车辆控制装置通过检测点 3 测量端子 CC 和端子 PE 之间的电阻 RC。线路中开关 S3 为车辆插头的内部常闭开关，与插头上的机械锁止装置相关联，按下机械锁止开关 S3 开关即断开。当插头与插座完全连接后，车辆控制装置通过测量检测点 3 与 PE 之间的阻值确认完全连接，得到充电连接信号，完成了充电唤醒过程。

4）系统确认充电装置完全连接后，供电控制装置通过测量检测点 1 的电压判断车辆是否准备就绪，当电压值达到规定值时，供电设备控制装置接通开关 K1、K2 分别为供电插头的 L、N 端子供电。

5）动力电池管理系统 BMS 检测充电需求，同时给车载充电机发送工作指令并控制车辆低压电路中的相关继电器吸合。车载充电机执行充电程序，同时点亮充电指示灯。

6）充电过程中，系统会周期性地检测相关检测点的电压值，确认供电线路的连接情况。车辆控制装置测量检测点 2 和检测点 3、供电控制装置测量检测点 1 和检测点 4 的电压，监测周期不大于 50ms。另外车辆控制装置持续地监测检测点 2 收到的 PWM 信号，当占空比信号发生变化时调节车载充电机的输出功率，监测周期不大于 5s。

7）充电完成。当 BMS 检测充电完成或达到车辆设置的充电完成条件，或驾驶员执行停止充电的指令时，车辆控制装置断开 S2 开关，使车载充电机停止充电；供电控制装置将 S1 开关切换至 +12V 档。在检测到 S2 开关断开的信号后，供电控制装置断开 K1、K2 供电回路。

一般采用恒流、恒压充电方法，在不同温度范围内以恒定电流充电至动力电池组总电压达到或最高单体电压达到此温度条件下的规定电压值，以恒定电压充电至电流小于 0.8A 后停止充电。充电温度通常为 0～55℃，此时以 10A 的电流充电；当单体电池最高电压高于 2.6V 时，降低充电电流到 5A，当单体电池电压达到 3.7V 时，充电电流为 0A，请求停止充电。

2. 快充充电系统工作过程

直流充电系统控制电路如图 4-3-9 所示。从图中可以看到，以车辆接口处划分，左侧为充电桩及插头，右侧为车辆及直流充电接口。充电桩中开关 S 为常闭开关，与直流充电插头上的机械锁相关联，按下机械锁开关 S 就打开。电阻 R1～R5 分别连接于 CC1、CC2 这 2 条连接确认检测线路中，其阻值约为 1kΩ；U_1、U_2 分别为充电桩和车辆控制装置中提供的参考电压，电压值为 12V。

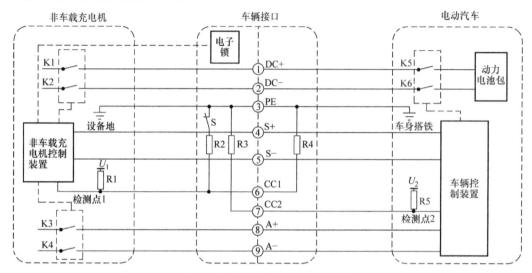

图 4-3-9 快充充电系统控制电路

充电过程大致分为以下几个阶段：

1）准备阶段：将直流充电接头与汽车充电口连接后，U_1 通过电阻 R1、R4、端子 CC1 与车身搭铁形成回路，U_2 通过电阻 R5、R3、端子 CC2 与充电桩设备接地形成回路，分别完成工作电路的连接。直流充电系统中的非车载充电机控制装置监测检测点 1 的电压值达到 4V 时，则确认充电线路完全连接。

2）自检阶段：充电系统完成连接后，充电桩闭合 K3、K4，低压辅助供电回路导通，12V 低压电则通过 A+、A- 端子与车辆形成通路。车辆控制装置通过监测检测点 2 的电压值，当电压达到 6V 时车辆控制装置与充电桩之间通过 S+、S- 这两个通信连接线发送通信信号，确认充电准备完成，同时控制开关 K1、K2 闭合，进行绝缘测试，要求绝缘良好，阻值大于 20MΩ，保证充电过程的安全进行。绝缘测试完成后，开关 K1、K2 断开，自检阶段完成。

3）充电阶段：车辆控制装置闭合 K5、K6，充电桩验证充电条件是否满足，即与原数据通信时相比电压差小于 5%，并且车辆动力电池电压处于充电机最高输出电压与最低输出电压之间，充电桩控制开关 K1、K2 闭合，形成直流充电回路。在充电过程中车辆与充电桩会通过 S+、S- 端子持续地进行数据通信，并发送实时充电需求，按照动力电池充电状态及时调整充电电压和充电电流。在充电过程中通常要求动力电池单体电池温度为 0～45℃；SOC 电压差小于 0.3V；单体电池最高温度与最低温度差小于 15℃；实际单体电池最高电压不大于额定单体电池电压 0.4V。

4）结束阶段：车辆控制装置实时监测动力电池的充电状态或通过是否收到"充电机中止充电报文"的指令来判断是否完成充电。当满足充电完成的条件或者接收到驾驶员的停止充电指令时，系统确认充电电流小于 5A 后，车辆控制装置断开开关 K5、K6，充电机控制装置断开 K1、K2，最后断开 K3、K4，完成充电过程。

四、车载充电系统的常见故障及检测

1）故障现象：车辆无法进行交流充电。
2）故障原因：车载充电系统内部存在故障，导致无法正常充电。
3）诊断方法：检查车载充电机外观是否正常，各插接器是否有损坏等情况；检查交流充电口是否有烧蚀损坏等痕迹；使用万用表检测车载充电机和充电口电路是否有故障；使用兆欧表检查充电口绝缘电阻是否正常，若不正常需更换新的交流充电口。

实训演练

充电系统检测维修

请扫描二维码，查看"充电系统检测维修"技能视频，结合视频内容及相关资料，规范地完成车载充电系统的检修实训。

实训工具与准备：

1）工具：世达 100 件工具套装、高压绝缘手套、车辆专用诊断仪、万用表等。
2）设备：比亚迪 e5 整车。
3）资料及耗材：比亚迪 e5 维修手册、教材及学习工作页、抹布等。

一、实训前准备

1）穿戴好个人防护用品。
2）铺设车内防护三件套。
3）铺设车外防护三件套。
4）检查确认车辆状态正常。

二、充配电总成检测

1. 充配电总成基本检查

1）佩戴高压绝缘手套。
2）目视检查充配电总成外观有无破损、变形。

3）检查充配电总成各线束插接器连接是否牢靠。

2. 充配电总成电路检测

根据充配电总成电路图可知，充配电总成工作常电经F1/6熔丝，送至B74的1号针脚和B74的2号针脚供电端；通过B74的3号针脚搭铁，形成供电电路。

（1）充配电总成熔丝检测

1）打开熔丝盒盖，取出数字万用表并校准，确保万用表正常可用。

2）将数字万用表调至电压测试档，红表笔接F1的6号熔丝进端，如图4-3-10所示，黑表笔接低压蓄电池负极，测量充配电总成供电电压。

3）待万用表数值稳定后读取并记录万用表数值，若检测电压值不在标准范围内，则需要检修熔丝。

4）以同样方法检测F1的6号熔丝的出端电压，若检测的进端电压与出端电压不一致，则需更换新的熔丝。

5）安装熔丝盒。

（2）充配电总成供电电路检测

1）断开低压蓄电池负极，断开充配电总成低压线束插接器。

图4-3-10　红表笔接F1的6号熔丝进端

2）安装低压蓄电池负极。

3）取出数字万用表并校准，确保万用表正常可用，将数字万用表调至直流电压档。

4）选用合适的跨接线连接至充配电总成低压线束插接器B74的1号针脚，如图4-3-11所示，将万用表连接至跨接线的另一端，黑表笔接低压蓄电池负极，如图4-3-12所示，测量充配电总成供电电压。

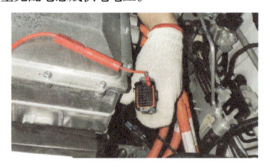

图4-3-11　连接插接器B74的1号针脚

图4-3-12　黑表笔接低压蓄电池负极

5）等数值稳定后读取万用表数值，若测量值与标准值不符，需进一步检修充配电总成供电电路。

6）以同样方法检测B74的2号针脚电压。

（3）充配电总成搭铁电路检测

1）断开低压蓄电池负极电缆，将跨接线连接至充配电总成低压线束插接器B74的3号针脚，如图4-3-13所示。

2)将数字万用表调至电阻档,红表笔连接跨接线的另一端,黑表笔接车身搭铁,如图 4-3-14 所示,测量搭铁电路电阻。

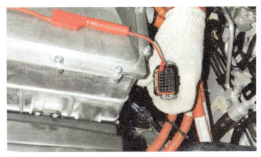

图 4-3-13　连接插接器 B74 的 3 号针脚

图 4-3-14　黑表笔接车身搭铁

3)等数值稳定后读取测量值,若检测值与标准值不符,需进一步检修搭铁电路。
4)安装充配电总成低压线束插接器,确认其安装到位。
5)安装低压蓄电池负极。

三、充电口检测

1. 充电口基本检查

1)掀起前格栅保护垫,取出数字万用表并校准,确保万用表正常可用。
2)依次打开直流充电口保护盖和交流充电口保护盖,检查直流充电口和交流充电口连接孔是否正常,如图 4-3-15 所示。
3)检查两个充电口保护盖是否存在卡滞,如图 4-3-16 所示。

图 4-3-15　检查充电口连接孔是否正常

图 4-3-16　检查充电口保护盖是否卡滞

2. 充电口低压电路检测

交流充电口为 7 孔式,分别为控制连接确认(CP)、充电连接确认(CC)、交流电源的零线(N)、交流电源的火线(L)、备用连接 1(NC1)、备用连接 2(NC2)和车身地(PE)。

直流充电口为 9 孔式,分别为直流电源正(DC+)、直流电源负(DC-)、车身地(PE)、充电通信 CAN-H(S+)、充电通信 CAN-L(S-)、充电连接确认 1(CC1)、充电连接确认 2(CC2)、低压辅助电源正(A+)、低压辅助电源负(A-)。

（1）交流充电口低压检测

1）取出数字万用表并校准，确保万用表正常可用。

2）将数字万用表调至直流电压档，红表笔接交流充电口的CC，黑表笔接交流充电口的PE，测量充电确认信号电压，如图4-3-17所示。

3）等数值稳定后读取万用表数值，若检测值与标准值不符，需进一步检修充电口及连接线束。

（2）直流充电口低压检测

1）红表笔接直流充电口的S-，黑表笔接直流充电口的S+，测量充电网的终端电阻，等数值稳定后读万用表数值。

2）若测量值与标准值不符，需进一步检修直流充电口及相关连接线。

3）红表笔接直流充电口的A-，黑表笔接直流充电口的A+，测量电阻，等数值稳定后读取万用表数值。

图4-3-17　测量充电确认信号电压

4）红表笔接直流充电口的CC1端子，黑表笔接直流充电口的PE端子，测量电阻，等数值稳定后读取万用表数值。

5）若测量值与标准值不符，需维修充电口及相关连接线。

3. 维修开关拆卸

1）断开低压蓄电池负极，进入车内抬起中控台储物盒盖板。

2）使用十字螺钉旋具拆卸中控台储物盒的4颗自攻螺钉。

3）取出储物盒，断开储物盒线束插接器，取下储物盒。

4）佩戴高压绝缘手套，松开动力电池维修开关，拔出维修开关。

4. 充电口高压绝缘检测

（1）交流充电线束绝缘检测

1）取出数字兆欧表，将数字兆欧表黑表笔接充配电总成搭铁线束，将数字兆欧表红表笔接交流充电口的N孔。

2）将数字兆欧表调至1000V测试档，旋转测试旋钮进行测试，待数值稳定后读取绝缘值。

3）若测量值与标准数值不符，则说明车载充电器存在绝缘故障，需进一步检修。

4）将数字兆欧表红表笔接交流充电口的L孔。

5）将数字兆欧表调至1000V测试档，旋转测试旋钮进行测试。

6）待数值稳定后读取绝缘值，若测量值与标准数值不符，则说明车载充电器存在绝缘故障，需进一步检修。

（2）直流充电线束绝缘检测

1）将数字兆欧表红表笔接直流充电口的直流电源DC+孔，将数字兆欧表调至1000V测试档，旋转测试旋钮进行测试，待数值稳定后读取绝缘值。

2）若测量值与标准数值不符，则说明直流充电口及高压线束存在绝缘故障，需进一步检修。

3）将数字兆欧表红表笔接直流充电口的直流电源 DC- 孔，将数字兆欧表调至 1000V 测试档，旋转测试旋钮进行测试，待数值稳定后读取绝缘值。

4）关闭交流充电口和直流充电口充电保护盖，关闭充电口盖板。

5）放下前格栅保护垫。

四、充电口总成拆装与检测

1. 充电口总成拆卸

（1）充电口总成搭铁线拆卸

1）取下车外防护三件套。

2）两人配合操作，拆卸前保险杠总成。

3）使用卡扣拆卸工具拆卸高压充电线束与散热器上横梁连接的 3 个固定卡扣，如图 4-3-18 所示。

4）使用尖嘴钳拆卸高压充电线束与充电口总成连接的 3 个固定卡扣。

5）使用 10mm 套筒、接杆、棘轮扳手组合工具依次拆卸交流充电口、直流充电口搭铁线束的 4 颗固定螺栓，如图 4-3-19 所示。

 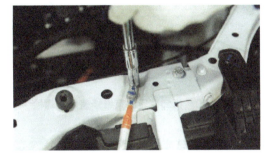

图 4-3-18　拆卸高压充电线束的连接固定卡扣　　图 4-3-19　拆卸交、直流充电口搭铁线束固定螺栓

6）用手旋出 4 颗固定螺栓，取下搭铁线束并妥善放置。

（2）充电口总成拆卸

1）使用 10mm 套筒、接杆、棘轮扳手组合工具，拆卸充电口总成的 4 颗固定螺栓，用手旋出 4 颗固定螺栓。

2）使用尖嘴钳拆卸充电口左侧照明灯线束固定卡扣，断开直流充电口低压线束插接器。

3）以同样方法拆卸充电口右侧照明灯线束固定卡扣，并断开交流充电口低压线束插接器。

4）使用尖嘴钳拆卸充电高压线束与防撞梁连接的 2 个固定卡扣。

2. 充电口高压线束拆卸

（1）交流充电线束拆卸

1）铺设车外防护三件套。

2）使用一字螺钉旋具拆卸与交流充电口连接的高压线束插接器固定卡扣。

3）用手按压固定卡扣，轻轻晃动高压线束插接器，拆下高压线束插接器。

（2）直流充电线束拆卸

1）使用 TS25 内五角套筒、接杆、棘轮扳手组合工具，拆卸充配电总成高压线束维修盖的 1 颗定位螺栓，如图 4-3-20 所示。

2）使用十字套筒、接杆、棘轮扳手组合工具，拆卸充配电总成高压线束维修盖的 3 颗固定螺栓。

3）用手旋出维修盖的 4 颗螺栓，取下直流充电高压线束维修盖。

4）使用 10mm 套筒、接杆、棘轮扳手组合工具，拆卸直流充电高压母线端子的 4 颗固定螺栓。

5）使用 10mm 套筒、接杆组合工具，旋出直流充电高压母线端子的 4 颗固定螺栓。

6）使用磁力吸棒取出与直流充电口相连的高压线束的 4 颗固定螺栓，如图 4-3-21 所示。

7）取出直流充电高压线束正负极端子，将充电口总成及高压线束一起取下。

图 4-3-20　拆卸高压线束维修盖定位螺栓

图 4-3-21　吸出高压线束固定螺栓

3. 充电口总成及线束检测

（1）充电口总成基本检查

1）目视检查交流充电线束插接器、直流充电线束端子是否损坏，检查线束是否有破损。

2）目视检查直流、交流充电口搭铁线束是否有损坏。

3）若线束有损坏，应及时更换或维修。

4）拉动交流充电口机械锁模块，检查机械锁锁止是否正常。

（2）充电口温度传感器检测

由电路图可知，充电口总成共有三个温度传感器，交流充电口一个，直流充电口两个。交流充电口低压线束插接器 B53b）的 7 号、8 号针脚分别为温度传感器的供电和搭铁端；直流充电口低压线束插接器 B53a）的 7 号和 B53a）的 8 号分别为温度传感器 1 的供电和搭铁端；B53a）的 9 号和 B53a）的 10 号分别为温度传感器 2 的供电和搭铁端。

（3）交流充电口充电口温度传感器检测

1）使用尖嘴钳依次拆卸充电口低压线束插接器固定卡扣，将拆下的线束插接器放置在合适位置。

2)取出万用表进行校表,确保万用表正常可用。

3)选择合适的跨接线连接至低压交流线束插接器 B53b)/7 和 B53b)/8 针脚,如图 4-3-22 所示。

4)将万用表黑表笔连接至两根跨接线的另一端,测量交流充电口温度传感器电阻值,待万用表数值稳定后,读取并记录万用表数值。

(4)直流充电口充电口温度传感器检测

1)将跨接线连接至低压交流线束插接器 B53a)/7 和 B53a)/8 针脚,如图 4-3-23 所示。

图 4-3-22　连接 B53b)/7、8 针脚

图 4-3-23　连接 B53a)/7、8 针脚

2)将万用表红黑表笔连接至两根跨接线的另一端,测量直流充电口温度传感器 1 电阻值,待万用表数值稳定后,读取并记录万用表数值。

3)以同样方法检测直流充电口温度传感器 2 的电阻值。

4)将充电口低压线束插接器放置在规定位置,依次安装充电口低压线束插接器固定卡扣。

(5)充电口搭铁电路检测

1)依次打开直流充电口、交流充电口保护盖。

2)将万用表调至电阻测试档,将万用表红表笔接交流充电口 PE,如图 4-3-24 所示,黑表笔连接至交流充电口搭铁线束,测量电阻值。

3)待数值稳定后,读取万用表数值,若测量值与标准数值不符,则需更换搭铁线束。

4)将万用表红表笔接直流充电口 PE,如图 4-3-25 所示,黑表笔连接至直流充电口搭铁线束,测量电阻值,待数值稳定后读取万用表数值。

图 4-3-24　红表笔连接交流充电口 PE

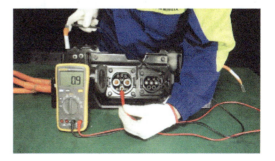

图 4-3-25　红表笔连接直流充电口 PE

5)若测量值与标准数值不符,则需更换搭铁线束。

6)关闭交流充电口和直流充电口保护盖。

4. 充电口高压线束安装

(1)直流充电线束安装

1)将充电口总成及高压线束放置在合适的位置,安装直流充电高压线束正负极端子,确认其安装到位。

2)使用 10mm 套筒、接杆组合工具,旋入直流充电高压母线端子的 4 颗固定螺栓。

3)使用 10mm 套筒、接杆、棘轮扳手组合工具,拧紧直流充电高压母线端子的 4 颗固定螺栓。

4)安装维修盖,确认其定位孔与底座对齐装入,用手旋入维修盖的 4 颗固定螺栓。

5)使用 TS25 内五角套筒、接杆、棘轮扳手组合工具,拧紧充配电总成高压线束维修盖的 1 颗定位螺栓。

6)使用十字套筒、接杆、棘轮扳手组合工具,拧紧充配电总成高压线束维修盖的 3 颗固定螺栓。

(2)锁止插接器

安装与交流充电口连接的高压线束插接器,并将其锁止到位。

5. 充电口总成安装

(1)充电口总成安装

1)安装充电高压线束与防撞梁连接的 2 个固定卡扣。

2)安装直流充电口低压线束插接器。

3)安装充电口左侧照明灯线束固定卡扣。

4)以同样方法安装充电口右侧照明灯线束固定卡扣,并安装交流充电口低压线束插接器,用手旋入充电口总成的 4 颗固定螺栓。

5)使用 10mm 套筒、接杆、棘轮扳手组合工具,拧紧充电口总成的 4 颗固定螺栓。

(2)充电口总成搭铁线安装

1)用手旋入充电口总成搭铁线束的 4 颗固定螺栓。

2)使用 10mm 套筒、接杆、棘轮扳手组合工具,拧紧充电口总成搭铁线束的 4 颗固定螺栓。

3)安装高压充电线束与充电口总成连接的 3 个固定卡扣。

4)安装高压充电线束与散热器上横梁连接的 3 个固定卡扣。

5)两人配合操作,安装前保险杠总成。

6. 维修开关安装

1)安装动力电池维修开关,安装储物盒线束插接器。

2)使用十字螺钉旋具安装中控台储物盒的 4 颗自攻螺钉。

3)放下中控台储物盒盖板。

4)安装低压蓄电池负极。

五、整理清洁

按照 7S 管理标准,整理工具和场地。

任务练习

一、选择题

1. 以下属于车载充电机组成部件的是（　　）。
   A. 交流输入接口　　B. 功率控制单元
   C. 控制单元　　　　D. 以上都是
2. 在慢充接口端子定义中 CC 代表（　　）。
   A. 充电确认线　　B. 控制确认线
   C. 车身地线　　　D. 交流充电
3. 在部分新能源汽车电池系统中，高压正极母线接触器由（　　）控制，负极母线接触器由整车控制器控制
   A. BMS　　　　　　B. ECU
   C. 整车控制器　　　D. MCU
4. 电动汽车的充电系统可分为快充充电系统和慢充充电系统两种，其中快充是采用（　　）电进行充电。
   A. 直流　　　　B. 交流
   C. 低压　　　　D. 以上都不是

二、判断题

1. 车载充电机作为一个电力电子系统，主要由功率电路和控制电路组成。（　　）
2. 当车载充电机接上交流电后，立刻将电能输出给动力电池。（　　）
3. 当电动汽车插上充电插头后，车辆处于可以行驶状态。（　　）
4. 在充电过程中，当充电完成或者因为其他不满足充电条件的原因时，车辆控制装置发出充电停止信号给车载充电机。（　　）

三、简答题

简述新能源汽车充电系统的组成。

任务四　逆变转换系统检测维修

一位客户在驾驶车辆时发现仪表上的低压蓄电池充电指示灯点亮，自主驾驶车辆到 4S 店进行维修。维修技师诊断后认为逆变转换系统异常，需要对此故障进行维修。请你学习逆变转换系统的相关知识，安全规范地完成检修任务。

学习目标

1）能准确描述逆变器的作用。
2）能正确说出逆变器的类型。
3）能正确叙述逆变器的组成。
4）能掌握逆变器的工作原理。
5）能掌握逆变器的检测与维修要点,并规范地完成实训操作。

知识储备

一、逆变器的作用

一般情况下,我们需要通过变压器将家中的 220V 的交流电变成直流电供日常电子产品的使用,而逆变器的作用刚好与此相反,因此而得名。逆变器是一种将直流电(DC)转换为交流电(AC)的装置,如图 4-4-1 所示。

二、逆变器的分类

逆变器是利用半导体开关器件的开通和关断,将直流电源转换为幅值和频率均可控的正弦交流输出电源,用来

图 4-4-1　逆变器

驱动交流电机或作为交流不间断电源应用。逆变器按照不同的标准分为不同的类型,主要有以下几种分类方法。

1. 按输入电源性质分

根据输入直流电源的性质不同,逆变器可以分为电压源型逆变器(VSI)和电流源型逆变器(CSI)。若输入电压为恒压源,称为电压源型逆变器;输入为恒流源,则称为电流源型逆变器。电压源型逆变器的输入特点是其输入具有理想电压源性质,而电流源型逆变器输入为理想电流源,在实际应用中较少。逆变器由直流电源提供能量,为了保证直流电源为恒压源或恒流源,在直流电源的输出端须配有储能元件。若采用大电容作为储能元件,能够保证电压的稳定;若采用大电感作为储能元件,能够保证电流的稳定。

2. 按照逆变器结构分

根据逆变器结构不同,可分为半桥式、全桥式和推挽式逆变器。

（1）半桥式逆变器

半桥式逆变器由两个桥臂组成,每个桥臂上都有一个可控器件和一个反并联二极管。半桥式逆变器具有一定的抗不平衡能力,对电路对称性要求不严格;适应的功率范围较大,从几十瓦到几千瓦都可以;开关管耐压要求较低;半桥式电路成本比全桥电路低等。

（2）全桥式逆变器

全桥式逆变器是由四只开关管、开关管的反并联二极管和输出变压器等组成的。全桥式逆变器与推挽式结构相比，原边绕组减少了一半，开关管耐压降低一半。但它使用的开关管数量多，且要求参数一致性好，驱动电路复杂，实现同步比较困难。这种电路结构通常用在 1kW 以上的功率开关电源电路中。

（3）推挽式逆变器

推挽式逆变器由两只共负极的功率开关元件和一个初级带有中心抽头的升压变压器组成。推挽式逆变器与单端电路相比，电源电压利用率高、输出功率大、两管基极均为低电平，驱动电路简单。但变压器绕组利用率低，对开关管的耐压要求比较高（至少是电源电压的 2 倍）。

3. 按照器件的换流方式分

根据电子器件的换流方式不同，可分为强迫换流式逆变器和自然换流式逆变器。自然换流式逆变器是指利用全控器件的自关断能力进行换流，也称为器件换流。设置附加换流电路，给欲关断的晶闸管强迫施加反向电压换流的逆变器称为强迫换流式逆变器。由负载提供换流电压，当负载为电容性负载即负载电流超前于负载电压时，可实现负载换流。

4. 按照负载控制要求分

根据负载的控制要求，逆变器的输出电压（电流）和频率往往是变化的，根据电压和频率控制方法不同，可分为脉冲宽度调制（PWM）逆变器和脉冲幅值调制（PAM）逆变器。用阶梯波调幅或用数台逆变器通过变压器，可实现串、并联的移相调压的方波或阶梯波逆变器。

5. 按照输出波形分

根据逆变器输出波形的不同，主要分为正弦波逆变器和方波逆变器。正弦波逆变器输出的是同日常使用的电网一样甚至更好的正弦波交流电，因为它不存在电网中的电磁污染。而方波逆变器输出的则是质量较差的方波交流电，其正向最大值到负向最大值几乎同时产生，对负载和逆变器本身造成了剧烈的不稳定影响。

6. 按输出电能的去向分

根据输出的电能去向不同，可分为有源逆变器和无源逆变器。有源逆变电路的交流侧接电网，即交流侧接有电源，而无源逆变电路的交流侧直接和负载连接。

三、逆变器的组成

逆变器一般由逆变桥、逻辑控制和滤波电路三大部分组成，主要包括输入接口、电压起动回路、MOS 开关管、PWM 控制器、直流变换回路、反馈回路、LC 振荡及输出回路、负载等部分。

四、逆变器的工作原理

逆变器将直流电转换为交流电，这一过程可以为电机工作和有功功率的转换提供不

间断的电源。逆变器的工作过程主要是通过 IGBT 绝缘栅型晶体管来实现的,其工作原理如下:

当电机 ECU 控制 IGBT3 和 IGBT5 导通时,HV 电池电流从电池正极流经 IGBT3 到达 MG 电机,从 W 相进、从 V 相出,通过 IGBT5 回到 HV 电池负极,形成回路,在电机 W 相、V 相产生磁场,如图 4-4-2 所示(以比亚迪 e5 车型电路图为例)。

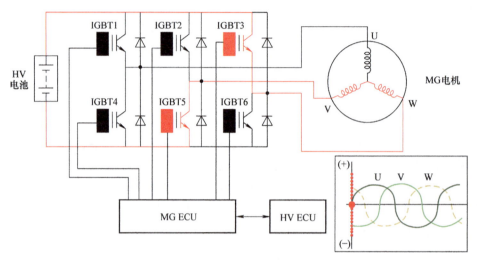

图 4-4-2　IGBT3 和 IGBT5 导通

当电机 ECU 控制 IGBT1 和 IGBT6 导通时,HV 电池电流从电池正极流经 IGBT1 到达 MG 电机,从 U 相进、从 W 相出,通过 IGBT6 回到 HV 电池负极,形成回路,在电机 U 相、W 相产生磁场,如图 4-4-3 所示。

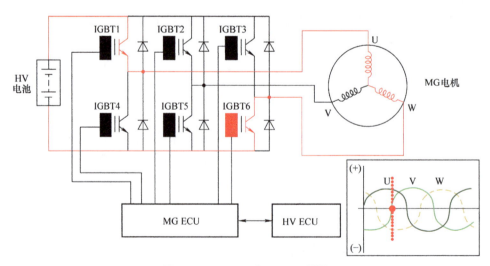

图 4-4-3　IGBT1 和 IGBT6 导通

当电机 ECU 控制 IGBT2 和 IGBT4 导通时,HV 电池电流从电池正极流经 IGBT2 到达 MG 电机,从 V 相进、从 U 相出,通过 IGBT4 回到 HV 电池负极,形成回路,在电机 V 相、U 相产生磁场,如图 4-4-4 所示。

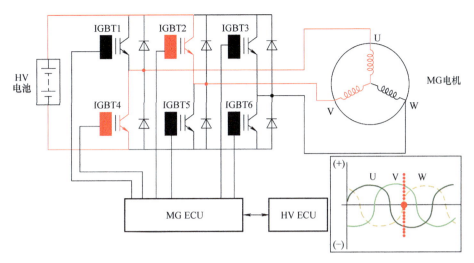

图 4-4-4　IGBT2 和 IGBT4 导通

如此连续不断地导通变化，在电机绕组中形成连续的旋转磁场，根据电机原理，转子在旋转磁场作用下形成旋转转矩。此外，电机 ECU 控制变频器的导通频率可以控制电机的转速。反之，当电机作为发电机时，经变频器转换成直流电，为 HV 电池提供电能，如图 4-4-5 所示。变频器主要是利用其二极管的单向导电性能，将电机的三相交流电整流为直流电。

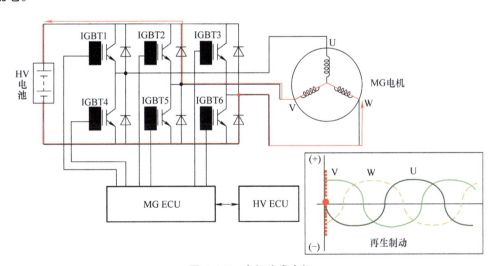

图 4-4-5　电机为发电机

五、逆变器的常见故障及检测

1）故障现象：驱动电机不能正常运转，使车辆失去动力。

2）故障原因：电机控制器电路或内部存在故障。

3）诊断方法：检查电机控制器外观是否正常，各插接器是否有损坏等情况；使用万用表检测逆变器低压电路和高压电路是否有故障；使用兆欧表检测逆变器绝缘是否正常；

使用示波器查看逆变器通信波形是否正常,若不正常需更换新的逆变器。

实训演练

逆变器检测

请扫描二维码,查看"逆变器的解体检测"技能视频,结合视频内容及相关资料,规范地完成逆变器的检修实训。

实训工具与准备:

1)工具:世达100件工具套装、高压绝缘手套、磁力吸棒、示波器、万用表、电子兆欧表、208接线盒等。
2)设备:比亚迪e5整车。
3)资料及耗材:比亚迪e5维修手册、教材及学习工作页、抹布等。

一、实训前准备

1)穿戴好个人防护用品。
2)铺设车内防护三件套。
3)铺设车外防护三件套。

二、逆变器高压线束绝缘检测

1. 维修开关拆卸

1)断开低压蓄电池负极。
2)使用十字螺钉旋具拆卸中控台储物盒的4颗自攻螺钉。
3)取出储物盒,断开储物盒线束插接器,取下储物盒。
4)佩戴高压绝缘手套。
5)松开动力电池维修开关,拔出维修开关。

2. 高压验电盖拆卸

1)使用十字套筒、接杆、棘轮扳手组合工具,拆卸充配电总成验电盖的5颗固定螺栓。
2)使用TS25内五角套筒、接杆、棘轮扳手组合工具,拆卸充配电总成验电盖的1颗定位螺栓。
3)用手旋出验电盖的6颗螺栓。
4)取下验电盖。

3. 高压验电

1)取出万用表进行校表,确保万用表能正常使用。

2）将数字万用表调至直流电压档。

3）将万用表红黑表笔分别连接至充配电总成高压输出端子，检测充配电总成内部残余电量，如图4-4-6所示。

4）若测量值大于0V，应静置15min后再次测量，必须在正负极端子之间的电压值为0V后，才能进行下一步操作。

4. 逆变器高压线束拆卸

1）使用10mm套筒、接杆、棘轮扳手组合工具，拆卸并旋出逆变器高压母线端子的4颗固定螺栓。

2）使用磁力吸棒，取出逆变器高压母线端子的4颗固定螺栓，如图4-4-7所示。

3）拔出逆变器正、负极高压母线。

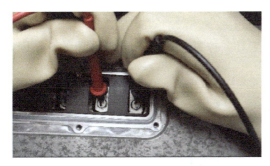

图4-4-6　连接充配电总成高压输出端子

图4-4-7　使用磁力吸棒取出固定螺栓

5. 逆变器高压线束绝缘检测

1）取出数字兆欧表，将黑表笔连接至充配电总成搭铁线束，红表笔连接逆变器高压线束正极端子，如图4-4-8、图4-4-9所示。

图4-4-8　黑表笔连接位置

图4-4-9　红表笔连接位置

2）调整测试档位至1000V测试档，打开测试按钮开始测试。

3）等待数值稳定后记录数值，若测量值与标准数值不符，则说明逆变器高压线束或逆变器存在绝缘故障，需进一步检修。

4）以同样方法检测逆变器高压线束负极端子绝缘值。

6. 逆变器高压线束安装

1）安装逆变器负极高压母线至正确位置。
2）安装逆变器正极高压母线至正确位置。
3）使用10mm套筒、接杆组合工具，安装逆变器高压母线端子的4颗固定螺栓。
4）使用10mm套筒、接杆、棘轮扳手组合工具，拧紧逆变器高压母线端子的4颗固定螺栓。

7. 高压验电盖安装

1）安放充配电总成验电盖至规定位置。
2）用手旋入充配电总成验电盖的6颗螺栓。
3）使用TS25内五角套筒、接杆、棘轮扳手组合工具，拧紧充配电总成验电盖的1颗定位螺栓。
4）使用十字套筒、接杆、棘轮扳手组合工具，拧紧充配电总成验电盖的5颗固定螺栓。

8. 维修开关安装

1）安装动力电池维修开关。
2）安装储物盒线束插接器。
3）使用十字螺钉旋具安装中控台储物盒的4颗自攻螺钉。
4）放下中控储物盒盖板。

三、逆变器低压电路检测

根据电路图可知，逆变器低压插接器的10号和11号针脚为供电端，9号和14号针脚为逆变器的CAN通信端，5号针脚为碰撞传感器信号端，1号、6号和8号针脚为逆变器的搭铁端。

1. 逆变器双路电电路检测

1）断开逆变器低压线束插接器。
2）取出万用表进行校表，检查万用表是否正常可用。
3）将万用表调整至直流电压测试档。
4）打开车辆电源开关。
5）将红表笔连接逆变器低压线束插接器B28的10号针脚，如图4-4-10所示，黑表笔连接车身搭铁，检测逆变器供电电压。
6）待万用表数值稳定后记录万用表数值。
7）若测量值与标准数值不符，则需进行逆变器供电电路导通性测试，确认是否存在断路故障。
8）以同样方法检测逆变器低压线束插接器B28的11号针脚，如图4-4-11所示。

图 4-4-10　连接 B28 的 10 号针脚

图 4-4-11　连接 B28 的 11 号针脚

2. 逆变器动力 CAN 信号电压检测

1）将红表笔连接逆变器低压线束插接器 B28 的 9 号针脚，如图 4-4-12 所示，黑表笔连接车身搭铁，测量动力网 CAN-H 信号电压值。

2）等数值稳定后读取电压值。若检测值与标准值范围不符，需检修动力网 CAN-H 信号电路。

3）将万用表红表笔连接逆变器低压线束插接器 B28 的 14 号针脚，如图 4-4-13 所示，黑表笔连接车身搭铁，测量动力网 CAN-L 信号电压值。

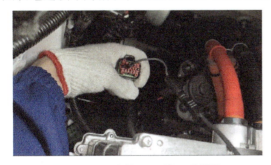
图 4-4-12　连接 B28 的 9 号针脚

图 4-4-13　连接 B28 的 14 号针脚

4）等数值稳定后，读取电压值。

5）若检测值与标准值范围不符，需检修动力网 CAN-L 信号电路。

3. 逆变器动力 CAN 信号波形检测

1）取出示波器套件，将 2 根电压探头分别连接到示波器的 CH1、CH2 通道输入接口上。

2）用引线分别引出插接器 B28 的 9 号、14 号针脚，如图 4-4-14 所示。

3）将示波器 2 根通信线的正极触头分别连接 9 号、14 号针脚，负极触头连接搭铁。

4）打开示波器电源开关，调整示波器信号周期及幅值。

5）读取逆变器动力网 CAN-H 和 CAN-L 的信号波形。

6）若所测波形与标准波形不符，则说明逆变器动力网 CAN 通信线路存在故障，需进一步检修。

4. 逆变器碰撞信号电路检测

1）将红表笔连接逆变器低压线束插接器 B28 的 5 号针脚，黑表笔连接车身搭铁，检测自检电压，如图 4-4-15 所示。

2）待万用表数值稳定后记录万用表数值。

3）若测量值与标准数值不符，则检修逆变器的碰撞信号电路。

图 4-4-14　连接 B28 的 9、14 号针脚

图 4-4-15　连接 B28 的 5 号针脚

5. 逆变器搭铁电路检测

1）关闭车辆电源开关。

2）将万用表调整至电阻测试档。

3）将红表笔连接逆变器低压线束插接器 B28 的 8 号针脚，如图 4-4-16 所示，黑表笔连接车身搭铁，检测搭铁电路电阻。

4）待万用表数值稳定后记录万用表数值。

5）若测量值与标准数值不符，则说明搭铁断路故障，需进一步检修。

6）以同样的方法，依次将红表笔连接到逆变器低压线束插接器 B28 的 1 号和 6 号针脚，如图 4-4-17 所示，黑表笔连接至车身搭铁，并分别记录测得的电阻值。

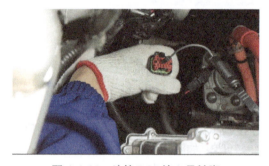

图 4-4-16　连接 B28 的 8 号针脚

图 4-4-17　连接 B28 的 1 号针脚

7）若测量值与标准数值不符，则说明搭铁电路存在故障，需对搭铁电路进行维修。

8）安装逆变器低压线束插接器及低压蓄电池负极。

四、整理清洁

按照 7S 管理标准，整理工具和场地。

任务练习

一、选择题

1. 逆变器是将（　　）。
A. 直流电转化为交流电　　　　　　B. 低压电转化为高压电
C. 交流电转化为直流电　　　　　　D. 高压电转化为低压电
2. 逆变器一般由逆变桥、（　　）和滤波电路三大部分组成。
A. 逻辑控制　　　　　　　　　　　B. 转子
C. 定子　　　　　　　　　　　　　D. 调节器
3. 逆变器按照输入电源性质的不同，可以分为（　　）。
A. 半桥式、全桥式和推挽式逆变器
B. 强迫换流式逆变器和自然换流式逆变器
C. 电压源型逆变器和电流源型逆变器
D. 脉冲宽度调制（PWM）逆变器和脉冲幅值调制（PAM）逆变器

二、判断题

1. 电机控制器的重要功能是通信和保护，适时进行状态和故障检测，保护驱动电机系统和整车安全可靠运行。（　　）
2. 电机控制器实时进行驱动电机的状态和故障检测，保护驱动电机系统和整车安全可靠运行。（　　）
3. 电机控制器仅仅只有 DC/AC 逆变功能，无 AC/DC 整流功能。（　　）
4. 一般情况下，我们需要将家中的 220V 的交流电变成直流电供日常电子产品的使用，而逆变器的作用与此差不多。（　　）
5. 逆变器由交流电源提供能量，为了保证交流电源为恒压源或恒流源，在直流电源的输出端须配有储能元件。（　　）
6. 全桥式逆变器是由四只开关管、开关管的反并联二极管和输出变压器等组成的。（　　）
7. 根据逆变器输出波形的不同，主要分为三角形弦波逆变器和方波逆变器。（　　）

三、简答题

简述全桥式逆变器的组成和特性。

任务五　动力电池性能检测维修

一位客户发现自己的新能源汽车充电频率较之前增加较多，故自行驾驶车辆到 4S 店进行维修。维修技师检测后认为是动力电池问题，现要对汽车的动力电池各项性能进行检测和维修。请你学习动力电池性能检测维修的相关知识，安全规范地完成检修任务。

学习目标

1）能准确了解动力电池的各项性能指标。
2）能掌握动力电池性能的检测与维修要点。
3）规范地完成故障处理的实训操作。

知识储备

一、BMS 硬件性能指标

1. 电源设计指标

电池管理系统（BMS）具有多个工作电源，主控单元采用车载 12V 电源供电，经过 DC/DC 变换器提供，该电源由车辆起动开关控制：当开关置于 ON 档时电源接通，主板开始工作；开关置于 OFF 时，主板停止工作。子板采用自供电的设计，由其所监控的电池组模块经电压变换供电，主控单元停止工作前会发出信号停止子板的供电，以减小功耗。

绝缘监测单元具有独立并隔离的电源，其开启同样由车辆开关控制，以保证绝缘监测电路和车辆低压系统及电池高压系统都完全隔离。CAN 总线通信设计为独立隔离的电源供电，以增加通信可靠性和安全性。

2. 安全性能指标

根据 GB 18384—2020《电动汽车安全要求》标准中关于车载储能装置及人员触电防护要求，BMS 应具备检测动力电池输出触点到其外壳或车体的绝缘阻抗功能，要求当阻抗小于规定值时予以报警。绝缘监测模块电路设计采用 AD 转换器经隔离的数字通信传递采样值，硬件上实现完全独立和隔离，同时将采样结果纳入故障诊断和控制策略，实时输出绝缘强度数值并随时报警。

BMS 在结构上也考虑了安全性的要求，所有高压或电池电压采样区域与低压电源或外壳都留有足够的安全距离，设计时按照 GB/T 38661—2020《电动汽车用电池管理系统技术条件》中的关于绝缘耐压和绝缘电阻相关规定执行。

3. 热管理指标

根据预设好的电池温度-性能对应曲线，在极端温度下调整动力电池工作状态，即调整充放电电流、保护电压等运行参数，使电池组运行在可靠温度条件下，避免问题过早发生或使用寿命降低。目前采用的算法有充电电流低温下随温度降低而减小和放电功率随温度分级控制等。

4. 均衡管理指标

在电池容量较小、成本控制严格的场合，每个子单元都可以搭配被动均衡控制板。该套均衡方式允许每一通道 300mA 的均衡电流，配合的控制策略是当系统在充电过程中检测到不平衡程度大于一定数值开启均衡，充电不结束或系统开关不关闭的条件下均衡一直开启，最大限度延长均衡时间。放电均衡将产生较多的热量，过程中具备温度保护。

在电池容量较大或需要快速均衡的场合，可搭配主动均衡模块，最大均衡电流 5A，均衡开启不受限于运行状态。可以按照协定的均衡管理控制策略对单体电池进行均衡管理控制，以提高单体电池的一致性，提高整组电池的使用性能。

充电时，当电池箱体内某节单体电池的电压达到 3.8V，且电池压差在 20～500mV 之间时均衡将自动开启，每个电池检测单元最多可以同时开启 3 路均衡。

5. 电磁兼容性

ISO 11452、ISO 7637、ISO 10605 等标准规定了汽车用电子产品的电磁兼容性要求，要求在传导、辐射、静电、脉冲等方面有针对性地进行设计，在电源输入输出滤波、瞬态抑制、结构屏蔽等环节需加入专项的措施。

6. 环境适应性

为了适应汽车运行较为严酷的使用环境，器件选择上采用汽车级芯片，外壳的防护、插接器的使用上考虑密闭性和耐蚀性；结构强度适应振动、冲击等要求；在 PCB 工艺和材料选择上也需要考虑防火、防灾、防事故的三防要求。

二、整车绝缘性能指标

自电动汽车诞生之日起就一直伴随着消费者的疑问，电动汽车涉水安全吗？电动汽车碰撞后会触电吗？诸如此类问题折射出人们对于安全出行的强烈意愿。2018 年，中国新车评价规程（C-NCAP）率先将电安全纳入了评分方案。

在 2018 版 C-NCAP 中，在电动汽车防触电保护评测中，将车载可充电储能系统（REESS）端高压母线与底盘间绝缘电阻 ≥ 500Ω/V 作为基本评测条款，而电力系统负载端绝缘电阻满足相关要求作为碰撞后车辆电安全评测选项条款之一。国内外电动汽车安全要求是以高压电池系统防护为中心，按系统架构进而到电机电控等，衍生出相关标准条款。整车安全规范则主要囊括了电气、机械、化学和功能安全。绝缘性能作为电动汽车电气安全设计的一项要求，在 GB 18384—2020 中 B 级电压系统绝缘电阻说明要求的基础上，对绝缘警示做了进一步说明，参照 GB 7258—2017《机动车运行安全技术条件》，强制要求具有绝缘电阻监测，在整车绝缘电阻低于规定要求时，应通过一个明显的信号（例如声或光信号）装置提醒驾驶员。另外，GB/T 32960.3—2016《电动汽车远程服务与管理系统技术规范　第 3 部分　通讯协议及数据格式》要求上报整车的绝缘电阻值数据到远程监测平台，以便监控管理及救援。

三、动力电池性能指标

电动汽车用动力电池的主要性能指标包括动力电池电压、容量、能量和能量密度以及功率与功率密度等。

（1）动力电池电压

动力电池电压分为端电压、开路电压、额定电压、充电终止电压和放电终止电压。动力电池正极和负极之间的电位差即为端电压；没有负载情况下的端电压为开路电压；电池在工作时输出的标准电压即为额定电压；电池充电时的电压极限值就是充电终止电压；放电时的电压极限值是放电终止电压。

（2）动力电池容量

容量是指电池在一定放电条件下所能放出的电量，用符号 C 表示，常用安培·小时（A·h）为单位。

（3）动力电池能量和能量密度

动力电池的能量是指在一定放电条件下电池所能输出的电能，单位为 W·h 或 kW·h，它影响电动汽车的行驶距离。能量密度是指单位质量或单位体积的电池所能输出的能量，相应的也被称为质量能量密度或体积能量密度。在电动汽车应用方面，电池的质量能量密度影响电动汽车的整车质量和续驶里程，而体积能量密度影响到电池的布置空间。

（4）动力电池功率与功率密度

功率是指在一定的放电制度下单位时间内电池输出的能量，单位为 W 或 kW。功率密度是单位质量或单位体积电池输出的功率，功率密度是评价电池及电池包是否满足电动车加速和爬坡能力的重要指标。

铅酸电池、镍氢电池、锂离子电池等车用动力电池，根据各自技术原理的不同有不同的特性，各种电池在各项性能指标上也存在差异。典型电池的性能指标参数值见表 4-5-1。

表 4-5-1 电池性能指标参数表

电池类型	电压 /V	容量 /A·h	能量密度 /（W·h/g）	功率密度 /（W/kg）
铅酸电池	2.0	12～24	35～50	150～400
镍氢电池	1.2	27～53	70～95	200～300
锂离子电池	3.75	40～80	80～130	200～300

四、动力电池性能检测与维修

1. 动力电池绝缘检测

（1）电池绝缘检测方法

使用兆欧表的 1000V 档位，分别测量动力电池正极输出端子和动力电池负极输出端子与车身搭铁的电阻值，标准绝缘电阻值应大于 $20M\Omega$，若测量值不符合标准值需要进行检修。

（2）连接线束绝缘检测

使用兆欧表的 1000V 档位，分别测量动力电池高压线束的正极端子和动力电池高压线束的负极端子与车身搭铁的电阻值，标准绝缘电阻值应大于 $20M\Omega$，若测量值不符合标准值需要进行检修。

（3）高压互锁检测

选用万用表适当的电阻量程，将红、黑表笔分别接动力电池互锁两个针脚测量电阻，标准电阻值应小于 0.5Ω，若测量电阻值不在标准范围内需要进行检修。

（4）动力电池 CAN 网络中端的电阻检测

选用万用表的适当量程，将万用表的红、黑表笔接动力电池 CAN 网络的两个端子测量电阻，标准电阻值应在 120Ω 左右，若测量电阻值不在标准范围内需要进行检修。

2. 电压不均衡故障处理方法

（1）整体电压检测

打开动力电池箱体，并将动力电池内部接触器盒盖打开，露出动力电池组的正极和负极连接条，用万用表的适当量程检测动力电池电压，若不正常需要进一步检测。

（2）模组电压检测

拆下每个模组的正极和负极盖板，用选择万用表的合适量程检测电压，若不正常需要进一步检测。

（3）模块电压检测

拆下模块的盖板，用万用表的合适量程检测模块电压，若不正常需要更换。

3. 电池管理系统硬件故障处理

电池管理模块外观为包含多个外接端口的盒体，当检测电池管理模块时可以通过眼睛进行观察，检查其外壳是否有外伤、变形、腐蚀等情况；检查各个外接端口是否存在破损、变形、腐蚀等情况；检查每根端子是否出现断裂、损坏、缺失等情况，若有损坏及时更换。

实训演练

动力电池性能检测

请扫描二维码，查看"动力电池性能检测"技能视频，结合视频内容及相关资料，规范地完成动力电池性能检测的检修实训。

实训工具与准备：

1）工具：世达 100 件工具套装、高压绝缘手套、车辆专用诊断仪、万用表、电子兆欧表、208 接线盒等。

2）设备：比亚迪 e5 整车。

3）资料及耗材：比亚迪 e5 维修手册、教材及学习工作页、抹布等。

一、实训前准备

1）穿戴好个人防护用品。

2）铺设车内防护三件套。

3）铺设车外防护三件套。

二、动力电池在线检测

1）组装诊断仪套件，如图 4-5-1 所示，连接诊断仪至车辆诊断接口上。

2）打开车辆电源开关，然后打开诊断仪选择车型诊断。

3）点击汽车诊断，选择比亚迪 e5 后点击按系统测试。

4）选择动力网，选择电池管理系统，待车辆通信完成后，读取电池管理系统相关故障码。

5）清除电池管理系统相关故障码，再次读取电池管理系统相关故障码，查看系统是否正常。

6）读取电池管理系统相关数据流，判断动力电池电压、电流绝缘、温度等相关数据是否正常，如图 4-5-2 所示。

图 4-5-1　组装诊断仪套件

图 4-5-2　读取相关数据

7）退出诊断仪界面，关闭诊断仪。

8）关闭车辆电源开关，拔下诊断接口，回收诊断仪相关套件。

三、维修开关拆卸

1）断开低压蓄电池负极。

2）进入车内抬起中控储物盒盖板，然后使用十字螺钉旋具，拆卸中控台储物盒的 4 颗自攻螺钉。

3）取出储物盒，断开储物盒线束插接器，取下储物盒。

4）佩戴高压绝缘手套后，松开动力电池维修开关，拔出维修开关。

四、动力电池基本检查

1）举升车辆至合适的位置。

2）目视检查动力电池外观是否有破损。

3）检查动力电池搭铁线束连接是否正常。

4）检查动力电池冷却管路是否有破损、漏液等现象。

5）检查动力电池低压线束插接器和高压线束插接器的连接是否可靠。

五、动力电池低压电路检测

由电路图（图 4-5-3）可知，动力电池低压线束插接器 BK51 的 6 号针脚为负极接触器供电端，11 号针脚为级联模块供电端，18 号针脚为正极接触器供电端，20 号针脚为预充接触器供电端，4 号针脚为电池子网 CAN-L 信号端，10 号针脚为电池子网 CAN-H 信号端，30 号针脚为高压互锁信号输入端，29 号针脚为高压互锁输出端。

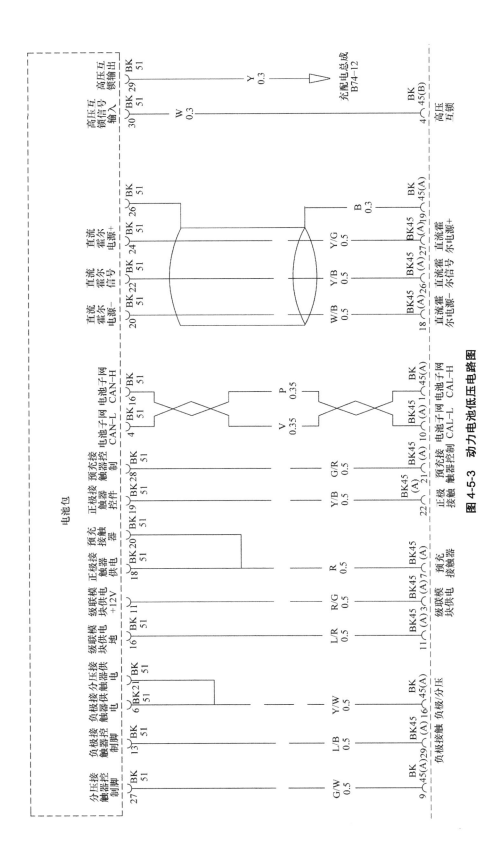

图 4-5-3 动力电池低压电路图

1. 正负极接触器供电检测

1）按压锁舌，断开动力电池低压线束插接器。

2）打开车辆电源开关。

3）取出万用表进行校表，确保万用表能正常使用。

4）将数字万用表调至直流电压档，红表笔接动力电池低压线束插接器 BK51 的 18 号针脚，如图 4-5-4 所示，黑表笔接车身搭铁，检测动力电池正极接触器供电电压。

5）等待数值稳定后读取测量值，若测量值与标准数值不符，则需进一步检修动力电池正极接触器供电电路。

6）红表笔接动力电池低压线束插接器 BK51 的 6 号针脚，黑表笔接车身搭铁，如图 4-5-5 所示，检测动力电池负极接触器供电电压。

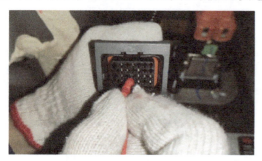

图 4-5-4　连接 BK51 的 18 号针脚

图 4-5-5　连接 BK51 的 6 号针脚

7）等待数值稳定后读取测量值，若测量值与标准数值不符，则需进一步检修动力电池负极接触器供电电路。

2. 级联模块供电电路检测

1）红表笔接动力电池低压线束插接器 BK51 的 11 号针脚，如图 4-5-6 所示，黑表笔接车身搭铁，检测动力电池级联模块供电电压。

2）等待数值稳定后读取测量值，若测量值与标准数值不符，则需进一步检修动力电池级联模块供电电路。

3. 预充接触器供电电路检测

1）红表笔接动力电池低压线束插接器 BK51 的 20 号针脚，如图 4-5-7 所示，黑表笔接车身搭铁，检测动力电池预充接触器供电电压。

图 4-5-6　连接 BK51 的 11 号针脚

图 4-5-7　连接 BK51 的 20 号针脚

2）等待数值稳定后读取测量值，若测量值与标准数值不符，则需检修动力电池预充接触器供电电路。

4. 电池子网 CAN 信号电路检测

1）红表笔接插接器 BK51 的 10 号针脚，如图 4-5-8 所示，黑表笔接车身搭铁，测量电池子网 CAN-H 信号电压值。

2）等数值稳定后读取电压值，若电压值不在标准值范围内，需检修电池子网 CAN-H 信息通信电路。

3）红表笔接插接器 BK51 的 4 号针脚，如图 4-5-9 所示，黑表笔接车身搭铁，测量电池子网 CAN-L 信号电压值。

图 4-5-8　连接 BK51 的 10 号针脚　　　　图 4-5-9　连接 BK51 的 4 号针脚

4）等数值稳定后读取电压值，若电压值不在标准值范围内，需检修电池子网 CAN-L 信息通信电路。

5. 高压互锁电路检测

1）红表笔接插接器 BK51 的 30 号针脚，如图 4-5-10 所示，黑表笔接车身搭铁，测量高压互锁输入电压值。

2）等待数值稳定后读取测量值，若测量值与标准数值不符，则需检修高压互锁输入电路。

3）红表笔接插接器 BK51 的 29 号针脚，如图 4-5-11 所示，黑表笔接车身搭铁，测量高压互锁输出电压值。

 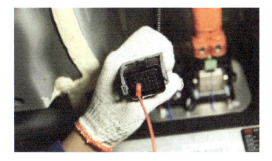

图 4-5-10　连接 BK51 的 30 号针脚　　　　图 4-5-11　连接 BK51 的 29 号针脚

4）等待数值稳定后读取测量值，若测量值与标准数值不符，则需检修高压互锁输出电路。

5）关闭车辆电源开关。

6. 级联模块搭铁电路检测

1）将万用表调至电阻档，红表笔接动力电池低压线束插接器 BK51 的 16 号针脚，黑表笔接车身搭铁，检测动力电池级联模块搭铁电路电阻。

2）等待数值稳定后读取测量值，若测量值与标准数值不符，则需检修级联模块搭铁电路。

3）安装动力电池低压线束插接器，确认其安装到位。

六、动力电池绝缘检测

1. 动力电池高压验电

1）打开动力电池输出高压电缆插接器锁舌，如图 4-5-12 所示。

2）断开动力电池输出高压电缆插接器。

3）取出万用表进行校表，确保万用表能正常使用。

4）将万用表调至直流电压测试档，然后将万用表的红黑表笔分别连接动力电池的正负极输出端子，如图 4-5-13 所示，测量动力电池正负极端子之间的电压值，来确认动力电池是否有高压电输出。

图 4-5-12　打开插接器锁舌　　　　　图 4-5-13　连接动力电池正负极输出端子

5）若测量值大于 0V，应静置 15min 后再次测量，必须在正负极端子之间的电压值为 0V 后，才能进行下一步操作。

2. 动力电池绝缘检测

1）取出数字兆欧表，将黑色表笔连接动力电池壳体，红色表笔连接动力电池正极输出端子，检测动力电池正极对电池壳体的绝缘情况。

2）调整测试档位至 1000V 测试档，打开测试开关开始测试。

3）等待数值稳定后记录数值，若测量与标准值不符，则说明动力电池存在绝缘故障。

4）以同样的方法检测动力电池负极对电池壳体的绝缘情况。

5）安装动力电池输出高压电缆插接器。

6）锁止插接器锁舌，确保插接器安装到位。

7）降下车辆。